D1722001

KULTURREISEN IN SACHSEN-ANHALT

STEFAN BEIER

KLOSTERLANDSCHAFT SACHSEN-ANHALT

MIT DENKANSTÖSSEN VON KATRIN CZERWITZKI
UND EINER EINFÜHRUNG VON HARALD SCHWILLUS

HERAUSGEGEBEN VON
CHRISTIAN ANTZ

FOTOGRAFIEN
JANOS STEKOVICS
CHRISTOPH JANN

VERLAG JANOS STEKOVICS

Inhalt

Zum Geleit

Klöster haben über Jahrhunderte hinweg eine gesamtgesellschaftliche Bedeutung für die Menschen in Europa gehabt. Sie waren maßgebliche Träger von Bildung, Wissenschaft und Kultur wie auch und gerade Motoren der regionalen Wirtschaftskreisläufe. Auch in unserer säkularen Gesellschaft spielen sie noch eine besondere Rolle - ob als herausragende Stätten von Kultur und Kunst oder als Hort des Rückzugs für Ruhe suchende Menschen.

Auch Sachsen-Anhalts Klöster haben in ihrer Dichte und Vielfalt sowohl vor, aber auch oft in anderer Form nach der Reformation die Landschaft geprägt. Heute beleben nur wenige christliche, katholische und evangelische, Gemeinschaften die Gesellschaft des Landes. Umso bedeutungsvoller sind die historischen und architektonischen Spuren des Klosterlebens geblieben, die das Christentum in Sachsen-Anhalt hinterlassen hat.

Diese bedeutende Klosterlandschaft Sachsen-Anhalts soll wieder stärker in das Bewusstsein der Bewohner und Gäste des Landes gelangen, das Staunen und den Stolz auf die Leistungen unserer Vorfahren vergrößern. Eingebunden in die Straße der Romanik oder die Gartenträume sind die Klöster einerseits Leitsterne der touristischen Entwicklung, andererseits erinnern sie uns daran, dass auch das heutige Europa auf christlichen Fundamenten steht, die aus den Europäern eine Wertegemeinschaft machen.

Neben dem Kulturtourismus wird in Zukunft auch das spirituelle Reisen eine größere europäische Bedeutung gewinnen. Sachsen-Anhalt schafft und bietet auch in diesem Segment hochwertige und überzeugende Angebote. Die Klosterlandschaft ist eines davon, Jakobsweg und Lutherweg gehören auch dazu. Und so schließt sich der Geschichtskreis: Auch heute bieten Klöster nicht nur geistige Nahrung, sondern sind auch ein Wirtschaftsfaktor.

Dr. Reiner Haseloff
Ministerpräsident des Landes Sachsen-Anhalt

Vorwort

Auf Schritt und Tritt findet sich in Sachsen-Anhalt bedeutendes Kulturerbe. Das Bundesland breitet sich vor uns als reiche Kulturlandschaft aus, die gerade durch das Christentum über Jahrhunderte geprägt worden ist. Dabei waren es vielfach die christlichen Orden, die in Orten und Regionen des Landes die kulturelle Entwicklung getragen haben. Auch wenn vielerorts die Spuren der Mönche und Nonnen verschwunden sind, haben doch vielfach die baulichen und landschaftlichen Zeugnisse ihres kulturellen Wirkens die Zeiten überdauert.

Es war nicht einfach, aus dem Bestand der klösterlichen Denkmale 50 Stätten auszuwählen, die die Klosterlandschaft Sachsen-Anhalts beispielhaft und doch signifikant repräsentieren. Die Ausdifferenzierung zu Ordensgemeinschaften in Landesregionen sowie historische Einordnung, bauliche Bedeutung und Erhaltungszustand ergeben für Leser wie Besucher ein geschlossenes Bild christlicher Kultur. Sie erleben Orden und Klöster in einer solchen Dichte, dass für Sachsen-Anhalt durchaus von einer klösterlichen Kulturlandschaft gesprochen werden kann.

Das Erbe der christlichen Klosterbewegungen in Sachsen-Anhalt hat jedoch nicht nur eine historisch-kulturelle Dimension. Der christliche Glaube, auf dessen Fundament diese Bauten entstanden sind, lebt in den meisten der 50 Orte in Form von klösterlichen Gemeinschaften und kirchlicher Gemeindearbeit bis heute fort. Das Besondere an diesen Stätten und das Internationale der Orden führt uns sowohl an die Wurzeln als auch in die Zukunft des Christentums in Europa. Wir laden Sie ein, in die Klosterlandschaft Sachsen-Anhalts einzutauchen.

Aber nicht nur bei den Klöstern trifft der alte touristische Slogan Sachsen-Anhalts „Ein Land macht Geschichte" zu. Durch das Land schlängelt sich die „Straße der Romanik", die erste Kulturstraße in den neuen deutschen Bundesländern. Wie ein steinerner Kalender deutscher Geschichte muten die ausgewählten 80 Objekte der Route an, die in Form einer „8" mit dem Zentrum Magdeburg flächendeckend alle Regionen des Landes umfasst. Sachsen-Anhalt durchzieht der „Jakobsweg", auf dem sich die Pilger von Brandenburg kommend durch die Kultur- und Naturlandschaften Sachsen-Anhalts bewegen. Bedeutende Komponisten des Barock, von Georg Philipp Telemann in Magdeburg bis Georg Friedrich Händel in Halle, hatten hier, im „Musikland" ihre Heimat. Sie können auch mit Hans Christian Andersen eine romantische Reise von Braunschweig durch Sachsen-Anhalt bis nach Leipzig

Dom zu Havelberg, Blick auf den Chor von Osten

9

unternehmen. Diese vier Beispiele sollen Sie neugierig darauf machen, wohin Sie die Reihe „Kulturreisen in Sachsen-Anhalt" führen kann.

Prof. Dr. Harald Schwillus
Institut für Katholische Theologie und ihre Didaktik
Martin-Luther-Universität Halle–Wittenberg

Prof. Dr. Christian Antz
Herausgeber

Schulpforte, Klostergarten

Klöster und Orden im Christentum

Christlicher Glaube, christliche Religion werden seit Jahrhunderten in unterschiedlichen Formen gelebt. Die meisten Christinnen und Christen gestalten dies als Mitglieder der Pfarr- und Kirchgemeinden. Daneben bestehen jedoch andere Lebensformen, die einerseits eine noch intensivere Gebetspraxis pflegen und andererseits auf das Leben in einer Gemeinschaft mit Gleichgesinnten ausgerichtet sind: Klöster, Stifte, Kommunitäten. Hierfür gibt es in Sachsen-Anhalt vielfältige bauliche und historische Zeugnisse. Daneben bestehen auch heute noch und wieder katholische und evangelische Stätten klösterlichen Gemeinschaftslebens, wie beispielsweise die katholischen Klöster Helfta und Huysburg oder die evangelischen Kommunitäten auf dem Petersberg bei Halle und in Dambeck.

Die Anfänge des christlichen Mönchtums liegen im östlichen Mittelmeerraum. Um 300 n. Chr. begannen Christen und Christinnen in Ägypten, Familie und Gemeinde zu verlassen und sich zu strenger Askese in die Wüste zurückzuziehen. Sie lebten dort allein (monachos = griech. Einsiedler; das deutsche Wort Mönch leitet sich davon ab) als Eremiten (eremos = griech. Wüste). Berühmte Beispiele für diese Entwicklung sind u. a. Antonius (um 251–356) und Sykletika († um 400). Neben dieser eremitischen Lebensform entwickelte sich schon bald – ebenfalls in Ägypten – eine andere christlich-asketische Ausprägung, die das Leben in Gemeinschaft betonte, da das Einzelleben auch Gefahren in sich barg. Ihr wichtigster Vertreter ist Pachomius († 346), der eine Lebensordnung für seine Mönchgemeinschaft – eine „Regel" – verfasste.

Im Westen des Römischen Reiches entstanden etwa ein Jahrhundert nach den Entwicklungen im östlichen Mittelmeerraum ebenfalls klösterliche Gemeinschaften. Diese zeigten durchaus einen eigenständigen Charakter, waren jedoch aufgrund der Kontakte in die Osthälfte des Reiches auch von den dort existierenden Formen beeinflusst. Anders als im Osten ging die Initiative zur Klostergründung im Westen jedoch häufig von den Bischöfen aus. Hier entwickelten sich sehr unterschiedliche Modelle, wie etwa die in Rom entstandenen Hausklöster von Damen der römischen Oberschicht oder erste klosterähnliche Gemeinschaften auf den Landgütern wohlhabender Familien. Daneben zogen sich einzelne Menschen auf Inseln vor der Küste Italiens zurück oder lebten in Gemeinschaft auf Inseln vor der südfranzösischen Küste (Îles de Lérins). Die bedeutendste Regel für das klösterliche Leben in der westlichen Welt ist mit dem Namen des Mönchs Benedikt von

Klosterkirche Drübeck,
Kapitell im südlichen
Langhaus

Nursia verbunden. Er lebte in der Zeit um 500 und gilt als Verfasser der Benediktsregel (Regula Benedicti), nach der bis heute Benediktiner und Zisterzienser leben. Diese Lebensordnung für Mönche – und sehr schnell auch für Nonnen – wurde im Laufe der Zeit von immer mehr geistlichen Gemeinschaften übernommen, da sie für ganz unterschiedliche Klosterstandorte angewandt werden konnte. Sie regelt in 73 Kapiteln die geistlichen Grundlagen der Klostergemeinschaft, ordnet den Tagesablauf in Zeiten des Gebets, der Arbeit und der Ruhe, erläutert die Ämter im Kloster und die mit ihnen verbundenen Aufgaben, aber auch Kleidung, Ernährung, Verhalten im Konfliktfall, die Aufnahme neuer Mitglieder und den Umgang mit Gästen und Pilgern.

Aus Benediktinerklöstern stammten vielfach die Missionare, die von der britischen Insel im 8. Jahrhundert ins Frankenreich kamen und dort mit Unterstützung der fränkischen Könige die Kirchenstruktur im Osten des Reichs aufbauten. Der bedeutendste unter ihnen war Bonifatius († 754), der für seine Klostergründung in Fulda erstmals die Benediktsregel auf deutschem Boden verbindlich vorschrieb. Seit dem späten 7. Jahrhundert verlangten immer mehr Kirchenversammlungen im Frankenreich, dass diese Regel von allen Klöstern übernommen werden müsse. Man hielt sie für eine römische Klosterregel und wollte so die Verbundenheit des Frankenreichs mit dem alten Römischen Reich und mit dem römischen Bischof zum Ausdruck bringen. Nachdem bereits Karl der Große 802 auf dem Hoftag zu Aachen die alleinige Geltung der Benediktsregel gefordert hatte, beauftragte sein Sohn und Nachfolger, Kaiser Ludwig der Fromme, 814 den Benediktinerabt Benedikt von Aniane mit der konsequenten Durchsetzung dieser Forderung. Für mehrere Jahrhunderte war die Benediktsregel damit faktisch zur alleinigen Lebensordnung für Mönche und Nonnen in der westlichen Welt geworden. Auf ihrer Grundlage entwickelte das Kloster Hersfeld auch Stärke und Ausstrahlung für die Ausbreitung und Konsolidierung des Christentums im heute in Sachsen-Anhalt liegenden Hassegau. Zur Karolingerzeit bildete er den Süden des durch Karl den Großen errichteten Bistums Halberstadt. Nicht ohne Grund stammte auch der zweite Bischof von Halberstadt, Haimo (840–853), aus diesem Kloster.

Immer wieder kam es im Laufe des Mittelalters zu Neuaufbrüchen in den Benediktinerklöstern, mit denen versucht wurde, eingefahrene Bahnen zu verlassen und sich am ursprünglichen Geist der Regel wieder neu auszurichten. Bedeutend sind v. a. die Reformen, die im 10. und 11. Jahrhundert von den Klöstern Cluny in Burgund, Gorze bei Metz und Hirsau im Schwarzwald ausgingen. Auch auf dem Gebiet des heutigen Bundeslandes Sachsen-Anhalt zogen diese

Klosterkirche Memleben,
Krypta, Blick nach Westen

Kloster Michaelstein

Reformen ein. Als König Otto I. 937 in Magdeburg das Moritzkloster als Reichsabtei gründete und ihm zugleich die Funktion eines königlichen Pfalzstifts übertrug, kamen die Mönche nicht aus einem beliebigen Kloster. Der Konvent von St. Maximin in Trier, das zur gorzischen Reform zählte, entsandte Brüder aus seinen Reihen an die Elbe. Das von ihm reich beschenkte Moritzkloster erhielt zudem den Auftrag, die christliche Missionsarbeit im Elberaum zu betreiben und errang dadurch eine bedeutende Stellung im Gefüge der Reichspolitik.

Im Laufe des 11. und 12. Jahrhunderts fand in Europa ein religiöser Aufbruch statt, der auch Schichten der Bevölkerung ergriff, die aufgrund ihrer nur geringen Bildung (mangelnde oder gänzlich fehlende Lese- und Schreibfähigkeit, keine Kenntnis der lateinischen Sprache) nur sehr schwer Aufnahme in bestehenden Klöstern fanden. Der in jener Zeit entstandene Zisterzienserorden, als dessen Gründungsjahr 1098 gilt, bot eine Lösung des Problems, da er zwischen Vollmönchen und sogenannten Konversen unterschied. Letztere waren Mönche mit weniger strikten Gebetsverpflichtungen und stärkerer Ausrichtung auf die Arbeit in den klösterlichen Betrieben, der Landwirtschaft und im Handel. Der verbreiteten Sehnsucht der Menschen nach einem Leben im Kloster konnte so entgegengekommen werden. Auch hierbei zeigte sich die Benediktsregel wiederum als sehr anpassungsfähig, verstanden und verstehen sich die Zisterzienser doch als ein Reformzweig des Benediktinertums. Als Gründer des neuen Ordens gilt der Adelige Robert, Abt des Benediktinerklosters Molesme. Dieser verließ 1098 mit einigen Gleichgesinnten sein Kloster, um die Benediktsregel in der Konsequenz leben zu können, wie er es für richtig hielt. Sie gründeten dafür in Cîteaux (lat.: Cistercium) ein neues Kloster. Den entscheidenden Impuls hin zum Mutterkloster eines weltweit verbreiteten Ordens erhielt diese Gründung jedoch durch Bernhard von Clairvaux, der 1112 mit Freunden und Verwandten in Cîteaux eingetreten war. Sehr bald schon leitete er als Abt ein eigenes Kloster: Clairvaux. Eines der Kennzeichen der zisterziensischen Ordensorganisation ist das Filiationsprinzip, bei dem eine bereits bestehende Abtei eine Tochter (filia) gründet. Auf diese Weise entstand eine Art Familienstammbaum aller Zisterzienserabteien, der auf die vier Tochterabteien von Cîteaux (La Ferté, Pontigny, Clairvaux und Morimond) zurückgeht. Alle Zisterzienserabteien sind damit Teil einer europa- und weltweiten Vernetzung. Zu ihnen zählten im heutigen Sachsen-Anhalt die Klöster Michaelstein, Pforta und Sittichenbach. Viele Frauenklöster – so auch im Gebiet des heutigen Bundeslandes Sachsen-Anhalt – übernahmen die Lebensweise und Regelinterpretation der Zisterzienser. Trotz dieser Entscheidung wurden jedoch nur relativ wenige Nonnenabteien formal in den Orden aufgenommen – einer Übernahme der Zisterziensergewohnheiten durch die Frauenkonvente stand dies aber nicht im Wege.

Nahezu parallel zur Entstehung des Zisterzienserordens entwickelte sich noch eine zweite christliche Gemeinschaftsbewegung, die gerade für das heutige Sachsen-Anhalt und das angrenzende Brandenburg von großer Bedeutung war: die der Prämonstratenser. Ihr Gründer war der Adelige Norbert (um 1082–1132) aus dem Kanonikerstift Xanten am Niederrhein. Unzufrieden mit dem wohlsituierten Leben als Stiftsgeistlicher verzichtete er auf diese gesicherte Lebensperspektive und begann ein Leben als Wanderprediger. Schließlich gründete er 1120/21 in Prémontré eine neue Gemeinschaft, aus der sich der Prämonstratenserorden entwickeln sollte. 1126 wurde er Erzbischof in Magdeburg und ging zielstrebig daran, den Orden in seiner Bischofsstadt und im Bereich seines Erzbistums zu etablieren. Anders als die deutlicher auf spirituelle Innerlichkeit ausgerichteten Prämonstratenserkonvente um Prémontré waren die Konvente in und um Magdeburg („Prémontré des Ostens") stärker auf die Aufgaben der Missionierung und der Organisation kirchlicher Strukturen ausgerichtet. Zwei unterschiedliche Richtungen des einen Ordensideals der Prämonstratenser gehen somit auf Norbert selbst zurück, von denen die eine ihre historische Verankerung in Magdeburg hat. So wurden auch Calbe, Jerichow und Leitzkau von dieser Ausrichtung geprägt. Im Zusammenhang mit der spezifischen Ausprägung der Prämonstratenser in Magdeburg steht auch die Besetzung der Domkapitel in Brandenburg, Havelberg, Ratzeburg und Riga durch Angehörige dieses Ordens während des Mittelalters. Seit 1991 wirken nach langer Unterbrechung wieder Prämonstratenser in Magdeburg. Sie setzen damit die alte Tradition und das geistliche Erbe Norberts von Xanten in einem Prämonstratenserkonvent fort.

Im späten 11. und im 12. Jahrhundert lag nicht nur die Entstehungszeit der Zisterzienser und Prämonstratenser. Auch ganz andere Ordensformen entwickelten sich in dieser Spanne: die Ritterorden und die Kartäuser.

Die Gründung der Ritterorden steht im Zusammenhang mit der Kreuzzugsbewegung, zu der auch der Zisterzienser Bernhard von Clairvaux aufgerufen hatte. Diese Orden (Templer, Johanniter, Deutscher Orden) hatten sich der Aufgabe verschrieben, die Ideale von Ritterlichkeit und Mönchtum miteinander zu verbinden. Ursprünglich aus dem Antrieb heraus gegründet, christliche Pilger in Palästina zu schützen und medizinisch zu betreuen, entwickelten sich die Orden immer mehr auch zu einem politischen Faktor im Heiligen

Mücheln (Wettin), Templerkapelle

Konradsburg, Klosterkirche

Land: Dort entstanden in der ersten Hälfte des 12. Jahrhunderts die sogenannten Kreuzfahrerstaaten. Nach deren Eroberung durch die Muslime im späten 13. Jahrhundert suchten die Rittermönche neue Betätigungsfelder in Europa. Hier wurde auf Betreiben Frankreichs der wohlhabende Templerorden durch den Papst im Jahre 1311 aufgelöst. Die Johanniter (auch Malteser genannt) fanden eine neue Heimat auf Malta, der Deutsche Orden wurde 1226 vom Herzog von Masowien gegen die Pruzzen zu Hilfe gerufen und konnte sich im späteren Ostpreußen politisch neu organisieren. Über ganz Europa hinweg gründeten die aus Palästina vertriebenen Ritterorden Niederlassungen, die so bezeichneten Kommenden oder Komtureien. Buro, Mücheln bei Wettin und Werben sind Beispiele dafür in Sachsen-Anhalt.

Kartäuser gab es hier nur auf der Konradsburg bei Ermsleben. Der Gründer dieses Ordens ist der aus einer vermögenden Kölner Familie stammende Bruno (ca. 1030–1101), der nach dem Studium in Frankreich eine steile Karriere als Geistlicher machte. In Reims wurde er in einen politischen Konflikt um die Besetzung des Bischofsstuhls hineingezogen. Dies löste bei ihm ein grundsätzliches Nachdenken über seine Lebenssituation aus und führte ihn zu der Entscheidung, in Zukunft abgeschieden von der Welt leben zu wollen. Schließlich zog er sich mit sechs Gefährten in das Hochtal Grande Chartreuse in den Alpen zurück und errichtete dort ein Kloster. Es ist auch heute noch ein Ort des Schweigens und der Einsamkeit, der das Lebensideal der Eremiten mit der klösterlichen Gemeinschaft verbindet. Jeder Mönch lebt getrennt von den anderen in einer Zelle. Diese ist in der Regel ein kleines Häuschen mit Zimmer, Werkstatt, Andachtsraum und Garten. Mit dem Kreuzgang sind die Zellen/Häuschen durch eine Tür und eine Durchreiche für die Mahlzeiten verbunden. Lediglich zu bestimmten Gebetszeiten und zu den Mahlzeiten an Sonn- und Feiertagen finden sich die Kartäuser in der Gemeinschaft zusammen.

An die Seite der Orden traten im Verlauf des Mittelalters verstärkt auch Gemeinschaften von Priestern, die ein klosterähnliches Leben an einer Stiftskirche führten, ohne jedoch die Mönchsgelübde abzulegen. Diese Kanonikergemeinschaften richteten ihr Leben am Vorbild des bedeutenden Bischofs Augustinus (354–430) aus. Als eine von Kaiser Ludwig dem Frommen 816 einberufene Kirchenversammlung, die Aachener Synode, den Klöstern des Frankenreichs die Benediktsregel wiederholt als verbindlich einschärfte, wurde für die Kanoniker die Augustinusregel vorgeschrieben. Klerikergemeinschaften, die sich darauf bezogen, wurden seitdem als regulierte Chorherren bezeichnet. Die Augustinerchorherren, die in Sachsen-Anhalt u. a. auf dem Petersberg bei Halle, an

Ruine auf dem Petersberg bei Halle

St. Moritz in Halle oder in Hamersleben lebten, zählen dazu. Auch der weibliche Zweig dieses Ordens, die Augustinerinnen, hatte Niederlassungen im Gebiet des heutigen mitteldeutschen Bundeslands, so u. a. in Marienborn oder Diesdorf.

Seit dem 12. Jahrhundert veränderte sich durch den stetigen Bedeutungszuwachs der Städte die gesellschaftliche Struktur Europas zunehmend. Die städtische Gesellschaft ermöglichte einer größeren Zahl von Menschen eine selbstbestimmtere Lebensweise und einen sozialen Aufstieg. Zugleich wurde jedoch auch die Gefahr des sozialen Abstiegs und der Verelendung immer größer, da nur sehr eingeschränkt soziale Sicherungssysteme existierten. Unter diesen Umständen entstanden zu Beginn des 13. Jahrhunderts Reformbewegungen des Mönchtums, die sich gegen die Lebensweise der etablierten Klöster richteten und ein striktes Armutsideal vertraten. Franz von Assisi (1181/82–1226) verließ sein wohlhabendes Elternhaus und führte – bald begleitet von Freunden und Gefährten – ein Leben in Armut. 1209 bestätigte der Papst diese neue Art des Ordenslebens der häufig als Minderbrüder bezeichneten Männer und übertrug den Franziskanern auch die Aufgabe der Predigt. Das weibliche Pendant zum Franziskanerorden ist der von Klara von Assisi gegründete Klarissenorden. Noch zu Lebzeiten von Franz von Assisi wurden in Deutschland seit 1222 Niederlassungen der Minderbrüder gegründet. Die 1223 in Halberstadt und Magdeburg ins Leben gerufenen Häuser zählen damit zu den ersten Franziskanerklöstern in diesem Raum.

Ungefähr zeitgleich zur Entstehung des Franziskanerordens gründete 1212/16 der spanische Adelige Dominikus de Guzmán (um 1170–1221) den Dominikanerorden. Hauptanliegen dieser Ordensgründung waren die Predigt und das damit verbundene darauf vorbereitende intensive Studium der Theologie, um gegen die im 12./13. Jahrhundert aufkommenden kirchenkritischen Bewegungen argumentativ vorgehen zu können. Zugleich sollte die Betonung der Armut auch die Glaubwürdigkeit dieser Predigt unterstützen. Im Laufe des Mittelalters waren die Dominikaner vielfach im Auftrag der Päpste unterwegs und spielten dabei eine nicht immer glückliche Rolle im Zusammenhang mit der Inquisition.

Die Kirchen der Bettelorden der Franziskaner und Dominikaner sind – anders als die der „alten" Orden – nicht nach innen auf die Gemeinschaft der Mönche ausgerichtet, sondern auf die Predigt an die Menschen, die zu den Gottesdiensten kommen. Sie besitzen daher geräumige Portale nach außen und liegen zumeist innerhalb der Städte. Ihre Klöster verfügen über keine Wirtschaftsgebäude, da sie ihren Lebensunterhalt nicht durch Handwerk und Landwirtschaft bestreiten.

Halle (Saale), Moritzkirche, Detail aus dem spätgotischen Hochaltar

Werben, Johanniskirche, Mittelstück des Annenaltars in der Taufkapelle, Darstellung der Heiligen Sippe

Eine deutlichere Betonung des christlichen Eremitentums findet sich bei dem ebenfalls im 13. Jahrhundert aus dem Zusammenschluss von Eremitengruppen in der Toscana entstandenen Augustinereremitenorden, der seit der Übernahme des vollständigen Armutsgebots im Jahre 1290 zu den Bettelorden gezählt werden kann. Ähnlich den Dominikanern widmeten sich seine Mönche der Volkspredigt und dem Studium der Theologie. Martin Luther gehörte der Wittenberger Niederlassung dieses Ordens an, als er 1517 seine berühmten Thesen verfasste.

Die durch ihn ausgelöste Reformation brachte innerhalb weniger Jahrzehnte das Ende für die meisten Klöster und Stifte auf dem Gebiet des heutigen Bundeslandes Sachsen-Anhalt. Dennoch konnten 17 katholisch gebliebene Männer- und Frauenkonvente ihr Fortbestehen u. a. durch die Beschlüsse des Westfälischen Friedens (1648) sichern. Daneben bestanden etliche Nonnenklöster als evangelische Damenstifte weiter. Erst die Säkularisierung in den Königreichen Preußen und Westphalen bedeutete 1809/10 zunächst das Ende der meisten klösterlichen Einrichtungen.

Prof. Dr. Harald Schwillus

Kloster Gröningen,
Detail der Orgelempore

Adersleben

ehem. Zisterzienserinnenkloster, Klosterkirche St. Nikolaus

Historisches

Klosterkirche St. Nikolaus
Lindenhof 7
38828 Adersleben

Öffnungszeiten
nach Voranmeldung

Eintrittspreise
Eintritt frei

Führungen
nach Voranmeldung

Kloster Adersleben wurde im Dezember 1260 als Tochterkloster des Halberstädter Burchardiklosters von Bischof Volrad von Halberstadt gegründet. Obwohl der Konvent mit etwa 20 Schwestern immer recht klein blieb, gelangte er durch Schenkungen der Grafen von Aschersleben, zu dessen Herrschaftsbereich das Kloster gehörte, zu gewissem Reichtum.

Während des Schmalkaldischen Krieges entwendete Kurfürst Johann Friedrich von Sachsen 1547 große Teile des Kircheninventars. Im Laufe des Dreißigjährigen Krieges beschlagnahmte ein schwedischer Kommissar das Kloster und die Nonnen mussten sich in der Umgebung des Klosters um ihr Überleben kümmern. Als die Äbtissin des Konvents dann 1635 im Mutterkloster in Halberstadt verstarb, zogen ihre Nachfolgerin und der verbliebene Konvent ebenfalls nach Halberstadt.

1642 kam von dort die neugewählte Äbtissin nach Adersleben. Sie musste eine infolge des Dreißigjährigen Krieges verwüstete und geplünderte Abtei übernehmen, die sich aber nach Abschluss des Westfälischen Friedens allmählich erholte.

Nach der Aufhebung des Klosters im Mai 1809 wurde aus dem Gut 1841 eine königliche Domäne. Die Kirche überließ

Die barocke Klosterkirche in Adersleben von Südosten, rechts der Taubenturm

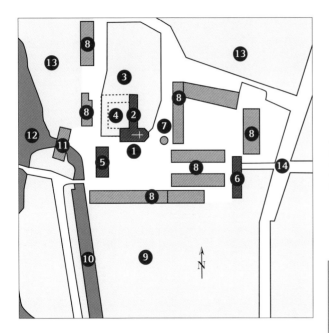

man den katholischen Gemeinden Adersleben und Wegeleben als Pfarrkirche.

Sehenswertes

Zwischen 1752 und 1755 wurde die einschiffige Klosterkirche Adersleben in schlichten Barockformen neu errichtet. Sie besitzt gemäß der zisterziensischen Tradition nur einen Dachreiter für das Geläut. Im Inneren befinden sich drei prächtige Barockaltäre. Die Altarblätter zeigen auf dem Hochaltar die Himmelfahrt Mariens sowie die Dreieinigkeit und auf dem linken Nebenaltar den hl. Nikolaus. Das Altarbild des rechten Seitenaltars zeigt den hl. Bernhard. Es ist umgeben von den Figuren des hl. Joseph und der sel. Äbtissin Humbelina, der Namenspatronin der letzten Äbtissin von Adersleben, Humbeline Schleisser.

Denkanstöße

Der bedeutende Zisterzienserabt und Ordensheilige Bernhard von Clairvaux war davon überzeugt, dass allein ein Leben im Kloster einen einigermaßen sicheren Weg aufzeigt, das Gericht Gottes am Jüngsten Tag bestehen zu können. Von dieser Überzeugung getragen begeisterte er auch viele Familienangehörige und Freunde für ein Klosterleben. Zusammen mit ihnen trat er in das Kloster Cîteaux ein. Seine Schwester

Ansprechpartner für Führungen

Katholisches Pfarramt St. Burchard
Pfarrer Norbert Sommer
Gröperstraße 33
38820 Halberstadt
Tel.: (0 39 41) 61 34 53
Fax: (0 39 41) 81 34 59
oder
Antje Kaiser
Tel.: (0 39 41) 44 39 49
Fax: (0 39 41) 61 34 59
halberstadt.st-burchard@bistum-magdeburg.de

Unsere Tipps

Konzerte auf der Bergen-Orgel

Angebote in der Umgebung

Dom St. Stephanus und Domschatz Halberstadt, Stiftskirche St. Servatius Quedlinburg

Anreise mit PKW

B 79–L 24
B 81–L 24

Anreise mit ÖPNV

per Bus

Parkplätze

für PKW und Busse vor der Klosterkirche

Informationsmaterial

Prospekte

Toiletten

im Kreuzgang

Internet

www.kath-hbs.de

1 Klosterkirche St. Nikolaus
2 Erhaltener Ostflügel (heute
Wohngebäude) mit überbautem
Kreuzgang

Humbelina war jedoch zu diesem Schritt nicht bereit. Sie war mit einem Neffen des Herzogs von Burgund verheiratet und Mutter zweier Kinder. Als sie ihren Bruder Bernhard, der mittlerweile Abt des Klosters Clairvaux geworden war, besuchte, weigerte er sich, sie zu empfangen. Er lehnte ihr adliges Verhalten und ihre reiche Kleidung ab und war erst nach langem Zögern bereit, mit ihr zu sprechen. Schließlich ließ auch sie sich von ihm überzeugen, ein Leben in der Abgeschiedenheit des Klosters zu führen. Nachdem ihr Mann in eine Trennung eingewilligt hatte, wurde sie zunächst Nonne und später Priorin in einem Benediktinerinnenkloster.

Bernhard von Clairvaux interpretierte den Eintritt in ein Kloster als zweite Taufe. In seinem Werk *De praecepto et dispensatione* (XVII, 54) schreibt er dazu:

Der klösterliche Lebenswandel gestaltet uns Christus gleich, genau wie die Taufe. Wir werden gleichsam ein zweites Mal getauft, indem wir durch die Abtötung unserer

Die von außen schlichte Zisterzienserinnenkirche überrascht im Inneren mit prächtigen Barockaltären.

irdischen Glieder neuerdings mit Christus umkleidet und durch die Ähnlichkeit mit seinem Tod aufs Neue in ihn eingepflanzt werden. Und wie wir in der Taufe der Mächte der Finsternis entrissen und in das Reich ewiger Klarheit versetzt werden, so gelangen wir durch unseren heiligen Vorsatz wie durch eine zweite Wiedergeburt in ähnlicher Weise aus der Finsternis nicht der gemeinsamen Erbsünde, sondern vieler persönlicher Sünden ans Licht der Tugenden.

Nach: Arnold Angenendt: Geschichte der Religiosität im Mittelalter. Darmstadt [3]2005, S. 527.

Darstellung des hl. Nikolaus am Hochaltar. Die Kirche in Adersleben ist ein seltenes Beispiel für ein Nikolaus-Patrozinium einer Zisterzienserkirche.

Muttergottesfigur aus dem 15. Jahrhundert

Arendsee

ehem. Benediktinerinnenkloster, Klosterkirche St. Marien

Historisches

Klosterkirche St. Marien

Amtsfreiheit
39619 Arendsee

Öffnungszeiten

April–Oktober:
Mo 12.00–15.00 Uhr
Di–So 10.00–18.00 Uhr
November–März:
Di–So 11.00–15.00 Uhr

Eintrittspreise

Museum und Kloster-Areal:
2,– EUR
Kirche:
Eintritt frei, Spenden erwünscht

Führungen

nach Voranmeldung, spezielle
Angebote für Kinder

*Blick über die Reste des
östlichen Klausurflügels
auf die Klosterkirche*

Die Bedeutung des am Südufer des Arendsees gelegenen Klosters korrespondierte mit seiner geografischen Lage: Eine Landbrücke war der einzige Übergang vom westlich gelegenen Wendland, das zum Machtbereich Heinrichs des Löwen gehörte, in die Altmark. Die Arendseer Gegend aber war Eigengut der askanischen Markgrafen Brandenburgs. Die Gründung eines Benediktinerinnenklosters 1183 durch Markgraf Otto I. diente der Verdeutlichung des Machtanspruchs der brandenburgischen Askanier gegenüber den Expansionsbestrebungen der Welfen, denn die Landbrücke am Arendsee hätte sich für eine Ausweitung des welfischen Einflusses gut geeignet. Zum anderen war damit ein religiöses Zentrum innerhalb der erst jungen Herrschaft in einem noch wenig christianisierten Bereich entstanden.

Die Klosterkirche wurde 1208 eingeweiht und in mehreren Phasen bis 1280 fertiggestellt. Für 1232 ist die bedeutende Klosterschule bezeugt. Diese „Jungfernschule" wurde auch nach der Reformation nachweislich bis 1579 fortgeführt.

1481 bestand der Konvent aus 70 Nonnen und war damit einer der größten Frauenkonvente Brandenburgs. Die Nonnen entstammten zumeist dem regionalen Adel. Im Mittelpunkt des geistigen Lebens der Nonnen stand das Gebet für die

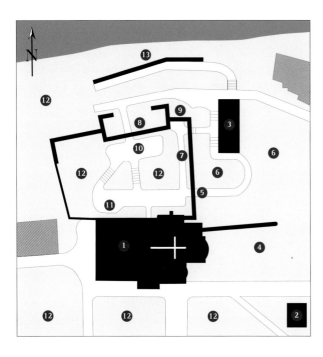

1 Klosterkirche
2 Glockenturm (Kluthturm)
3 Heimatmuseum (ehem. Klosterhospital)
4 Laienfriedhof
5 „Demutspforte"
6 Klostergarten
7 östlicher Klausurflügel
8 nördlicher Klausurflügel
9 Bronzeplastik „Pieta 74"
10 Veranstaltungsbühne
11 Mahlsteine der versunkenen Mühle von Arendsee
12 Grünfläche
13 Reste der nördlichen Klostermauer

Lebenden und die Toten. Vor allem das Gebetsgedenken an die Gründerfamilie der Askanier begingen sie täglich.

Im Zuge der Reformation säkularisierte Kurfürst Joachim II. von Brandenburg 1540 das Kloster. Es folgte die Umwandlung in ein adliges Damenstift, das von einer Domina geleitet wurde. Die Aufhebung des Stiftes im Jahre 1812 geschah im Zusammenhang mit der napoleonischen Herrschaft.

Sehenswertes

Die Klosterkirche ist eine spätromanische dreischiffige Basilika ohne Turm. Sie besitzt ein Querhaus und ursprünglich drei Apsiden im Osten, von denen die südliche im 18. Jahrhundert abgebrochen wurde. Sie hat in Chor, Quer- und Mittelschiff kuppelige Kreuzgewölbe, in den Seitenschiffen Tonnengewölbe. Eine Nonnenempore befand sich vermutlich im nördlichen Querschiffarm. Dort sind noch ehemalige Zugänge zu den Obergeschossen des Ost- und Südflügels der Klausur erkennbar. Wohl noch von der ursprünglichen Kirchenausstattung stammt ein um 1240 entstandener Kruzifixus. Der gotische Altaraufsatz entstand Ende des 14. Jahrhunderts. Er zeigt im Zentrum seines Schreins die Krönung Mariens.

Die Klosterbauten schlossen sich hangabwärts zum Arendsee nördlich an die Kirche an. Vom Kreuzgang ist der

Die Südseite wird vom Giebel eines zweigeschossigen Anbaus beherrscht. Daneben führt ein mehrfach gestuftes Portal in das südliche Querhaus der Kirche.

zweigeschossige Südflügel erhalten, der im Wesentlichen aus der zweiten Hälfte des 15. Jahrhunderts stammt. Die weiteren Klausurbauten sind noch teilweise als Ruinen erhalten. Der Ostflügel der Klausur entstand in der Mitte des 13. Jahrhunderts. Er enthielt wohl den Kapitelsaal und im Obergeschoss das Dormitorium der Nonnen.

Denkanstöße

Das Kloster Arendsee liegt an einer Kreuzung zweier alter Straßen. Doch Straßen galten schon immer nicht nur als Wege zum Ziel. Das „Unterwegssein" selbst besitzt symbolischen Wert. Es steht u. a. für den Lebensweg des Menschen. Im jüdisch-christlichen Kontext wird Gott wesentlich als ein „Wege-Gott" bezeugt, der mit den Seinen geht. Tragende Glaubenserfahrungen der biblischen Tradition sind mit dem „Unterwegssein" verbunden: der Auszug des Volkes Israel aus Ägypten ins Gelobte Land; auch Jesus verkündete seine Botschaft unterwegs im Heiligen Land.

Das Motiv des Auf-dem-Weg-Seins findet sich auch immer wieder in der Literatur. Lorenz Marti (*1952) formuliert es so:

Rankenmalerei in den niedrigen Arkadenbögen der Langhaussüdwand

30

Der Südflügel des Kreuzgangs (links) und Reste der Klausurgebäude (rechts)

Zu viel Gepäck

Es ist immer das Gleiche: Wenn ich in die Ferien aufbreche, packe ich zu viel ein. Jedes Mal ärgere ich mich, wie schwer der Rucksack dabei wird. Also packe ich alles noch einmal aus – und das meiste gleich wieder ein. Ich meine, all die Dinge zu brauchen, und weiß doch schon, dass das nicht stimmt. Ich brauche Ersatzwäsche und Ersatz für die Ersatzwäsche, man weiß ja nie. Ich brauche die Badehose für heißes und den dicken Pullover für kaltes Wetter …

Vor zweihundert Jahren besuchte einmal ein Reisender den berühmten polnischen Rabbi Hofetz Chaim. Erstaunt sah er, dass der Rabbi nur in einem einfachen Zimmer wohnte: Ein Tisch, eine Bank und ein paar Bücher. ‚Rabbi, wo sind denn Ihre Möbel?‘, fragte er. ‚Wo sind die Ihren?‘, fragte der Rabbi zurück. ‚Meine? Ich bin doch nur auf Besuch hier, ich bin auf der Durchreise.‘ ‚Genau wie ich‘, sagte der Rabbi.

Marti, Lorenz: Zu viel Gepäck, in: Bibel heute 161 (1/2005). Stuttgart 2005, S. 7.

Parkplätze

10 für PKW, weitere PKW- und Busparkplätze ca. 300 m vom Bauwerk entfernt (Stadtmitte)

Informationsmaterial

Kirchenführer

Verkaufsangebot im Bauwerk

Eine-Welt-Laden und Klosterladen

Toiletten

im Museum

Internet

www.klosterarendsee.com

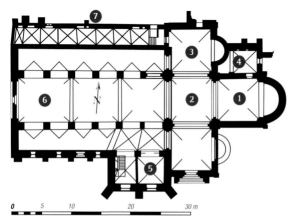

1 Chor mit Altar
2 Vierung mit Triumphkreuz
3 Nordquerhaus, Ort der ehemaligen Nonnenempore
4 Sakristei
5 zweigeschossiger Südanbau, heute im Obergeschoss Aufstellungsort mittelalterlicher Skulpturen
6 Langhaus mit Orgelempore
7 Südflügel des Kreuzganges

Barby

ehem. Franziskanerkloster, St.-Johannis-Kirche

Historisches

St.-Johannis-Kirche
Schlossstraße 26
39249 Barby

Öffnungszeiten
nach Voranmeldung

Eintrittspreise
Eintritt frei, Spenden erwünscht

Führungen
nach Voranmeldung

Ansprechpartner für Führungen
Evangelisches Pfarramt
Pfarrer Christian Weigel
Schlossstraße 26
39249 Barby
Tel.: (03 92 98) 2 70 03
Fax: (03 92 98) 2 70 04
pfarrer@evangelische-kirche-barby.de

Unsere Tipps
Konzerte, z. B. Orgel-, Gospel-
oder Sinfoniekonzerte

Angebote im Ort
Marienkirche, „Prinzesschen"
(kleiner Stadtmauerturm) mit
Ausstellungen

Vermutlich gründete Graf Burkhard II. von Barby 1264 das Franziskanerkloster St. Johannes in Barby. Zwischen 1370 und 1381 brannten Kloster und Kirche nieder und Graf Günther II. veranlasste noch im gleichen Jahrhundert die Wiederherstellung der Kirche, die von nun an als Schloss- und Begräbniskirche der Barbyer Grafen diente.

Nachdem das Herrscherhaus 1540 die Reformation in Barby eingeführt hatte, wurde das Kloster aufgehoben. Die ehemalige Klosterkirche behielt jedoch ihre Funktion für das Adelshaus bei. Von den ehemaligen Klostergebäuden neben der Johanneskirche ist heute nur noch wenig erhalten.

Die Nähe der Grafen zu ihrem Gotteshaus zeigte sich an den Colloquia theologica. Dies waren Unterredungen über Fragen der Religion, die auf Anordnung der Grafen im 16. und 17. Jahrhundert alljährlich im Frühling, Sommer und Herbst gehalten wurden. Alle Geistlichen der Grafschaft erschienen zu diesen Gesprächen.

Sehenswertes

Die ehemalige Klosterkirche ist ein schlichter Bau auf rechteckigem Grundriss. In seinem Inneren birgt er eine beachtenswerte Sammlung von Grabdenkmälern der Grafen von Barby. Die älteste Grabplatte konnte Graf Burkhard II. († 1271) zugeordnet werden. Das Epitaph des Grafenpaares

Der frühgotische Bruchsteinbau der St.-Johannis-Kirche

32

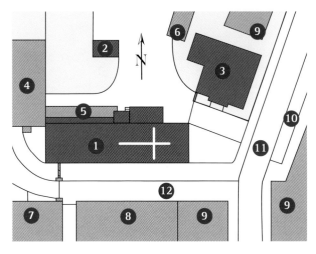

1 Klosterkirche
2 Abtshäuschen (Teil des erhaltenen Kreuzganges)
3 Pfarrhaus
4 Edel- bzw. Klosterhof (heute Privatbesitz)
5 Schuppen
6 Gartenhaus
7 Kulturhalle
8 ehemalige Druckerei (verfallen)
9 Wohnhäuser
10 Parkplätze
11 Schlossstraße
12 Weg zur Kirche und zur Kulturhalle

Albert und Jutta (um 1360) zeigt die Anbetung der Heiligen Drei Könige, die dem Jesuskind, das Maria auf ihrem Schoß hält, Gaben bringen. Graf und Gräfin knien links und rechts der Szene.

Ein Grabaltar aus der Mitte des 16. Jahrhunderts zeigt Graf Wolfgang I. und seine Frau Agnes mit ihren 20 Kindern unter dem Kreuz. Darüber ist der Triumph Christi dargestellt.

Anreise mit PKW
A 14 Abfahrt Schönebeck

Anreise mit ÖPNV
per Bahn bis Schönebeck danach weiter per Bus

Parkplätze
für PKW am Objekt, für Busse in der Nähe des Objektes

Informationsmaterial
Informationsblatt über Führungen

Toiletten
keine

Internet
www.evangelische-kirche-barby.de

Durch zwölf gotische Fenster an der Südseite fällt das Licht in die Kirche.

33

1 Kirchenschiff
2 Altarbereich
3 Chorgestühl
4 Kanzel
5 Orgelempore
6 Gewölbeanbau (Sakristei)
7 Anbau mit Treppenaufgang
8 Schuppen

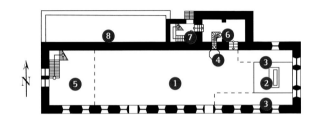

Denkanstöße

Bis zum Aussterben im Mannesstamm im Jahre 1659 war die Klosterkirche Hofkirche des Regentenhauses und Begräbnisstätte des Grafengeschlechts von Barby. Eine große Zahl von Grabplatten des Adelshauses ist noch heute in der Kirche erhalten. Die ältesten reichen bis in die Zeit zurück, als das Gotteshaus noch die Klosterkirche der Franziskaner war. Der Begründer des Ordens, Franz von Assisi, hat wenige Jahre vor seinem Tod einen berühmten Text formuliert, in dem alle Geschöpfe Gott preisen. Zu diesen zählte er auch den Tod:

Erhabenster, allmächtiger, guter Herr,
Dein sind der Lobpreis, die Herrlichkeit
und die Ehre und jegliche Benedeiung.

Dir allein, Erhabenster, gebühren sie,
und kein Mensch ist würdig, die zu nennen.

Gepriesen seist Du, mein Herr,
mit allen Deinen Geschöpfen,
zumal der Herrin, Schwester Sonne,
denn sie ist der Tag
und spendet das Licht uns durch sich. [...]

Epitaph Alberts und Juttas von Barby (um 1360). Zwischen dem Grafenpaar ist die Anbetung der Heiligen Drei Könige dargestellt.

Gepriesen seist Du, mein Herr,
durch unseren Bruder, den leiblichen Tod;
ihm kann kein Mensch lebend entrinnen.

Wehe jenen, die in schwerer Sünde sterben.
Selig jene, die sich in Deinem allheiligen Willen finden,
denn der zweite Tod wird ihnen kein Leides tun.

Lobet und preiset meinen Herrn
und erweiset ihm Dank
und dient ihm mit großer Demut.

Nach: Lothar Hardick und Engelbert Grau (Hg.): Die Schriften des heiligen Franz von Assisi. Werl/Westfalen 1987, S. 140 f.

Figur aus dem letzten Viertel des 15. Jahrhunderts

Epitaph für Günter IV. († 29. November 1493). Die Inschrift nennt den ursprünglichen Titel: Graf zu Mühlingen und Herr zu Barby.

35

Bergen

ehem. Deutschordenskommende, Marienkapelle

Historisches

Kommende Bergen

An der Kommende 46
39167 Wanzleben OT Bergen

Öffnungszeiten

täglich nach Voranmeldung

Eintrittspreise

Eintritt frei

Führungen

nach Voranmeldung

Ansprechpartner für Führungen

Walter und Elisabeth Kremer
An der Kommende 46
39167 Wanzleben OT Bergen
Tel.: (03 92 93) 52 04
Fax: (03 92 93) 5 05 95
walter.elisabeth.kremer@t-online.de

Unsere Tipps

Austellungen, 500 Jahre alter
Landgasthof in Drackenstedt

Die Grafenbrüder von Barby verkauften das Dorf Bergen mit Vogtei und Kirche St. Marien 1272 an den Deutschen Ritterorden. Dieser gründete hier im gleichen Jahr eine Komturei. 1304 konnte der Orden das Patronat über die Kirche in Kleinrodensleben erwerben. 1377 wurde Bergen Wallfahrtsort, nachdem der Legat des Apostolischen Stuhles allen Bußfertigen einen Ablass von 40 Tagen gewährte, wenn sie am Gedächtnistage der Kirchweihe die Kirche der Deutschordensbrüder zu Bergen besuchten.

Einen Aufschwung erlebte die Kommende unter dem Landkomtur Johann von Lossow. Als Komtur der Ballei Sachsen des Deutschritterordens nahm er 1570 seinen Wohnsitz in Bergen.

Während des Dreißigjährigen Krieges wurde die Kommende Bergen 1632–1634 vom schwedischen Statthalter in Magdeburg in Besitz genommen. 1809 löste Napoleon Bonaparte den Deutschen Orden in Deutschland auf. Dies zog die Aufhebung der Komturei durch die westphälische Regierung im gleichen Jahr nach sich.

Sehenswertes

Blick von Osten auf die Marienkapelle und das Komturhaus

Die Kapelle der Kommende Bergen aus dem 13. Jahrhundert ist noch erhalten. Sie ist ein bescheidener romanischer Raum von 6,80 x 11,20 Metern mit Flachdecke. Das Gestühl und die

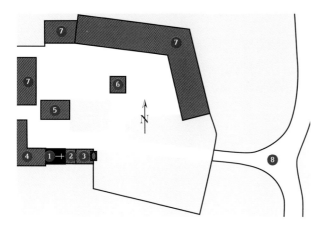

1 Ordenskirche (Marienkapelle Bergen)
2 Zwischenbau (gehörte einst zur Kirche, wurde später zum Depot umfunktioniert)
3 Komturhaus mit Glockenturm
4 Herrenhaus des Landkomturs Hans von Lossow aus dem 16. Jahrhundert
5 neues Wohnhaus
6 Taubenturm von 1843
7 Wirtschaftsgebäude, Stallungen
8 Friedensstraße

Empore im Inneren werden auf das Jahr 1576 datiert. Das an die Kapelle angebaute winkelförmige Wohngebäude ist in einfachen Barockformen gestaltet. Dort wurde auch eine Inschrifttafel von 1579 angebracht, die auf Johann von Lossow hinweist. Dieser hatte das sogenannte Neue Gebäude östlich der Kapelle als Wohnung des Komturs errichten lassen.

Denkanstöße

Der Deutsche Orden sah im Mittelalter seine Aufgaben in der Kranken- und Armenpflege, dem Schutz der Pilger bei den christlichen Stätten im Heiligen Land sowie im Einsatz und

Der Innenraum der Kapelle. Gestühl und Empore lassen sich auf das Jahr 1576 datieren.

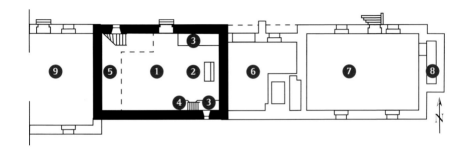

1 Ordenskirche (Kapelle)
2 Altar
3 Komturstuhl
4 Kanzel
5 Empore mit Gebälk von 1537
6 Zwischenbau (gehörte einst zur
  Kirche, wurde später zum Depot
  umfunktioniert)
7 Komturhaus
8 Glockenturm
9 Herrenhaus des Landkomturs
  Hans von Lossow aus dem
  16. Jahrhundert

Angebote in der Umgebung

Agrarmuseum Ummendorf,
Schloss Ampfurth, rekonstruierte
Telegrafenstation Ampfurth, Burg
Wanzleben

Anreise mit PKW

A2 Abfahrt Haldensleben–
Bornstedt–Drackenstedt

Anreise mit ÖPNV

per Bus und Bahn

Parkplätze

für PKW und Busse

Informationsmaterial

Faltblätter u. a. m.

Verkaufsangebot

Bücher

Toiletten

keine

Internet

www.kommende-bergen.de

*Der barocke Altaraufsatz von
1689*

in der Verteidigung des christlichen Glaubens, auch mit Waffengewalt. Nach seiner Vertreibung aus Palästina fand er im 13. Jahrhundert ein neues Betätigungsfeld bei der politisch-religiösen Organisation der Pruzzengebiete an der Ostsee. Der Deutsche Orden leugnet heute seine Vergangenheit nicht, sondern stellt sich ihr. Seine Regeln zeigen sein heutiges Selbstverständnis und nehmen Bezug auf die Vergangenheit:

Der Deutsche Orden entfaltet heute seine karitative Tätigkeit in der Pflege der Kranken, der Alten, der Armen und der Hilfsbedürftigen in den sich wandelnden Formen der sozialen Fürsorge, in Werken der christlichen Erziehung und Bildung der Kinder, der Jugend und der Erwachsenen. Sein Einsatz für Christi Reich ist nicht mehr der zeitgebundene Kampf mit dem Schwert, sondern gemäß der gesunden Überlieferung des Ordens der Kampf in der geistigen Auseinandersetzung, der Schutz der Wehrlosen, die Seelsorge am Menschen. So widmet sich der Orden auch heute dem Schutz und Aufbau des Reiches Gottes im Dienst an der Universalkirche und an den Ortskirchen.

Regeln der Brüder vom Deutschen Haus Sankt Mariens in Jerusalem, nach: http://www.deutscher-orden.de/all_spiri_start.php (Zugriff: 18. Mai 2011).

Buro

ehem. Deutschordenskommende, St. Elisabeth zu Buro

Historisches

Deutschordenskommende Buro

06869 Coswig OT Buro

Öffnungszeiten

Mai–September:
Sa/So 12.00–16.00 Uhr
Oktober–April:
nach Voranmeldung

Eintrittspreise

Eintritt frei, Spenden erwünscht

Führungen

Sa/So 13.00–16.00 Uhr stündlich

Ansprechpartner für Führungen

Kommende des Deutschen
Ordens St. Elisabeth zu Buro
Matthias Prasse
Tel.: (01 76) 68 25 96 00
Fax: (0 32 12) 8 25 97 00
buro1258@web.de

Erstmals erwähnt wird der Ort Buro 1258/59, als Brüder des Fürstenhauses Anhalt das Dorf dem Deutschen Ritterorden übertrugen. Ihre Tante, Elisabeth von Thüringen, ist die Patronin des Deutschen Ordens. Die zunächst durch reiche Zuwendungen guten Beziehungen zum Fürstenhaus änderten sich 1320. Es kam zu einer bewaffneten Auseinandersetzung, in der unter Fürst Albrecht II. von Anhalt die Kommende ausgeraubt wurde. Frieden stiftete vier Jahre später Bischof Burchard III. von Magdeburg, der veranlasste, dass die fürstlichen Brüder Albrecht II. und Waldemar der Kommende als Wiedergutmachung zwei benachbarte Orte schenkten. In der Folgezeit konnte der Orden seine Besitzungen durch zahlreiche weitere Schenkungen vergrößern. Erst Ende des 14. Jahrhunderts musste die Kommende Buro einige ihrer Flächen als Lehen ausgeben.

Auch die Bereitschaft, dem Orden beizutreten, nahm allmählich ab. In der Ballei Sachsen zählte man Anfang des 15. Jahrhunderts nur noch 27 Ordensritter. Im Gefolge der

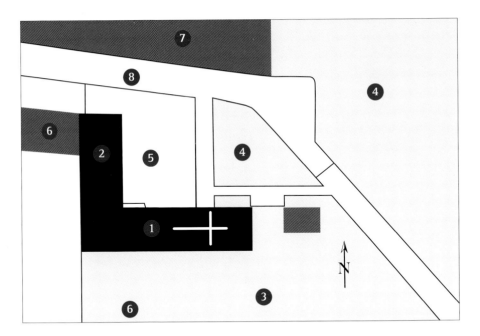

1 Ordenskirche mit Kapitelhaus
2 Komturssuite und Schwarzküche
3 Friedhof
4 Grünflächen
5 ehemaliger Klausurhof
6 Rosengarten
7 Anwohner
8 Aueweg

Reformation wurde mit Hans von Lattorff (um 1500–1571) ein evangelischer Komtur auf Lebenszeit ernannt. Der nachfolgende Komtur, Henning von Britzke (1546–1611), nahm innerhalb des Ordens eine bedeutsame Stellung ein. Als Statthalter der sächsischen Ballei verabschiedete er 1606 die neuen Ordensregeln, die bis zur Auflösung des Ordens 1809 Bestand hatten. Ebenso maßgeblich war er als Lutheraner an der Vorbereitung des Ordens auf die Mehrkonfessionalität beteiligt.

Im Dreißigjährigen Krieg erlitt die Kommende schwere Verluste. Erst unter dem Komtur Johann Daniel von Priort (1618–1684) gelang die Wiederherstellung der Kommende. Komtur Samson vom Stain († 1727) gestaltete Teile der Anlage in ein barockes Ensemble um. 1809 wurde Buro im Rahmen der Säkularisation landesherrliche Domäne.

Sehenswertes

Die Kirche ist ein spätromanischer Feldsteinbau aus dem 13. Jahrhundert. Sie war ursprünglich eine turmlose Saalkirche mit Chor und halbrunder Apsis. Heute besitzt sie einen aus Fachwerk errichteten Kirchturm mit einer kleinen Glocke aus der Ordenszeit. Die heutige Innenausstattung stammt aus dem Jahr 1697. Die Apsis wurde 1758 abgebrochen und der Chor nach Osten verlängert, um Platz für eine Orgel zu schaffen. Das Gebäude der Komturei betritt man von der ehemali-

linke Seite: Blick von Süden auf das Komturgebäude. Der Glockenturm markiert die Baunaht zwischen Kirche und Komturei.

41

gen Hofseite über eine Freitreppe. In ihr befinden sich u. a. der Gartensaal, der Rittersaal mit Porträts von Burorer Ordensrittern, sächsischen Landkomturen und anhaltischen Fürsten sowie eine Schwarzküche.

Denkanstöße

Die kleine Glocke des Kirchturmes stammt aus der Ordenszeit. Anhand der Formen von Glocke und Buchstaben wird als

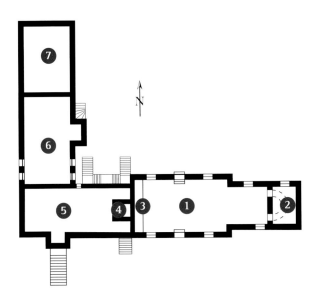

1 Ordenskirche
2 ehemalige Orgelempore,
  heute Winterkirche
3 Komtursloge
4 Glockenturm
5 Kapitelhaus in Verlängerung der
  Ordenskirche mit Gartensaal
6 Kommandeurssuite mit Rittersaal
7 Schwarzküche

Entstehungszeit 1250 bis 1300 angenommen. Auf der Glocke ist umlaufend das Wort „BENEDICTA" zu lesen. Diese Inschrift verweist wohl auf Maria, die Mutter Jesu Christi. Sie ist die Patronin des Deutschen Ordens. „BENEDICTA" ist auch Teil des Grußes des Engels an Maria, wie er im *Lukasevange-*

Die Komtursloge an der Westwand der Kirche ist nur von der Komturei aus zugänglich.

Unsere Tipps

historische Park- und Gartenanlage, Brennerei (Brau- und Brennrecht seit 1258), Wanderausstellungen, Dauerausstellungen: „Marienfrömmigkeit" und „Deutscher Ritterorden in Mitteldeutschland"

Angebote in der Umgebung

Deutsche Alleenstraße, Biosphärenreservat Mittelelbe, Naturpark Fläming, Cranach-Altar in Klieken, Coswiger Schloss, Simonettihaus in Coswig, Neuapostolische Kirche in Coswig (erbaut 1925) mit interessanter Architektur und Pfeifenorgel

Anreise mit PKW

A 9 Abfahrt Coswig (Anhalt), weiter über die B 187, etwa 10 km nordöstlich der Bauhaus-Stadt Dessau und 20 km westlich der Lutherstadt Wittenberg

Anreise mit ÖPNV

per Bus

Parkplätze

für PKW und für 2 Busse (nicht barrierefrei)

Informationsmaterial

Kunstführer, Faltblatt

Verkaufsangebot

Literatur, Spirituosen

Toiletten

vorhanden

Internet

www.komturei-buro.de

lium (Lk 1,28–38) des Neuen Testaments bei der Verheißung der Geburt Jesu steht:

Der Engel trat bei ihr ein und sagte: Sei gegrüßt, du Begnadete, der Herr ist mit dir. Sie erschrak über die Anrede und überlegte, was dieser Gruß zu bedeuten habe. Da sagte der Engel zu ihr: Fürchte dich nicht, Maria; denn du hast bei Gott Gnade gefunden. Du wirst ein Kind empfangen, einen Sohn wirst du gebären: dem sollst du den Namen Jesus geben. Er wird groß sein und Sohn des Höchsten genannt werden. Gott, der Herr, wird ihm den Thron seines Vaters David geben. Er wird über das Haus Jakob in Ewigkeit herrschen und seine Herrschaft wird kein Ende haben. Maria sagte zu dem Engel: Wie soll das geschehen, da ich keinen Mann erkenne? Der Engel antwortete ihr: Der Heilige Geist wird über dich kommen, und die Kraft des Höchsten wird dich überschatten. Deshalb wird auch das Kind heilig und Sohn Gottes genannt werden. Auch Elisabeth, deine Verwandte, hat noch in ihrem Alter einen Sohn empfangen; obwohl sie als unfruchtbar galt, ist sie jetzt schon im sechsten Monat. Denn für Gott ist nichts unmöglich. Da sagte Maria: Ich bin die Magd des Herrn; mir geschehe, wie du es gesagt hast. Danach verließ sie der Engel.

Die Bibel. Einheitsübersetzung. Stuttgart 2003.

Das Epitaph des Komturs Samson vom Stain († 1727) an der Südwand des Kirchenschiffs

Dambeck

ehem. Benediktinerinnenkloster und
ehem. ev. Damenstift, Klosterkirche St.
Marien und Kloster der Evangelisch Benediktinischen
Joseph-Bruderschaft

Historisches

Stiftung Kloster Dambeck
Amt Dambeck 2
29410 Salzwedel

Öffnungszeiten
ganzjährig offen

Eintrittspreise
Eintritt frei, Spenden erwünscht

Führungen
nach Voranmeldung

Ansprechpartner für Führungen
Stiftung Kloster Dambeck
Prior Bruder Jens
Amt Dambeck 2
29410 Salzwedel
Tel.: (03 90 35) 2 70
stiftungklosterdambeck@web.de

Unsere Tipps
tägliche Gebetszeiten, Seelsorge,
Klosterleben als Gast der Joseph-
Bruderschaft für eine Mahlzeit,
für ein paar Stunden, einen Tag
oder länger, Kaffee jeden Sonntag
15.00 Uhr, Mittagessen oder
Kaffeetrinken für Gruppen nach
Voranmeldung, Bibelgarten

Angebote im Ort
St. Katharinen mit dem
sogenannten Einhornaltar von
1474 aus dem Kloster Dambeck

Das Kloster Dambeck entstand als Hauskloster und Grablege der Grafen von Dannenberg, die es mit Grundbesitz ausstatteten. Das Geschlecht der Dannenbergs hatte keine Nachkommen, sodass der Konvent schon zu Beginn des 14. Jahrhunderts dessen Unterstützung verlor. Im beginnenden 15. Jahrhundert übernahm die Familie von der Schulenburg die Verwaltung des Klosters. Sie stellte während dieses Jahrhunderts drei Äbtissinnen. Zu Beginn des 16. Jahrhunderts wurde Dambeck endgültig zum Hauskloster der Familie.

Mit dem Tod des letzten katholischen Propstes, Werner von der Schulenburg, endete die vorreformatorische Zeit des Klosters. Sein Nachfolger Dietrich von der Schulenburg hatte den Übertritt zur Reformation bereits vollzogen. Wie auch die altmärkischen Nonnenkonvente zu Arendsee, Diesdorf, Krevese und Neuendorf war man nun einem weltlichen Herrn, Kurfürst Joachim II. von Brandenburg, unterstellt, der 1540 seinen Rat Dietrich von der Schulenburg zum ersten evangelischen Propst Dambecks machte. Zudem überließ er ihm das Kloster als Besoldung auf Lebenszeit. Der noch bestehende Konvent sollte aus den Erträgen des Klosterguts versorgt werden.

1607 wurde das Klosteramt Dambeck durch Kurfürst Joachim Friedrich der Joachimthalschen Fürstenschule mit Stif-

Ökologische Landwirtschaft prägt das Klosterleben.

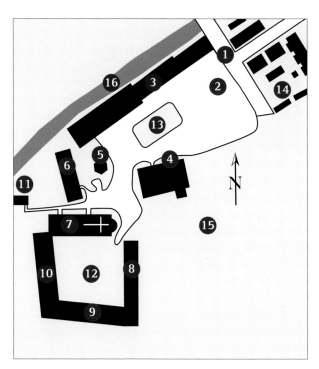

1 Zufahrtstraße „Amt Dambeck"
2 Parkplatz
3 Stallungen
4 ehemaliges Amtshaus
5 sechseckiger Taubenturm mit Volieren
6 ehemalige Propstei
7 Klosterkirche
8 östlicher Klausurflügel
9 Südflügel, ehemals Dormitorium
10 westlicher Klausurflügel
11 ehemaliger Eiskeller
12 Klosterinnenhof
13 Bibelgarten mit Brunnen
14 Gästehaus
15 Weideflächen
16 Jeetze

tungsurkunde übereignet. Im Verlauf des Dreißigjährigen Krieges wurde das Kloster 1626 geplündert und von Truppen Wallensteins besetzt.

Das ehemalige Klostervermögen diente bis 1953 der Finanzierung der Stiftung Joachimsthalsches Gymnasium.

Die Konventsgebäude wurden bis 1990 landwirtschaftlich genutzt. 1991 zogen vier Mönche der Evangelisch Benediktinischen Joseph-Bruderschaft in die Klostergebäude ein.

Sehenswertes

Die ehemalige Klosterkirche ist ein langgestreckter Backsteinbau aus der ersten Hälfte des 13. Jahrhunderts mit Chor und Apsis. Über dem Westteil des Kirchenschiffs erhebt sich ein Turm, der 1750 errichtet wurde. Ein gotischer Mittelflügel wurde komplett abgetragen. Der zeitgleich vollzogene barocke Umbau der Kirche und die Abtrennung des Bereichs der ehemaligen Nonnenempore machen heute die mittelalterliche Erscheinung des Gebäudes schwer nachvollziehbar. Das dreiflügelige Konventsgebäude befindet sich südlich der Kirche. An seiner Nordostecke schließt es nicht an die Kirche an, sodass sich der Hof jetzt hier nach außen öffnet. Im Kern stammen die erhaltenen Gebäude aus dem 13. und 14. Jahrhundert.

Anreise mit PKW
A 2 Hannover–Berlin,
A 14 Magdeburg–Dresden,
B 71 Halle–Magdeburg–Uelzen,
B 248 Braunschweig–Salzwedel–Dannenberg, B 190 Seehausen–Arendsee–Salzwedel

Anreise mit ÖPNV
per Bahn und Bus

Parkplätze
für PKW und Busse

Informationsmaterial
Broschüre, Faltblatt, Fotobuch

Toiletten
vorhanden

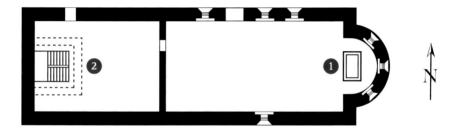

1 Altarbereich
2 Turmaufgang

Die Klosterkirche steht jedem zu jeder Zeit offen: für Andachten, Mahlzeiten oder ein stilles Gebet.

Seit Anfang der 1990er Jahre leben und arbeiten die Brüder der Evangelisch Benediktinischen Joseph-Bruderschaft im Kloster Dambeck. Sie richten ihr Leben als evangelische Christen in Gemeinschaft nach der Benediktsregel aus: Armut, Gehorsam und Keuschheit. Das bedeutet, dass sie auf persönlichen Besitz verzichten, allein Gott gegenüber gehorsam sind und ehelos leben, um für ihren Dienst frei zu sein. Sie richten sich nach dem Grundsatz benediktinischer Spiritualität „Ora et labora!" („Bete und arbeite"). Diese Lebenshaltung versteht die Evangelisch Benediktinische Joseph-Bruderschaft auch als soziale Aufgabe in der Welt. Die 2002 von den Brüdern gegründete Stiftung Kloster Dambeck macht dies in ihrer Satzung deutlich:

Die Stiftung dient religiösen und sozialen, also diako-
nisch-karitativen Zwecken für alle Menschen ohne Unterschied der Religion, Konfession und Erziehung wie Herkunft.
Der Stiftungszweck wird dadurch verwirklicht, dass Menschen, die in materieller und ideeller Weise Hilfe bedürfen,
am Leben und Arbeiten der Bewohner im Kloster Dambeck
teilnehmen.

Aus der Satzung der Stiftung Kloster Dambeck, nach: www.kloster-
dambeck.de (Zugriff 22. Mai 2011).

*Die Propstei (links) wird
nach der Restaurierung
Bibelmuseum.*

*Die original erhaltenen
Kreuzgratgewölbe
beherbergten einst Pilger,
Reisende und Flüchtlinge.
Heute finden hier
Veranstaltungen statt.*

Diesdorf

ehem. Augustinerchorherren-, später Chorfrauenstift und ehem. ev. Damenstift, Kirche St. Maria und Crucis

Historisches

**Augustinerinnen-Klosterkirche
St. Maria und Crucis**

Dährer Straße
29413 Diesdorf

Öffnungszeiten
keine

Eintrittspreise
Eintritt frei, Spenden erwünscht

Das Stift in Diesdorf wurde als Hauskloster und Grablege der Grafen von Warpke-Lüchow im Jahre 1161 gegründet. Es wird vermutet, dass es anfänglich für Augustinerchorherren bestimmt war, spätestens aber seit 1200 mit Chorfrauen besetzt wurde. Die Hauptaufgabe des Stifts bestand in der Versorgung der Töchter aus niederadeligen und bürgerlichen Familien der Umgebung.

Von seiner Gründung an bis in das 15. Jahrhundert befand sich das Stift in wirtschaftlichen Schwierigkeiten. Durch finanzielle Mittel der Familien der Konventualinnen entwickelte sich der Konvent dennoch langsam zu einem der reichsten Grundbesitzer der Umgebung. Mitte des 15. Jahrhunderts lebten etwa 50 Konventualinnen sowie 30 Schülerinnen im Stift.

Nach Einführung der Reformation wurde das Stift 1551 in ein evangelisches weltliches Damenstift umgewandelt, das sich unter Führung einer Domina befand. Sie stand 7 adeligen und 6 bürgerlichen Stiftsdamen vor. Die Kirche war seit der

Die Klosterkirche Diesdorf zählt zu den besterhaltenen spätromanischen Bauwerken der Altmark und ist die älteste gewölbte altmärkische Kirche.

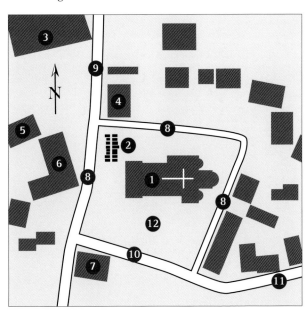

1 Klosterkirche
2 aus der Kirche geborgene
  Grabplatten
3 alte Darre (Back- und Brauhaus)
4 Café
5 Begegnungsstätte der
  Volkssolidarität
6 Wohngebäude
7 Klosterschenke
8 Klosterstraße
9 Poststraße
10 Schäfertorstraße
11 Lindenallee
12 Grünfläche

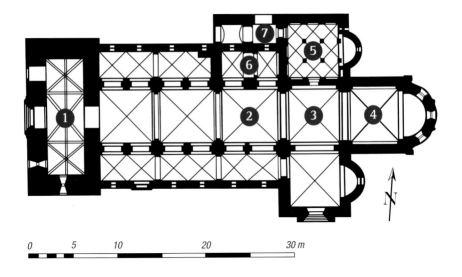

0   5   10   20   30 m

1 Westriegel mit Turm
2 basilikales Langhaus
3 Vierung, im Chorbogen
  Triumphkreuzgruppe
4 Chor mit Altar
5 Gewölberaum (Krypta) unter der
  ehemaligen Nonnenempore
6 Heilig-Grab-Krypta mit gotischem
  Heiligem Grab
7 Rest des Kreuzgang-Südflügels

*Der zweigeschossige
Turmaufbau und die
Giebelabschlüsse stammen
von 1872.*

Reformation evangelische Pfarrkirche. 1810 erfolgte die Aufhebung des Stifts. Große Teile der Anlagen verfielen daraufhin, sodass 1860 die Klausur abgerissen werden musste.

Sehenswertes

Die Stiftskirche ist eine dreischiffige romanische Basilika mit Querhaus, quadratischem Chorjoch, Haupt- und Nebenapsiden sowie einem Westriegel mit Mittelturm. Im Nordquerhaus befindet sich über der sogenannten Krypta die Nonnenempore. Auf dem Balken im Chorbogen befindet sich eine Kreuzigungsgruppe aus der zweiten Hälfte des 15. Jahrhunderts. Die Enden des Kreuzes zeigen die Symbole der vier Evangelisten. Um 1860 wurden die nördlich der Kirche gelegenen Klausurgebäude abgetragen. Von den ehemaligen Wirtschaftsgebäuden des Stifts bestehen noch die ehedem als Back- und Brauhaus genutzte Alte Darre sowie das Alte Amtshaus. Beide stammen wohl im Kern aus dem 15. Jahrhundert.

Denkanstöße

Angeregt durch Pilgerfahrten zum Heiligen Grab Jesu Christi in Jerusalem errichtete man seit dem frühen und hohen Mittelalter auch in den heimischen Kirchen Andachtsstätten. Während der Kar- und Ostertage wurde so die Erinnerung an Tod und Auferstehung Christi in bildhafter Weise in den Gottesdienst eingebunden.

Im nördlichen Seitenschiff der Kirche in Diesdorf befindet sich ein als Heiliges Grab zu deutender Christus-Schrein aus dem 14. Jahrhundert. Die darin liegende, geschnitzte Christusfigur richtete man am Kastenrand während der Osterliturgie auf. Dies symbolisierte für die Christen im Mittelalter die Auferstehung Christi. In biblischen Texten wird das Ereignis der Auferstehung nicht direkt beschrieben. Es ist ein Geschehen jenseits von Raum und Zeit. So erzählt das Neue Testament erst vom frühen Morgen nach der Auferstehung. Im *Johannesevangelium* (Joh 20,1–10) des Neuen Testaments ist dies so zu lesen:

Am ersten Tag der Woche kam Maria von Magdala frühmorgens, als es noch dunkel war, zum Grab und sah, dass der Stein vom Grab weggenommen war. Da lief sie schnell zu Simon Petrus und dem Jünger, den Jesus liebte, und sagte zu ihnen: Man hat den Herrn aus dem Grab weggenommen und wir wissen nicht, wohin man ihn gelegt hat. Da gingen Petrus und der andere Jünger hinaus und kamen zum Grab; sie liefen beide zusammen dorthin, aber weil der andere Jünger schneller war als Petrus, kam er als erster ans Grab. Er beugte sich vor und sah die Leinenbinden liegen, ging aber nicht hinein. Da kam auch Simon Petrus, der ihm gefolgt war, und ging in das Grab hinein. Er sah die Leinenbinden liegen und das Schweißtuch, das auf dem Kopf Jesu gelegen hatte; es lag aber nicht bei den Leinenbinden, sondern zusammengebunden daneben an einer besonderen Stelle. Da ging auch der andere Jünger, der zuerst an das Grab gekommen war, hinein; er sah und glaubte. Denn sie wussten noch nicht aus der Schrift, dass er von den Toten auferstehen musste. Dann kehrten die Jünger wieder nach Hause zurück.

Die Bibel. Einheitsübersetzung. Stuttgart 2003.

Führungen
nach Voranmeldung

Ansprechpartner für Führungen
Evangelisches Pfarramt
Pfarrer Hofmüller
Schäfertor 7
29413 Diesdorf
Tel.: (0 39 02) 3 27
hofmueller-diesdorf@t-online.de
oder
Brigitte Osmers
Achterstraße 5
29413 Diesdorf
Tel.: (0 39 02) 93 96 40

Angebote in der Umgebung
Dorfkirche in Osterwohle
(Innenausstattung aus dunklem
Eichen- und hellem Lindenholz,
einmalig in Deutschland),
Freilichtmuseum, Klosterrundgang,
Hünengrabwanderung,
Radwanderweg „Altmarkrundkurs",
Heimatverein Diesdorf
Tel.: (03 90 03) 8 05 69

Anreise mit PKW
von Salzwedel in Richtung
Diesdorf/Wittingen (ca. 25 km),
von Rohrberg in Richtung Diesdorf
(ca. 15 km)

Anreise mit ÖPNV
mit Bus

Parkplätze
30 für PKW, 2 für Busse

Informationsmaterial
Informationsblatt und Broschüre

Verkaufsangebot im Bauwerk
Postkarten und Broschüren

Toiletten
keine

Drübeck

ehem. Benediktinerinnenkloster, Klosterkirche St. Vitus

Historisches

Evangelisches Zentrum Kloster Drübeck

Klostergarten 6
38871 Drübeck

Öffnungszeiten

Mo–So 6.30–19.00 Uhr

Eintrittspreise

Eintritt frei, Spenden erwünscht

Führungen

April–Oktober:
Mo–Sa 14.00 Uhr,
So 11.00 und 14.00 Uhr und nach
Vereinbarung
Erwachsene: 2,50 EUR

Ansprechpartner für Führungen

Evangelisches Zentrum
Kloster Drübeck
Gabriele Schmidt
Klostergarten 6
38871 Drübeck
Tel.: (03 94 52) 9 43 01
Fax: (03 94 52) 9 43 45
reservierung@kloster-druebeck.de
ez@kloster-druebeck.de

Unsere Tipps

Romantische Nacht am
1. Samstag im August, „Sommermusiken", „Advent im Kloster",
Kunstausstellungen in der Galerie
im „Eva-Heßler-Haus", Klostercafé
im Gärtnerhaus (täglich
14.00–17.00 Uhr, Mo Ruhetag),
Weinkeller (täglich ab 19.00 Uhr,
Mo Ruhetag)

Der Zeitpunkt der eigentlichen Klostergründung ist nicht bekannt. In einer Schenkungsurkunde Kaiser Ottos I. aus dem Jahr 960 wird das Kloster erstmals urkundlich erwähnt. 980 befreite es Kaiser Otto II. von der Gerichtsbarkeit der Bischöfe und Grafen und gab der Äbtissin das Recht, den Schutzvogt des Klosters frei zu wählen. Ebenso erhielt der Konvent das Privileg der freien Äbtissinnenwahl. Diese Rechtsstellung bestätigte 995 König Otto III., indem er Drübeck als königliches Stift unter seinen Schutz stellte.

1110 veranlasste Bischof Reinhard von Halberstadt eine Reform und verschärfte die Beachtung der Benediktsregel. Diese Reform verursachte einen so gewaltigen Ansehensgewinn des Klosters, dass zahlreiche vornehme Familien ihre Töchter zur Erziehung nach Drübeck schickten und andere Konvente ihre Schwestern zur Besserung hierher gaben. Seit dem 13. Jahrhundert wurden auch bürgerliche Frauen in den zuvor exklusiv adeligen Konvent aufgenommen und konnten sogar die Position der Äbtissin erlangen.

Während des Bauernkrieges erlitt das Kloster 1525 schwere Schäden, wurde verwüstet und ausgeplündert. Ein Großteil der Konventualinnen floh nach Braunschweig. Mit der Reformation erfolgte 1545 die Umwandlung Drübecks in ein evangelisches Damenstift. Es unterhielt eine Mädchenschule mit Internat und widmete sich der Armenfürsorge. Im

Blick in einen der Stiftsdamengärten. Jeder der gleich angelegten Gärten hatte ein eigenes Gartenhäuschen.

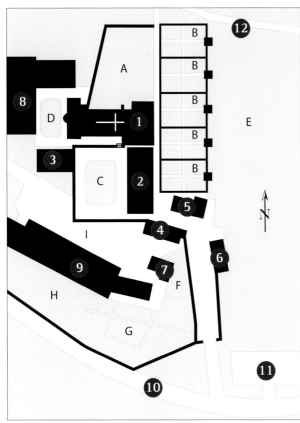

1 Klosterkirche St. Vitus
2 Äbtissinnenhaus, Schlafhaus
3 Haus der Stille, Amtshaus
4 Weinkeller, Brauhaus
5 Klosterladen und Café
6 Gästehaus
7 Alte Mühle
8 Eva-Heßler-Haus
9 Domänenscheune
10 L 85 Richtung Wernigerode
11 Parkplatz
12 Hauptstraße

A Bleichwiesen mit
  Pensionärsgarten
B 5 Gärten der ehemaligen
  Stiftsdamen
C Klosterhof mit Sommerlinde
  (1730 gepflanzt)
D Klosterhof am Westwerk
E Streuobstwiesen
F Rosengarten
G Garten der Äbtissin
H Domänengarten
I Domänenhof

Laufe des 18. Jahrhunderts wurden für die Konventualinnen des Damenstifts kleine Gärten angelegt, in denen auch jeweils ein Sommerhäuschen errichtet wurde.

Das Damenstift existierte noch bis in die 1940er Jahre. 1946 übernahm das Diakonische Amt der Kirchenprovinz Sachsen auf Wunsch der letzten Äbtissin Magdalena die Gebäude. Heute befindet sich auf dem Gelände das Evangelische Zentrum Kloster Drübeck. Die Gebetspraxis der Jahrhunderte nimmt das tägliche Abendgebet in der Kirche wieder auf.

Sehenswertes

Die Klosterkirche hat ihre heutige Gestalt vor allem durch Restaurierungsarbeiten in den Jahren von 1953 bis 1956 erhalten. Diese hatten eine Reromanisierung des Gebäudes zum Ziel, bei der u. a. Veränderungen und Umbauten der Barockzeit beseitigt wurden. Das Gotteshaus war im 10./11. Jahrhundert als flachgedeckte dreischiffige Basilika mit Quer-

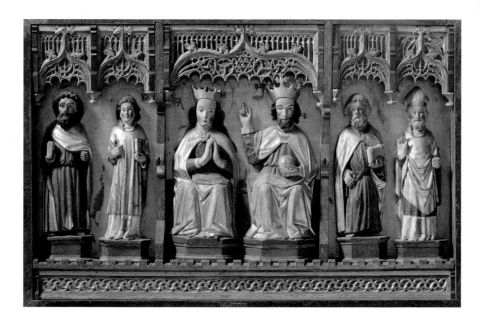

Mittelpunkt ist der dreiflüglige Marienaltar aus dem späten 15. Jahrhundert.

schiff und einer geräumigen Krypta unter dem Ostbau errichtet worden. Das nördliche Seitenschiff ist nicht mehr erhalten. Im 12. Jahrhundert wurde der Innenraum eingewölbt, später anstelle der Ostapsis ein flacher Chorschluss in gotischen Formen errichtet. Beeindruckend ist die zweitürmige Westfassade. An die Zeit des Damenstifts erinnern die wiederhergestellten Gärten der Äbtissin und der Stiftsdamen.

Denkanstöße

Die Drübecker Gärten werden seit 2001 nach einem historischen Plan von 1737 wiederhergestellt. Die von Mauern umschlossenen Gärten der Stiftsdamen sind als kleine separate Bereiche gestaltet, deren Wege ein einfaches Kreuz bilden. Sie dienten ihnen zur Entspannung und Besinnung.

Durch zwei Momente wird ein Stück Land zum Garten: durch den Zaun, der den Garten zur wilden Natur hin abgrenzt, und durch die kultivierende Arbeit des Menschen. Der Garten ist also immer ein Bereich von Kultur, ein Ort der Verwandlung. Er hat auch spirituelle Dimensionen: die Liebe zur Natur, die Sorge um die Schöpfung. Die Bibel überliefert im Alten Testament neben den Schöpfungstexten wunderbare Liebesgedichte, die ihre poetischen Bilder aus der Welt des Gartens nehmen. Der Garten wird zu einem Ort des Rückzugs und der Intimität. Diese Bilderwelt der Erotik im *Buch Hohelied* (Hld 4,12–5,1) symbolisiert in der jüdisch-christlichen Tradition auch die Liebe zwischen Gott und dem Menschen,

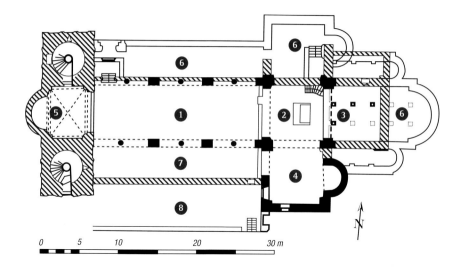

zwischen Gott und Israel oder auch zwischen Christus und der Kirche.

Ein verschlossener Garten ist meine Schwester Braut, ein verschlossener Garten, ein versiegelter Quell. / Ein Lustgarten sprosst aus dir, Granatbäume mit köstlichen Früchten, Hennadolden, Nardenblüten, / Narde, Krokus, Gewürzrohr und Zimt, alle Weihrauchbäume, Myrrhe und Aloe, allerbester Balsam. / Die Quelle des Gartens bist du, ein Brunnen lebendigen Wassers, Wasser vom Libanon. / Nordwind, erwache! Südwind, herbei! Durchweht meinen Garten, lasst strömen die Balsamdüfte! Mein Geliebter komme in seinen Garten und

esse von den köstlichen Früchten. / Ich komme in meinen Garten, Schwester Braut; ich pflücke meine Myrrhe, den Balsam; esse meine Wabe samt dem Honig, trinke meinen Wein und die Milch. Freunde, esst und trinkt, berauscht euch an der Liebe!

Die Bibel. Einheitsübersetzung. Stuttgart 2003.

Der nördliche Teil des Gartens der Äbtissin wurde um 1900 als Rosengarten mit Buchsbaumhecken gestaltet.

Die Stiftskirche St. Cyriakus in Gernrode ist eines der bedeutendsten erhaltenen Bauwerke aus ottonischer Zeit.

Gernrode

ehem. Kanonissenstift und ehem. ev. Damenstift, Stiftskirche St. Cyriakus

Historisches

Markgraf Gero hatte sich durch seine besonderen strategischen Fähigkeiten und seine erfolgreichen Slawenfeldzüge hohes Ansehen am Königshof erworben. Durch königliche Schenkungen kam er zu großem Reichtum. Zu Geros Hauptsitzen gehörte die Burg Gernrode. Nach dem Tod seines zweiten Sohnes Siegfried im Jahre 959 beschloss er, ein Kanonissenstift für das Seelenheil seiner Familie im Bereich der Burg zu gründen. Als dessen erste Äbtissin wurde Siegfrieds Witwe Hathui eingesetzt.

961 erwirkte Gero bei Otto I. und Otto II. für das Stift den Königsschutz, die rechtliche Autonomie und das Recht auf freie Wahl der Äbtissin sowie des Vogtes. Auf einer Romreise legte er seine Waffen nieder und unterwarf sich und sein Eigentum dem päpstlichen Schutz. Zum Dank stellte Papst Johannes XII. das Stift unter päpstliche Aufsicht und entzog es dadurch der Zuständigkeit des Bischofs von Halberstadt.

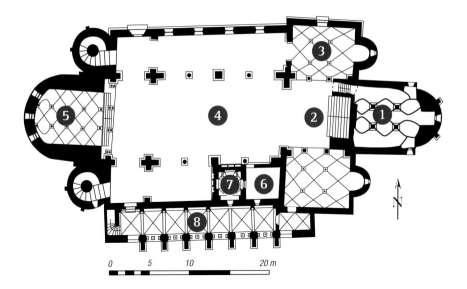

963 erfolgte die Weihe der Stiftskirche an den hl. Cyriakus. Gero hatte eine Armreliquie seines Schutzpatrons aus Rom nach Gernrode gebracht. Als er am 20. Mai 965 starb, gehörte seine Gründung zu den bedeutendsten Frauenstiften des Reiches. Sie war vergleichbar mit den von Verwandten des ottonischen Herrschergeschlechts geleiteten Stiften zu Gandersheim, Quedlinburg und Essen.

In der Reformationszeit konstituierte sich hier 1521 eine der ersten evangelischen Gemeinden im Harzraum. Gemeinsam mit den Stiftsdamen wurden reformatorische Gottesdienste gefeiert. Nach dem Tod der Äbtissin Sophia Elisabeth von Anhalt im Jahre 1616 gliederten die Fürsten von Anhalt als Gernroder Schutzvögte das Stift und seinen Besitz ihrem Fürstentum ein.

Sehenswertes

Die Kirche ist dreischiffig mit einem kurzen Querhaus und bemerkenswerten Langhausemporen. Vor den Stufen zum Ostchor befindet sich das 1519 gestiftete Gero-Grabmal. Auf der Deckplatte ist der Markgraf mit Fahne und Schwert dargestellt. Unter dem Ostchor befindet sich eine Krypta aus dem 10. Jahrhundert, die damit als eine der ältesten erhaltenen Hallenkrypten in Deutschland gilt. Im südlichen Seitenschiff befindet sich ein Heiliges Grab aus der Zeit zwischen 1190 und 1220. Es ist in Deutschland das älteste erhaltene Beispiel einer architektonischen Nachbildung des Grabes Jesu Christi in Jerusalem. Das Grab ist ein Meisterwerk der romanischen

Plastik. Seine Außenwände sind äußerst aufwendig gestaltet. Im Inneren befinden sich zwei Räume: eine Vorkammer und die eigentliche Grabkammer.

Denkanstöße

Das Verlangen der Menschen des Mittelalters, die christliche Heilsgeschichte in eindrücklichen Bildern zu erleben, führte zu volkstümlich-szenischen Umsetzungen biblischer Texte. Dies gilt besonders für die Ereignisse um Tod und Auferstehung Jesu Christi, wie sie in den Evangelien des Neuen Testaments niedergeschrieben sind. Ein Heiliges Grab, wie das in Gernrode, übernahm dabei eine wichtige Funktion im Gottesdienst der Kar- und Ostertage. Auch Menschen unserer Zeit können durch solche Inszenierungen Zugang zum christlichen Überlieferungsgut finden. So hat die evangelische Kirchengemeinde in Gernrode 1989 diese Tradition des Osterspiels wieder aufgenommen. Dabei wird am Karfreitag zur Sterbestunde Jesu um 15 Uhr die große Altarkerze gelöscht und ins Heilige Grab gebracht. Dies symbolisiert die Grablegung Jesu und unterstreicht die Finsternis des Todes. In der Liturgie am frühen Morgen des Ostersonntags feiern die Gläubigen die Auferstehung Jesu Christi. In Gernrode wird dies auf der Grundlage des Gernroder Osterspiels, das in einem Prozessionale von 1502 überliefert ist, auch szenisch umgesetzt. Mit einem Orgelstück beginnt dieses Mysterienspiel. Das Licht der Osterkerze kündigt die Auferstehung Christi symbolisch an. Zehn Frauen und zehn Männer in langen hellen Gewändern tragen dieses Licht die Stufen hoch zum Altar. Dort entzünden sie die Altarkerzen. Lateinische Gesänge aus Taizé begleiten diese feierliche Handlung. Das Osterspiel schließt mit einer Prozession zum nahen Friedhof.

Tumba des Markgrafen Gero in der Vierung

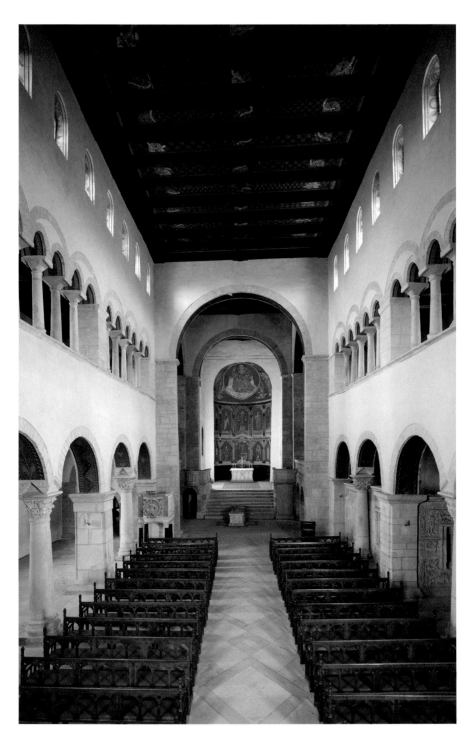

Die Bedeutung des Auferstehungsmorgens schildert schon das *Johannesevangelium* (Joh 20,11–18) des Neuen Testaments eindrücklich:

Maria aber stand draußen vor dem Grab und weinte. Während sie weinte, beugte sie sich in die Grabkammer hinein. Da sah sie zwei Engel in weißen Gewändern sitzen, den einen dort, wo der Kopf, den anderen dort, wo die Füße des Leichnams Jesu gelegen hatten. Die Engel sagten zu ihr: Frau, warum weinst du? Sie antwortete ihnen: Man hat meinen Herrn weggenommen und ich weiß nicht, wohin man ihn gelegt hat. Als sie das gesagt hatte, wandte sie sich um und sah Jesus dastehen, wusste aber nicht, dass es Jesus war. Jesus sagte zu ihr: Frau, warum weinst du? Wen suchst du? Sie meinte, es sei der Gärtner, und sagte zu ihm: Herr, wenn du ihn weggebracht hast, sag mir, wohin du ihn gelegt hast. Dann will ich ihn holen. Jesus sagte zu ihr: Maria! Da wandte sie sich ihm zu und sagte auf Hebräisch zu ihm: Rabbuni!, das heißt: Meister. Jesus sagte zu ihr: Halte mich nicht fest; denn ich bin noch nicht zum Vater hinaufgegangen. Geh aber zu meinen Brüdern und sag ihnen: Ich gehe hinauf zu meinem Vater und zu eurem Vater, zu meinem Gott und zu eurem Gott. Maria von Magdala ging zu den Jüngern und verkündete ihnen: Ich habe den Herrn gesehen. Und sie richtete aus, was er ihr gesagt hatte.

Die Bibel. Einheitsübersetzung. Stuttgart 2003.

Nördlicher Kreuzgangflügel

linke Seite: Im Blick durch den Innenraum von West nach Ost offenbart sich die großartige Geschlossenheit und Ausgewogenheit der Gernröder Kirche.

Blick in die Westkrypta

Gottesgnaden (Calbe)

ehem. Prämonstratenserstift, ehem. Hospitalkirche Gottesgnaden

Historisches

Kloster Gottesgnaden

Breite 44
39240 Calbe (Saale) OT
Gottesgnaden

Öffnungszeiten

Gelände: frei zugänglich,
Spitalkirche St. Maria und
St. Johannis: nach Voranmeldung

Eintrittspreise

Eintritt frei

Führungen

nach Voranmeldung

Graf Otto von Reveningen stiftete 1131 das Prämonstratenserdoppelkloster Gottesgnaden für Männer und Frauen auf einem Hügel östlich der Saale und trat selbst als Prämonstratenser in seine Stiftung ein. Erster Propst wurde Emelrich, ihm folgte Evermod, der spätere Bischof von Ratzeburg († 1178). Er war ein Vertrauter Norberts von Xanten. Evermod löste durch sein besonders strenges Vorgehen bei der Durchsetzung einer asketischen Lebensweise Unruhe unter den Stiftsherren aus. Auch Graf Otto verließ seine Gründung. Trotz dieser inneren Querelen entwickelte sich das Stift wirtschaftlich und kulturell gut, zahlreiche Tochtergründungen gingen von Gottesgnaden aus.

1164 weihte Erzbischof Wichmann von Magdeburg die romanische Basilika. Die heute noch bestehende Hospitalkirche, die zum Stiftshospital außerhalb der Mauern gehörte,

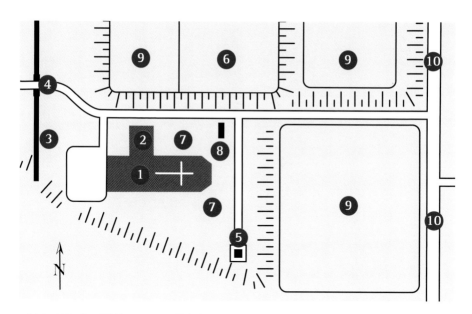

erhielt 1207 ihre Weihe. 1280 verließ der weibliche Zweig, der abgetrennt von den Stiftsherren gelebt hatte, das bisherige Kloster und übersiedelte in das Zisterzienserinnenkloster St. Lorenz in Magdeburg.

Im Bauernkrieg 1524/25 wurde das Kloster beschädigt. Obwohl sich die Reformation in der Stadt Calbe 1542 durchgesetzt hatte, blieb das Stift bis zum Tod des letzten katholischen Propstes 1553 katholisch. Im gleichen Jahr setzte man Lambert Werner als protestantischen Propst ein. Nach dessen Tod im Jahre 1563 galt das Kloster Gottesgnaden zwar als aufgehoben, wurde aber vom inzwischen evangelischen Erzbistum Magdeburg als Domäne weitergeführt. 1629 wurde nochmals ein katholischer Propst aus dem Eifelkloster Steinfeld in Gottesgnaden eingesetzt, der mit einigen Mitbrüdern das Klosterleben wiederzubeleben versuchte. Dieser Versuch fand 1631 mit dem Einzug der Schweden sein Ende. Sie brannten 1636 bei ihrem Abzug die Klosteranlage nieder. Die Ruine diente ab 1695 als Steinbruch.

1 Kirche
2 flacher Anbau
3 Mauerreste
4 Tor zum ehemaligen Kloster Gottesgnaden
5 Kriegerdenkmal
6 neuer Friedhof
7 ehemaliger Friedhof
8 Wasserpumpe
9 Grünflächen
10 Zufahrt „Gottesgnaden"

Grabstein für Johann de Puscos († 1553)

Sehenswertes

Von der ehemaligen Klosterkirche Gottesgnaden sind nur noch die Grundmauern erhalten. 1710 wurde aus den Resten der Hospitalkirche eine kleine neue Kirche errichtet, in der die Grabsteine Johann de Puscos, des letzten katholischen, und Lambert Werners, des ersten evangelischen Propstes zu sehen sind. Original sind noch Teile des romanischen Turms der Hospitalkirche.

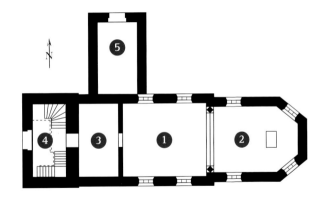

1 Langhaus der Kirche
2 Altarbereich
3 Vorraum unterhalb der Empore
4 Turm im Westwerk
5 Anbau

Ansprechpartner für Führungen

Heimatverein Calbe (Saale) e. V.
Tel.: (03 92 91) 7 83 06
heimatstube@heimatverein-
calbe.de
oder
Evangelische Kirchengemeinde
Schwarz, Pfarramt
Bahnhofsstraße 10
39240 Calbe (Saale)
Tel.: (03 92 91) 4 99 08
Fax: (03 92 91) 4 99 18
buero@evangelische-
kirchengemeinde-calbe.de

Unsere Tipps

Musikfestivals im Sommer

Angebote im Ort

Kirche St. Stephani, Museum
Calbe (So 14.00–17.00 Uhr und
nach Voranmeldung)

Anreise mit PKW

A 14 Abfahrt Calbe (Saale)

Anreise mit ÖPNV

per Bahn und Bus

Parkplätze

vorhanden

Toiletten

keine

Internet

www.heimatverein-calbe.de

*Das schlichte Innere der
1710 neu errichteten
Hospitalkirche*

Denkanstöße

Die Überreste des Prämonstratenserstifts Gottesgnaden liegen reizvoll auf einer Insel. Das lässt an das Paradies, den Garten Eden, denken. Von ihm spricht ein berühmter Text der Bibel aus dem Buch *Genesis* (Gen 2,4b–9,15) im Alten Testament:

Zur Zeit, als Gott, der Herr, Erde und Himmel machte, gab es auf der Erde noch keine Feldsträucher und wuchsen noch keine Feldpflanzen; denn Gott, der Herr, hatte es auf die Erde noch nicht regnen lassen und es gab noch keinen Menschen, der den Ackerboden bestellte; aber Feuchtigkeit stieg aus der Erde auf und tränkte die ganze Fläche des Ackerbodens. Da formte Gott, der Herr, den Menschen aus Erde vom Ackerboden und blies in seine Nase den Lebensatem. So wurde der Mensch zu einem lebendigen Wesen. Dann legte Gott, der Herr, in Eden, im Osten, einen Garten an und setzte dorthin den Menschen, den er geformt hatte. Gott, der Herr, ließ aus dem Ackerboden allerlei Bäume wachsen, verlockend anzusehen und mit köstlichen Früchten, in der Mitte des Gartens aber den Baum des Lebens und den Baum der Erkenntnis von Gut und Böse. [...] Gott, der Herr, nahm also den Menschen und setzte ihn in den Garten von Eden, damit er ihn bebaue und hüte.

Die Bibel. Einheitsübersetzung. Stuttgart 2003.

Hadmersleben

ehem. Benediktinerinnenkloster, Pfarrkirche St. Peter und Paul

Historisches

Benediktinerinnenkloster St. Peter und Paul

Planstraße 36
39398 Hadmersleben

Öffnungszeiten

Mo–Fr 8.00–12.00 Uhr und
14.00–17.00 Uhr

Eintrittspreise

Eintritt frei, Spenden erwünscht

Führungen

während der Öffnungszeiten,
Sa/So nach Vereinbarung

Ansprechpartner für Führungen

Dr. Walter Merfert
Römersiedlung 26
39398 Hadmersleben
Tel.: (03 94 08) 66 66
Fax: (03 94 08) 2 13

961 gründete Bischof Bernhard von Halberstadt in Hadmersleben ein Benediktinerinnenkloster. Kaiser Otto II. bestätigte die Gründung. Als erste Äbtissin setzte der Bischof seine Nichte Gundrada ein. Auch die folgenden Äbtissinnen wurden durch den Halberstädter Bischof bestätigt. Die guten Beziehungen zum Königs- und Kaiserhaus der Liudolfinger und deren zahlreiche Schenkungen ließen das Kloster im 10. und 11. Jahrhundert an Reichtum und Bedeutung wachsen.

Bischof Reinhard von Halberstadt (1107–1123) führte im Kloster energische Reformen durch, um aufgetretenen Missständen entgegenzuwirken. Nach einem weiteren inneren Verfall brachte der Beitritt des Klosters zur Bursfelder Reform im Jahre 1461 wieder geordnete Verhältnisse.

Während der Reformation wurde das Umfeld des Klosters spätestens 1564 evangelisch. Das Kloster aber blieb katholisch, wenn sich auch die Zahl der Nonnen stark verringerte. 1631 flohen die Schwestern vor den heranrückenden Schweden nach Hildesheim und kehrten erst 1635 nach Abschluss des Prager Friedens zurück. Der Westfälische Friede sicherte

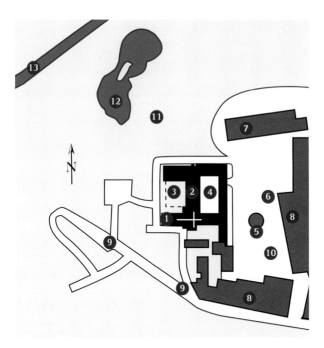

1648 die Zugehörigkeit des Klosters zur katholischen Kirche. Ein längerer Konsolidierungsprozess setzte daraufhin ein, die Gebäudeschäden aus der Zeit des Dreißigjährigen Krieges konnten unter Äbtissin Anna Margaretha Blume beseitigt werden, Konventgebäude und Kirche wurden barockisiert.

Nach der Aufhebung des Konventes am 13. Mai 1809 durch König Jérôme Napoleon von Westphalen mussten die Nonnen das Kloster verlassen.

Sehenswertes

Die einstige Klosterkirche ist ein langgestreckter Rechtecksaal mit geradem Chorschluss. Nördlich und südlich findet sich je ein kleiner Kapellenanbau, wobei beide Räume etwas versetzt zueinander liegen. Das Langhaus selbst ist in zwei deutlich voneinander unterschiedene Bereiche unterteilt. Den westlichen Bereich überspannt die Nonnenempore, unter der ein als Unterkirche bezeichneter Raum liegt. Dieser ist dreischiffig und kreuzgratgewölbt. An Baudetails lassen sich die verschiedenen Bau- und Umbauphasen gut ablesen. Interessant ist, wie – vielleicht aus statischen Gründen – an die Säulen des Südschiffes Pfeiler beigesetzt wurden. Der östliche Teil des Langhauses liegt höher als beim Ursprungsbau und ist wohl seit dem 14. Jahrhundert nicht mehr flachgedeckt, sondern tonnengewölbt. Das älteste Ausstattungsstück der Kirche

linke Seite: Das Gewölbe des dreischiffigen Raumes unter der Nonnenempore des 12. Jahrhunderts wird abwechselnd von quadratischen Pfeilern mit Ecksäulchen und achteckigen Stützen getragen. Im Südschiff blieben vom Vorgängerbau die gedrungenen Säulen mit schweren Würfel- und Kelchkapitellen erhalten.

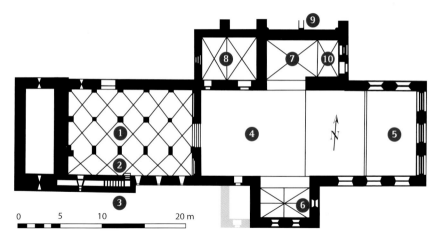

0   5   10   20 m

1 Unterkirche
2 Südschiff der Unterkirche: ältester Teil der Kirche (11. Jh.)
3 Treppe zur Nonnenempore
4 Langhaus, Kanzel von 1699
5 gotischer Chor mit barockem Hochaltar
6 Südkapelle mit Altar von 1713
7 Nordkapelle mit Altar von 1713 und spätgotischen Skulpturen
8 Segmente des Kreuzgangs
9 Kapitelsaal
10 Sakristei

ist ein bronzener Löwenkopf als Türzieher an der südlichen Eingangstür der Kirche. Er soll gegen 1160 in Magdeburg gegossen worden sein. Raumprägend wirkt die einheitliche Barockausstattung mit Hochaltar und Kanzel. Einzelne Stücke der mittelalterlichen Ausstattung treten dagegen weniger in Erscheinung, wie das durch den Hochaltar verdeckte gotische Sakramentshäuschen an der Ostwand. Von der ursprünglichen Klausur sind noch der an die Nordkapelle anschließende Kapitelsaal sowie der östliche und der nördliche Kreuzgangflügel erhalten.

Denkanstöße

Die Geschichte des klösterlichen Lebens ist immer wieder mit Neuaufbrüchen verbunden. Dies gilt auch für die Benediktiner. Mönche des Benediktinerklosters Bursfelde reformierten im 15. Jahrhundert ihren Konvent. Sie waren davon überzeugt, dass ihr klösterliches Leben nicht mehr der ursprünglichen Intention der Regel Benedikts entsprach. Die Bursfelder hoben die Bedeutung von Gottesdienst und Gebet in Gemeinschaft sowie die Meditation des Einzelnen für das monastische Leben hervor. Ihre Reformgedanken übernahmen bald auch andere Benediktinerklöster. So trat das Kloster Hadmersleben 1461 der Bursfelder Reform bei. Die Reformklöster schlossen sich zur Bursfelder Kongregation zusammen und verpflichteten sich zu einer gemeinsamen Lebens- und Gottesdienstordnung, die in den *Caeremoniae Bursfeldenses* von 1572 festgehalten ist. Zur persönlichen Meditation der Mönche heißt es dort (Blatt 153):

Von der Geistessammlung
Sobald die Brüder das Zeichen zu einer Tagzeit des Chorgebets gehört haben, sollen sie das Studium oder die Arbeit unterbrechen und die Stille des inneren Gemachs aufsuchen. Und sie sollen sich in frommer Meditation sammeln und ihren Geist für das Gebet vorzubereiten suchen. An jedem Tag aber müssen sie zweimal, nämlich in der Frühe und am Abend, wenn es die Zeit zulässt, länger als gewöhnlich bei der Meditation oder Sammlung verweilen. Aber die besagte Zeit werde ohne Erlaubnis des Abtes nicht über den Umfang einer halben Stunde ausgedehnt.

Trunk, Leo: Das Brauchtum der schwarzen Mönche des Ordens des heiligen Benedikt von der Bursfelder Observanz. Münsterschwarzach 1985, Blatt 153.

linke Seite: Nonnenempore und Orgel über der romanischen Unterkirche

ehem. Dominikanerkloster, Karmelitinnenkloster, Pfarrkirche St. Katharina und St. Barbara

Historisches

Dominikanerkloster St. Katharina und St. Barbara

Dominikanerstraße 1
38820 Halberstadt

Öffnungszeiten

nach Voranmeldung

Eintrittspreise

Eintritt frei

Führungen

nach Voranmeldung

Ansprechpartner für Führungen

Katholisches Pfarramt St. Burchard
Pfarrer Norbert Sommer
Gröperstraße 33
38820 Halberstadt
Tel.: (0 39 41) 61 34 53
oder Antje Kaiser
Tel.: (0 39 41) 44 39 49
Fax: (0 39 41) 61 34 59
halberstadt.st-burchard@bistum-magdeburg.de

Angebote im Ort

Dom St. Stephanus mit dem umfangreichsten mittelalterlichen Domschatz Europas,
Kirche St. Johannis (älteste Fachwerkkirche Deutschlands),
Gleimhaus, Städtisches Museum, Heineanum, Schraube-Museum, Berend-Lehmann-Museum (Klaussynagoge), Sommerbad

Der Dominikanerprior Pater Raymundus Bruns berichtet, dass 1224 Dominikanermönche von Magdeburg nach Halberstadt kamen. 1227 gab Papst Gregor IX. den Dominikanern die Erlaubnis, überall zu predigen und Beichte zu hören. Dies führte zum Widerstand der Ortspfarrer, sodass 1254 Papst Innozenz IV. dieses Vorrecht einschränkte. Als 1281 Papst Martin IV. diese Einschränkungen teilweise zurücknahm, eskalierte der Konflikt zwischen dem Pfarrklerus und den Dominikanern und ein verstärkter Kampf gegen die Seelsorgetätigkeit der Bettelorden setzte ein. Erst die Bulle Super cathedram von Papst Bonifaz VIII. aus dem Jahr 1300 legte die Streitigkeiten bei. Diese päpstliche Unterstützung verschaffte den Dominikanern zahlreiche Privilegien. So besaßen sie einen Predigtstuhl im Dom und nahmen die Erlaubnis zur Predigt auch über die Diözesangrenzen hinweg in Anspruch.

In der Reformation schloss sich das Halberstädter Dominikanerkloster der neuen Lehre nicht an. Das Domkapitel von Halberstadt übertrug das Kloster dennoch dem Magistrat der Stadt zur Errichtung einer Schule, ein Teil der Klostergebäude wurde dem Hamerslebener Augustinerkloster übergeben. Da der Katholizismus in Halberstadt wieder erstarkte, konnten die Dominikaner 1628 zurückkehren. Gemeinsam mit den

Bereits von außen ist die Gliederung der Kirche in Chor- und Langhaus gut erkennbar.

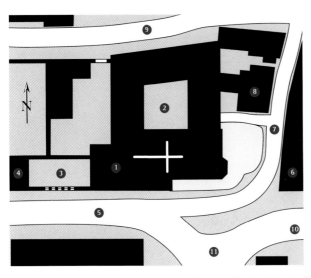

Franziskanern übernahmen sie die Seelsorgeaufgaben für den katholisch gebliebenen Bevölkerungsanteil. Durch den Einzug der Schweden wurde diese Phase zunächst beendet, doch aufgrund der Bestimmungen des Prager Friedens konnten die Ordensleute noch einmal in ihr Kloster einziehen. Der Westfälische Friede garantierte schließlich 1648 die Existenz des Klosters.

Mit einem Dekret der Regierung des Königreichs Westphalen von 1810, das sämtliche noch bestehenden Kapitel,

Die ehemalige Dominikanerkirche ist eine dreischiffige Hallenkirche aus der Zeit um 1360. Ihre schlichte Baugestalt wird überstrahlt durch die barocke Ausstattung mit Altar und Kanzel.

1 Klosterkirche
2 Chor
3 Altar
4 Nebenaltar
5 Kanzel
6 Orgelempore
7 Raum der Stille
8 Klosterhof mit Kreuzgang und
  Klausur
9 Vorhof zum Kircheneingang

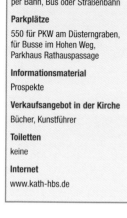

Anreise mit PKW

B 79 oder B 81

Anreise mit ÖPNV

per Bahn, Bus oder Straßenbahn

Parkplätze

550 für PKW am Düsterngraben,
für Busse im Hohen Weg,
Parkhaus Rathauspassage

Informationsmaterial

Prospekte

Verkaufsangebot in der Kirche

Bücher, Kunstführer

Toiletten

keine

Internet

www.kath-hbs.de

Büste Papst Clemens' II. in
der „Bischofswand"

Klöster, Abteien und geistliche Stiftungen aufhob, wurde auch das Halberstädter Dominikanerkloster aufgelöst. St. Katharina blieb aber weiterhin als Pfarrei bestehen. Im Jahre 1920 stellte die Katharinengemeinde das Klostergebäude den Karmelitinnen vom Göttlichen Herzen Jesu zur Verfügung.

Sehenswertes

Die ehemalige Dominikanerkirche stammt aus dem 14. Jahrhundert. Sie ist ein schlichter Bau mit einem einfachen Dachreiter anstelle eines Turms. Der Hochaltar aus dem Beginn des 18. Jahrhunderts ist ein Werk des Spätbarock. Er zeigt oben die Patroninnen der Kirche: die hl. Katharina und die hl. Barbara. Auf der sogenannten Bischofswand, die im Vorhof der Kirche steht, sind die Namen der 42 katholischen Bischöfe Halberstadts verzeichnet. Eine Büste Papst Clemens' II. erinnert daran, dass dieser zuvor Halberstädter Domherr war.

Denkanstöße

Das Predigen ist eine der Hauptaufgaben der Dominikaner. Dieser Orden legt daher besonderen Wert auf die Bildung seiner Mitglieder. Bedeutende Theologen und Philosophen sind aus diesem Orden hervorgegangen, unter ihnen Thomas von Aquin (um 1225–1274). Als wichtiger Vertreter der philosophisch-theologischen Richtung der Scholastik versuchte er, die Erfahrungen des Glaubens und die Erkenntnisse rationalen Denkens aufeinander zu beziehen. Argumentativ orientierte er sich daher sowohl an der Bibel und den Lehren der Kirchenväter als auch an der Philosophie des Aristoteles. Theologie konnte so als Teil des rationalen Diskurses an den Schulen und Hochschulen des Mittelalters etabliert werden.

Thomas von Aquin unterschied Erkenntnisse, die durch den natürlichen Verstand errungen werden können, von solchen, die durch übernatürliche Offenbarung zugänglich sind. Dabei können Glaube und Vernunft sich seiner Argumentation nach nicht widersprechen oder zu unterschiedlichen Wahrheiten führen, da beides von Gott komme. Jedoch verwenden sie unterschiedliche Zugänge.

Seine Lehre fasste Thomas von Aquin in seinem Hauptwerk, der *Summa theologiae* (Summe der Theologie), zusammen. Das Werk besteht aus drei Teilen, die in Untersuchungen und Artikel unterteilt sind. Der grundsätzliche Aufbau der Artikel entspricht dem Schema von Disputationen an mittelalterlichen Universitäten: Auf eine Frage folgen Argumente dafür („pro") und dagegen („contra"). In einer Antwort werden die einzelnen Argumente analysiert. Am Ende erfolgt eine „conclusio" (Schlussfolgerung). Auf die Disputationsfrage „Gibt es Gott?" argumentiert Thomas u. a. mit seinen berühmten fünf Wegen des Gottesbeweises. Dabei schließt er von gemachten Beobachtungen, die er philosophisch interpretiert auf eine letzte Ursache. Beim ersten Gottesbeweis argumentiert er so (*Summa theologiae* I,2.3):

Daß Gott ist, kann, so läßt sich sagen, auf fünf Wegen bewiesen werden. Der erste und augenfälligere Weg aber ist der, welcher von der Bewegung her genommen wird. Es ist nämlich gewiß und steht für die Sinneswahrnehmung fest, daß einige (Dinge) in dieser Welt bewegt werden. Alles aber, was bewegt wird, wird von etwas anderem bewegt. [...] Wenn also das, wovon es bewegt wird, (seinerseits) bewegt wird, dann muß es auch selbst von einem anderen bewegt werden. Hier aber kann es nicht ins Unendliche gehen, weil so nicht etwas erstes Bewegendes wäre, und infolgedessen auch kein anderes Bewegendes, weil die zweiten bewegenden (Ursachen) nur dadurch bewegt werden, daß sie von einem ersten Bewegenden bewegt sind, wie z. B. der Stab nur dadurch (etwas) bewegt, daß er von der Hand bewegt ist. Also ist es notwendig zu etwas erstem Bewegenden zu kommen, das von nichts bewegt wird. Und dies verstehen wir alle als Gott.

Thomas von Aquin: Die Gottesbeweise in der „Summe gegen die Heiden" und der „Summe der Theologie". Text mit Übersetzung, Einleitung und Kommentar hg. v. Horst Seidl. Hamburg 1982, S. 53 f.

Blick zum Altar

Leuchter, um 1430

Franziskanerkloster St. Andreas

Franziskanerstraße 2
38820 Halberstadt

Öffnungszeiten

an der Klosterpforte melden

Eintrittspreise

Eintritt frei

Führungen

nach Voranmeldung

Ansprechpartner für Führungen

Katholisches Pfarramt St. Burchard
Pfarrer Norbert Sommer
Gröperstraße 33
38820 Halberstadt
Tel.: (0 39 41) 61 34 53
oder Franziskanerkloster
Tel.: (0 39 41) 6 98 80
Fax: (0 39 41) 69 88 25
halberstadt.st-burchard@bistum-magdeburg.de

Unsere Tipps

Orgelkonzerte auf der Eule-Orgel
in der St.-Andreas-Kirche

Halberstadt

ehem. und heutiges Franziskanerkloster, St.-Andreas-Kirche

Historisches

Die ersten Franziskaner kamen wohl 1223 nach Halberstadt. Erster Guardian (Vorsteher) des Klosters war Bruder Rodeger, der Ratgeber der heiligen Elisabeth von Thüringen. Seit 1246 unterstützten die Grafen von Regenstein die Brüder durch zahlreiche Haus- und Grundstücksschenkungen. Der Sohn des Grafen Heinrich förderte 1289 den Bau des Klosters und der Kirche.

Die Bedeutung des Konvents in Halberstadt war sehr groß: Mehrere wichtige Provinzkapitel hielt man in der Bischofsstadt ab. Der Halberstädter Konvent wurde so zum organisatorischen Mittelpunkt der Ordensprovinz Saxonia. Beim Ordenskapitel in Halberstadt von 1262 wurde Bruder Jordanus mit der Abfassung einer Ordenschronik beauftragt. Diese provinzinterne Bedeutung des Konvents korrespondierte mit der Verpflichtung von franziskanischen Gelehrten als Gesandte in kirchlichen Angelegenheiten. Bei der Wahl der Äbtissin im Stift Gernrode befugte Papst Gregor X. den Guardian von Halberstadt, die päpstliche Bestätigung der Wahl der Äbtissin zu veröffentlichen.

1547 kam es zu Angriffen auf das Kloster: Bürgermeister und Ratsherren nahmen die Gebäude gewaltsam ein und lös-

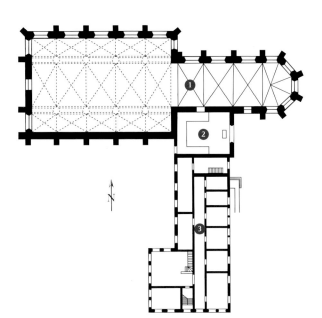

1 St.-Andreas-Kirche
2 Heilig-Kreuz-Kapelle
3 Kloster der Franziskaner und
  Pfarr-Räume

ten das Kloster auf. Doch eine Strafandrohung Karls V. führte im folgenden Jahr zur Rückgabe der Gebäude an den Orden. Nur die Klosterkirche mussten die Franziskaner der evangelischen Gemeinde überlassen. Nach dem Dreißigjährigen Krieg erlebte das Kloster eine neue Blüte. Es wurde Studienhaus der Ordensprovinz und betreute katholisch gebliebene Frauenklöster der Umgebung.

Im Inneren von St. Andreas überrascht die Breite des Kirchenschiffes, die durch das Weglassen der Säulenreihen beim Wiederaufbau entstanden ist.

Hauptaltar mit Marienkrönung

Epitaph des Grafen Heinrich d. J. von Regenstein († 1314)

Im Zuge der Säkularisation erfolgte 1814 die Aufhebung des Klosters. 1920 kamen Franziskaner wieder nach Halberstadt. Sie übernahmen Aufgaben in der Seelsorge.

Sehenswertes

Die ehemalige gotische Klosterkirche ist 1945 bis auf die Umfassungsmauern zerstört worden. Den dreijochigen Chor mit polygonalem Schluss hat man 1948–1951 mit seinem Gewölbe wiederhergestellt. Das ehemals dreischiffige Langhaus wurde 1981–1985 als schlichte Saalkirche wiederaufgebaut. Im Chor steht ein qualitätvoller Schnitzaltar aus der Zeit um 1420, der ursprünglich in der Moritzkirche stand. Er zeigt in seinem Zentrum eine Marienkrönung. Die Klostergebäude wurden nach den Zerstörungen von 1945 errichtet.

Denkanstöße

Der Franziskanerchronist Jordan von Giano wurde um 1195 geboren. Vermutlich wurde er von Franziskus selbst in den Orden aufgenommen. 1225 war er verantwortlicher Oberer für Sachsen. Auf dem Provinzkapitel zu Halberstadt 1262 erhielt er den Auftrag, seine Erinnerungen über die Ankunft der Franziskaner und die Entwicklung des Ordens in Deutschland – so auch in Halberstadt – aufzuschreiben. Die Chronik, die den Zeitraum von 1209 bis 1262 umfasst, ist neben derjenigen des Thomas von Eccleston eines der wertvollsten Dokumente über die Verbreitung der Franziskaner im nördlichen Europa. Bruder Jordan von Giano beschreibt die spirituelle Haltung seines Ordens in Deutschland:

Wenn ich bei mir überlege, wie bescheiden ich und die mit mir nach Deutschland geschickten Brüder damals begannen, und wie ruhmvoll heute der Orden dasteht, dann bin ich innerlich ergriffen und hochpreise in meinem Herzen die Güte

Gottes. Und es treibt mich, euch dieses Apostelwort zuzurufen: „Brüder, seht auf eure Berufung! Da gibt es nicht viele Weise im Sinne der Welt", die unseren Orden durch ihre Weisheit begründeten, „nicht viele Mächtige", die ihm starken Schutz versprachen, „nicht viele Vornehme", deren Gunst zuliebe man das Ordensleben auf sich nahm. ‚Nein, was der Welt töricht erscheint, hat Gott auserwählt, um die Starken zu beschämen. Was der Welt niedrig und verächtlich erscheint, ja, was ihr nichts gilt, hat Gott auserwählt, um das, was etwas gilt, zunichte zu machen, auf daß sich kein Mensch vor seinem Antlitz rühme' (Vgl. 1 Kor 1,26–29). Wenn wir im folgenden sehen, wann, wie und durch welche Brüder der Orden zu uns kam, wird uns ganz klar werden, daß wir uns nicht in Menschen rühmen dürfen, sondern in Gott, der diesen Orden in seiner Weisheit ersonnen und durch seinen Knecht Franziskus der Welt als ein Beispiel hingestellt hat.

Hardick, Lothar: Nach Deutschland und England. Die Chroniken der Minderbrüder Jordan von Giano und Thomas von Eccleston, in: Franziskanische Quellschriften, Bd. 6. Werl 1957, S. 40.

Madonnendarstellung im Seitenaltar

Hauptaltar mit Marienkrönung, Detail

Halberstadt

ehem. Prämonstratenserkloster, ehem. Kloster des Templerordens und ehem. Zisterzienserinnenkloster, St.-Burchardi-Kirche

Historisches

Zisterzienserinnenkloster St. Burchardi

Am Kloster 1
38820 Halberstadt

Öffnungszeiten

April–Oktober:
Di–So 11.00–17.00 Uhr
November–März:
Di–So 12.00–16.00 Uhr,
am 24./25./26./31. Dezember und
1. Januar geschlossen

Eintrittspreise

Eintritt frei, Spenden erwünscht

Führungen

nach Voranmeldung

Nach seinem Tod im Jahre 1059 wurde Bischof Burchard I. zunächst im Halberstädter Dom bestattet. Aufgrund eines Brandes im Dom überführte man seine Gebeine dann in die St.-Thomas-Kapelle, die Burchard vor den Toren Halberstadts gegründet hatte. 1186 wurden Prämonstratenser an dieser Kapelle angesiedelt. Doch schon 1192 übernahm der Templerorden die Anlage.

Bereits 1208 tauschten die Templer Klosterkirche und Besitz mit den Zisterzienserinnen, deren Konvent bereits 1199 in Halberstadt erwähnt wird und sich zuvor innerhalb der Stadtmauern am Spital St. Jacob befunden hatte. Dieser Konvent führte an seinem neuen Standort die Tradition des Gedenkens an Bischof Burchard fort. Die Bischöfe Halberstadts blieben die wesentlichen Förderer des Zisterzienserinnenklosters. Nicht von ungefähr wurde daher mit Meinhard (1241–1252) ein weiterer Bischof von Halberstadt in der Kirche beigesetzt.

Die Reformation ging am Kloster vorüber, doch ein Brand 1542 und Plünderungen während des Dreißigjährigen Krieges veranlassten die Nonnen jeweils dazu, die Gebäude kurzzeitig

zu verlassen. Nach einer Konsolidierungsphase im 18. Jahrhundert wurde das Kloster 1810 aufgehoben. Nach der Säkularisierung nutzte man die Kirche zunächst als Brauhaus, dann als Schaf- und später als Schweinestall und Lager.

Sehenswertes

Die Kirche des einstigen Zisterzienserinnenklosters Halberstadt ist nach den Umnutzungen und Zerstörungen heute ein durch sein rohes Erscheinungsbild beeindruckender Raum. Sie war eine dreischiffige kreuzförmige Basilika mit auffällig kurzem Kirchenschiff. Die Ostteile, aus sorgfältig ausgeführten Quaderblöcken errichtet, stammen wohl noch aus der Mitte des 12. Jahrhunderts. Ein rechteckiger Umgang öffnet sich mit je drei Arkaden zum Chorraum. Die elf Joche des Umgangs sind kreuzgewölbt. Im mittleren Joch des Ostflügels ist eine apsidiale Altarnische zu finden. Die Seitenschiffe sind bereits 1711 und 1810 abgebrochen und die Arkadenbögen vermauert worden. Die barocken Holzsäulen trugen wohl die

Blick in den Innenraum

Ansprechpartner für Führungen

Margot Dannenberg
John-Cage-Orgel-Stiftung
Im Herrenhaus
Am Kloster 1
38820 Halberstadt
Tel.: (0 39 41) 62 16 20
Fax: (0 39 41) 62 16 20
info@aslsp.org

Unsere Tipps

John-Cage-Orgel-Kunst-Projekt (Kulturevent bei jedem Tonwechsel), Konzerte

Angebote im Ort

Dom St. Stephanus mit dem umfangreichsten mittelalterlichen Domschatz Europas, Kirche St. Johannis (älteste Fachwerkkirche Deutschlands), Gleimhaus, Städtisches Museum, Schraube-Museum, Berend-Lehmann-Museum (Klaussynagoge)

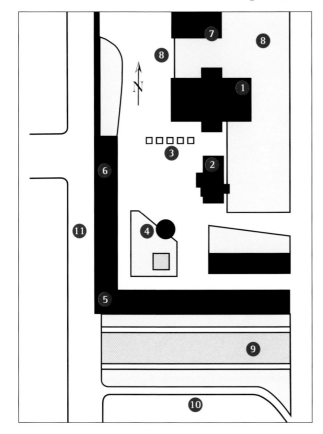

1 Kirche
2 Herrenhaus
3 Skulptur
4 Taubenturm
5 Gebäude
6 Torhaus
7 Steinmetz-Werkstatt
8 Park & Grünflächen
9 Holtemme
10 Poetengang
11 Am Kloster

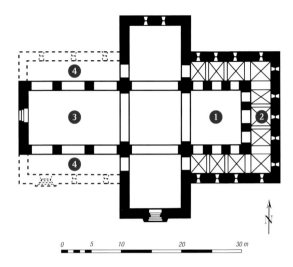

1 Chorraum
2 Rechteckiger Chorumgang
3 Langhaus
4 Seitenschiffe der Basilika (nicht
   mehr vorhanden)

0   5   10   20   30 m

N

Nonnenempore. Reste der ehemaligen Klostergebäude sind nur noch in stark überbauter Form vorhanden: westlich der Kirche das zweigeschossige Torhaus und südlich an der Stelle des Kapitelsaals das Herrenhaus.

Denkanstöße

Seit 2001 ist die St.-Burchardi-Kirche Aufführungsort eines einzigartigen Orgel-Kunst-Projektes des Komponisten John Cage. Eigens für dieses 639 Jahre dauernde Musikstück wurde eine Orgel angefertigt und in der Kirche installiert. Im Abstand mehrerer Monate finden Klangwechsel statt. Wer in die ehemalige Klosterkirche kommt, hat das Gefühl, ein kleines Stück Ewigkeit zu erfahren. Wenn das Vorhaben gelingt, das Musikstück in seiner vollen Länge zu spielen, dann hat

Anreise mit PKW

B 79 oder B 81

Anreise mit ÖPNV

per Bahn und Bus

Parkplätze

für PKW und Busse auf dem Gelände des Burchardiklosters, für PKW am Düsterngraben, für Busse im Hohen Weg, Parkhaus Rathauspassage

Informationsmaterial

Prospekte

Verkaufsangebot im Bauwerk

Grafik und Kaltnadel-Radierung, Plakat, Bücher, Broschüren zur Klostergeschichte, CDs, DVDs, Noten, Informationen über John Cage

Toiletten

im Herrenhaus

Internet

www.john-cage.halberstadt.de

zumindest die Burchardikirche einen andauernden Frieden erlebt wie nie zuvor. So verweist diese Musik auf eine andere Dimension, ein Gefüge von Zeit und Ewigkeit.

Dieser Dimension nähert sich auch das Werk „Sphärenmusik" eines anderen zeitgenössischen Künstlers: Tom Johnson. Er „komponierte" das Stück *Himmlische Musik für nicht wirkliche Trompeten*, eine Kompositionszeichnung. Die hier notierte Musik ist viel „zu hoch", sie benötigt um die 100 Hilfslinien. Kein Instrument dieser Welt könnte diesen himmlischen Akkord spielen, kein menschliches Ohr ihn hören. Er sprengt unser System und unsere Vorstellung von Noten und Musik. Gerade angesichts der „Unhörbarkeit" dieser „Sphärenmusik" wirken die weiteren musikalischen Notationen eigentlich unsinnig, sind aber damit umso geistreicher. Das „ff" zeigt dem Musiker „fortissimo" an und erinnert an schmetternde Posaunen – vielleicht die des Jüngsten Gerichts. Die Fermate ganz oben signalisiert, dass der Musiker diesen Ton ein wenig länger halten und ausruhen darf. Ein nicht auszuhaltender Haltepunkt! Das „Kreuzchen" vor der vorletzten Zwischenzeile ist vielleicht noch eine letzte Spielerei. Ein Kreuz in einem Himmelsbild? Herbert Fendrich dazu:

> *Es gibt Bereiche, die sind für den Menschen einfach „zu hoch". Meinetwegen auch „zu tief". Mit dem Psalmisten könnten wir sagen: „Zu wunderbar ist für mich dieses Wissen, zu hoch, ich kann es nicht begreifen" (Ps 139,69). Dass aber gerade dieses Unzulängliche anschaulich gemacht werden kann, ohne die Unanschaulichkeit zu verraten, halte ich für eine der faszinierendsten Möglichkeiten gerade der modernen Kunst. Der Mensch kann nicht aufhören, sich nach dem Unerreichbaren auszustrecken.*

Tom Johnson: Celestial music for imaginary trumpets (1974), Editions 75

Fendrich, Herbert: Was kein Ohr gehört hat ..., in: Bibel heute 175, Bibel und Musik, 3/2008, S. 26 f.; siehe auch: Katechetische Blätter 124 (4/1999), S. 252 f.

Halle (Saale)

ehem. Augustinerchorherrenstift und ehem. Dominikanerkloster, St.-Moritz-Kirche

Historisches

Augustinerklosterkirche St. Moritz

An der Moritzkirche 8
06108 Halle (Saale)

Öffnungszeiten

Mai–Oktober:
Di–Fr 11.00–12.00 und
15.00–17.00 Uhr,
Sa 11.00–12.00 Uhr und
13.00–17.00 Uhr,
So 13.00–17.00 Uhr
November–April:
Di–Fr 13.00–14.00 Uhr und
nach Voranmeldung

Eintrittspreise

Eintritt frei, Spenden erwünscht

Führungen

nach Voranmeldung

Ansprechpartner für Führungen

„Offene Kirche St. Moritz"
An der Moritzkirche 6
06108 Halle (Saale)
Tel.: (03 45) 2 90 00 87
Fax: (03 45) 2 90 00 89
info@katholische-akademie-
magdeburg.de
oder
Katholische Pfarrei
St. Mauritius und St. Elisabeth
Mauerstraße 13
06110 Halle (Saale)
Tel.: (03 45) 2 31 02 21
Fax: (03 45) 2 31 02 33
buero@mauritius-elisabeth.de
www.mauritius-elisabeth.de

1184 gründete der Magdeburger Erzbischof Wichmann von Seeburg das Augustinerchorherrenstift St. Moritz. Zuvor befand sich an dieser Stelle schon eine Pfarrkirche der Salzbürger der Stadt, die „Halloren" genannt werden. Die Kirche blieb trotz ihrer Nutzung als Gotteshaus für das Stift weiterhin Pfarrkirche. Die Stiftsgebäude wurden südlich der Kirche errichtet. Im 15. Jahrhundert fand die Weihe eines 1388 begonnenen Neubaus der Kirche statt.

1520 wurde das Augustinerchorherrenstift durch Kardinal Albrecht von Brandenburg aufgehoben und bereits im folgenden Jahr verließen die Chorherren mit allem beweglichen

Blick zur Moritzkirche von Süden

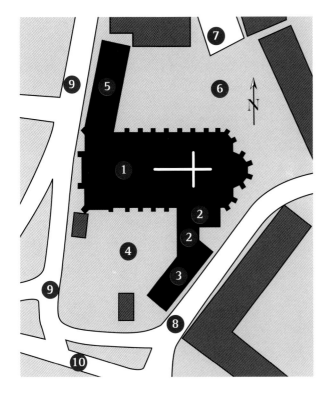

1 Klosterkirche St. Moritz
2 Anbau, 1971 restauriert
3 ehemaliges Pfarrhaus, heute katholische Akademie des Bistums Magdeburg
4 Klosterhof, westlich ein Rest der mittelalterlichen Stadtmauer
5 ehemaliges Johannisspital
6 Moritzkirchhof
7 Dreyhauptstraße
8 Straße Alter Markt
9 Hallorenring
10 Glauchaer Platz

Besitz das Stift. 1520–1542 nutzten Dominikanermönche die Gebäude. Im Zuge der Reformation mussten auch sie Kirche und Kloster verlassen.

Sehenswertes

Die spätgotische dreischiffige Hallenkirche, die einen romanischen Vorgängerbau ersetzte, wurde ab 1388 nach den Plänen des Baumeisters und Hüttenleiters Conrad von Einbeck, der auch als Bildhauer arbeitete, erbaut. Aus seiner Hand stammen auch der hl. Mauritius („Schellenmoritz") von 1411, der Christus an der Geißelsäule (1420), der Schmerzensmann (1416), die Schmerzensmaria und eine Porträtbüste (um 1420), die Conrad von Einbeck zeigen soll.

Der spätgotische Hochaltar stammt in seinen Hauptteilen aus dem Anfang des 16. Jahrhunderts. Dieser Wandelaltar zeigt bei geöffneten Flügelpaaren die Kreuzigung Christi, flankiert von Maria mit dem Jesuskind und Maria Magdalena. Beim Schließen des ersten Flügelpaares erscheinen in den beiden Mittelfeldern Christus und Maria im Strahlenkranz. Das Gesprenge des Altars zeigt im unteren Bereich Christus zwischen Maria und Johannes dem Evangelisten, dabei

Unsere Tipps

Konzerte und Ausstellungen

Angebote im Ort

Franckesche Stiftungen, Stiftung Moritzburg – Kunstmuseum des Landes Sachsen-Anhalt, Dom zu Halle, Landesmuseum für Vorgeschichte, Marktkirche, Neue Residenz, Stadtgottesacker

Anreise mit PKW

A 9 Berlin–München, A 14 Magdeburg–Dresden, A 38 aus Göttingen

Anreise mit ÖPNV

per Bus und Bahn

Parkplätze

für PKW und Busse Dreyhauptstraße (gebührenpflichtig) und Parkhaus Bornknechtstraße

Verkaufsangebot

Faltblätter, Bücher und Postkarten

Toiletten

vorhanden

Internet

www.propstei-halle.de

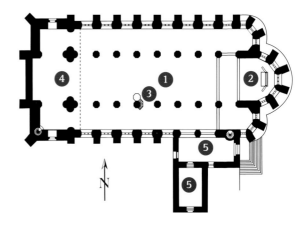

1 Kirchenschiff
2 Altarbereich mit Hochaltar
3 Kanzel
4 Vorraum unterhalb der
  Orgelempore
5 Anbau, 1971 restauriert

N

stehen Petrus und Paulus. Ganz oben sieht man als Abschluss
Maria mit dem Jesuskind. Die Kanzel ist ein hervorragendes
Werk der Spätrenaissance von 1592.

*oben: Porträtbüste Conrads
von Einbeck im nördlichen
Nebenchor*

*Blick ins Mittelschiff nach
Osten, im Vordergrund die
Spätrenaissance-Kanzel*

Als frühestes Werk von Conrad von Einbeck gilt der Mauritius am zweiten östlichen Pfeiler, der innschriftlich datiert und signiert ist: „Anno domini mo ccfco xi conradus de Eynbeke me perfecit in vigia sei mathei".

Denkanstöße

Die Moritzkirche war im Mittelalter eine der vier Pfarrkirchen Halles und gleichzeitig bis 1520 auch Gottesdienstraum der Augustinerchorherren. Diese hielten sich regelmäßig zu den Stundengebeten in ihrem Chorgestühl auf, das sich im Ostteil der Kirche befand. Vielleicht wanderte ihr Blick beim gemeinsamen Gebet auch zum Altar, auf dem Maria, die Mutter Gottes, mehrfach dargestellt ist. Zur Spiritualität der Augustinerchorherren gehörte damals wie heute das tägliche gemeinsame Gebet mit Texten aus der Bibel. Neben den Psalmen des Alten Testaments gehören dazu auch Texte aus dem Neuen Testament.

An jedem Abend wird das Magnificat gebetet, der Lobpreis Marias, aus dem *Lukasevangelium* (Lk 1,46–55). Diesen Lobpreis stimmten die Augustinerchorherren in der St.-Moritz-Kirche in lateinischer Sprache an:

Magnificat anima mea Dominum. / Et exultavit spiritus meus in Deo salutari meo. / Quia respexit humilitatem ancillae suae / ecce enim ex hoc beatam me dicent / omnes generationes. / Quia fecit mihi magna, qui potens est, / et sanctum nomen eius / Et misericordia eius a progenie in progenies / timentibus eum. / Fecit potentiam in brachio suo, / dispersit superbos mente cordis sui. / Deposuit potentes de sede, / et exaltavit humiles. / Esurientes implevit bonis, / et divites dimisit inanes. / Suscepit Israel, puerum suum, / recordatus misericordiae suae. / Sicut locutus est ad patres nostros, / Abraham et semini eius in saecula. / Amen.

Meine Seele preist die Größe des Herrn, / und mein Geist jubelt über Gott, meinen Retter. / Denn auf die Niedrigkeit seiner Magd hat er geschaut. / Siehe, von nun an preisen mich selig / alle Geschlechter. / Denn der Mächtige hat Großes an mir getan / und sein Name ist heilig. / Er erbarmt sich von Geschlecht zu Geschlecht / über alle, die ihn fürchten. / Er vollbringt mit seinem Arm machtvolle Taten: / Er zerstreut,

die im Herzen voll Hochmut sind; / er stürzt die Mächtigen vom Thron / und erhöht die Niedrigen. / Die Hungernden beschenkt er mit seinen Gaben / und lässt die Reichen leer ausgehen. / Er nimmt sich seines Knechtes Israel an / und denkt an sein Erbarmen, / das er unsern Vätern verheißen hat, / Abraham und seinen Nachkommen auf ewig. / Amen.

rechte Seite: Conrad von Einbecks Christus an der Geißelsäule im südlichen Nebenchor (um 1420), Detail

Die Bibel. Einheitsübersetzung. Stuttgart 2003.

Halle (Saale)

Franziskanerkloster
und Kirche Zur Heiligsten Dreieinigkeit

Historisches

**Franziskanerkloster
Zur Heiligsten Dreieinigkeit**

Lauchstädter Straße 14 b
06110 Halle (Saale)

Öffnungszeiten

nach Voranmeldung

Eintrittspreise

Eintritt frei, Spenden erwünscht

Führungen

nach Voranmeldung

Zuverlässige Angaben über die Ankunft der ersten Franziskaner in Halle sind nicht überliefert. Die Brüder kamen wahrscheinlich zwischen 1240 und 1295 in die Stadt. Ihr Kloster befand sich am heutigen Universitätsplatz an der Stelle des jetzt dort stehenden Löwengebäudes der Martin-Luther-Universität Halle–Wittenberg. Die Geschichte der Franziskaner in Halle endete zunächst mit der Reformation.

Seit Anfang des 20. Jahrhunderts leben wieder Franziskaner in Halle. Ihre neue Niederlassung wurde am 3. September 1920 durch Pater Erasmus Baumeister ins Leben gerufen. Die Gebäude des heutigen Franziskanerklosters entstanden in den Jahren 1923/24 im Süden der Stadt. 1924 wurde der Betsaal, der heute als Gemeindesaal dient, geweiht. Die Weltwirtschaftskrise und politische Veränderungen forderten das soziale Engagement der Brüder heraus: Die Seelsorge an polnischen Landarbeitern und Hilfen für Arbeitslose waren die caritativen Schwerpunkte.

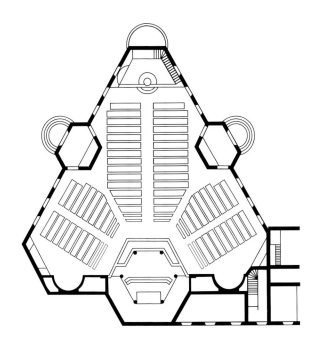

Die heute hier lebenden Franziskaner sind u. a. in der Pfarrseelsorge an der zum Kloster gehörenden Pfarrkirche Zur Heiligsten Dreieinigkeit tätig.

Sehenswertes

Die Franziskanerkirche Zur Heiligsten Dreieinigkeit entstand in den Jahren 1929/30 nach Plänen des Architekten Wilhelm Ulrich. Inspiriert durch die neue Formensprache der Bauhaus-Architektur verweist der Entwurf auf die franziskanische Verehrung der Trinität von Vater, Sohn und Heiligem Geist. Dies zeigt der dreieckige Grundriss der Kirche mit seinen gekappten Spitzen. Zudem ermöglicht diese Architektur, die Gemeinde zeichenhaft dicht um den Altar zu versammeln. Das Kruzifix über dem Altar sowie die Figuren von Maria und Joseph sind ebenso wie die Kreuzwegstationen ein Werk des Künstlers Rudolf Brückner-Fuhlrott (nach 1955).

Denkanstöße

Ein Kennzeichen der franziskanischen Spiritualität ist die ausdrückliche Zuwendung zu den Menschen in ihren Freuden und Nöten. Dies zeigt auch die Architektur der Franziskanerkirche Zur Heiligsten Dreieinigkeit in Halle (Saale). Symbolhaft wendet sich das Zentrum des 1929/30 gebauten Gottes-

Ansprechpartner für Führungen

Katholische Pfarrei St. Franziskus
Kirche zur Heiligsten Dreieinigkeit
Lauchstädter Straße 14 b
06110 Halle (Saale)
Tel.: (03 45) 13 66 30
Fax: (03 45) 1 36 63 33
halle.st-franziskus@bistum-magdeburg.de

Angebote im Ort

Franckesche Stiftungen, Stiftung Moritzburg – Kunstmuseum des Landes Sachsen-Anhalt, Dom zu Halle, Landesmuseum für Vorgeschichte, Marktkirche, Neue Residenz, Stadtgottesacker

Anreise mit PKW

A 9 Berlin–München
A 14 Magdeburg–Dresden
A 38 Göttingen

Anreise mit ÖPNV

per Bahn und Bus

Parkplätze

keine

Internet

www.franziskus-halle.de

hauses, der Altarbereich, auf den Bereich der Gemeinde hin. Das Zweite Vatikanische Konzil (1962–1968) hat diese Hinwendung für die Erneuerung des Gottesdienstes verdeutlicht. Die Sonntagsmesse wird seitdem in der Regel in der Landessprache gefeiert und der Priester steht hinter dem Altar mit dem Blick zur Gemeinde. Diese nimmt in Wechselgebeten und -gesängen aktiv am Gottesdienst teil und wohnt ihm nicht mehr lediglich bei. Für den „Vater" der Franziskaner, Franz von Assisi, war die Öffnung zu allen Menschen ein Schlüsselerlebnis, das ihn zur Bekehrung gebracht hat:

Als Franziskus eines Tages im Winter 1205/06 bei einem Ritt in der Ebene unverhofft auf einen Aussätzigen trifft und der schmale Weg ein Ausweichen nicht zuläßt, kann er der kläglichen Gestalt nicht einfach ein Almosen zuwerfen und sich davonmachen. Die späteren Gefährten berichten: ‚Während er sonst gewohnt war, vor Aussätzigen große Abscheu zu haben, überwand er sich, stieg vom Pferd, reichte dem Aussätzigen ein Geldstück und küßte ihm die Hand. Dieser dankte ihm mit dem Friedenskuß. Franziskus stieg wieder zu Pferd und setzte seinen Weg fort. [...] Als er wegging, war ihm die bittere Erfahrung, Aussätzige zu sehen, in innerste Freude verwandelt. Denn so widerwärtig war ihm zuvor der Kontakt mit Aussätzigen, daß er einen weiten Bogen um ihre Behausung machte, jede Begegnung mied und wenn er einmal einen sah, das Gesicht abwandte und mit den Händen die Nase zuhielt.

Kuster, Nikolaus: Franziskus. Freiburg i. Br. 2002, S. 22.

Hamersleben

ehem. Augustinerchorherrenstift und Stiftskirche St. Pankratius

Historisches

Augustinerchorherrenstift Stiftskirche St. Pankratius

Klosterhof 8
39393 Hamersleben

Öffnungszeiten

Mai–Oktober:
Mo–Sa 9.00–18.00 Uhr,
So 12.00–18.00 Uhr (außer bei
Gottesdiensten)
November–April:
Mo–Sa 9.00 Uhr bis Einbruch
der Dunkelheit,
So 12.00–18.00 Uhr (außer bei
Gottesdiensten)

Eintrittspreise

Eintritt frei, Spenden für die Orgel
erwünscht

Führungen

nach Voranmeldung

Spezialführungen

nach Vereinbarung (z. B. für Kinder
und Schulklassen)

Ansprechpartner für Führungen

Katholisches Pfarramt
Pfarrer Ludger Kemming
Klosterhof 8
39393 Hamersleben
Tel.: (03 94 01) 4 83
Fax: (03 94 01) 4 83

Bischof Reinhard von Halberstadt (1107–1123) gründete wohl bald nach 1107 in Osterwieck ein Augustinerchorherrenstift, das um 1112 nach Hamersleben verlegt wurde. Zur gleichen Zeit begann der Bau der Stiftskirche St. Pankratius. 1116 bestätigte Papst Paschalis II. das Stift Hamersleben mit seinen Besitztümern. Unter dem ersten Propst Thietmar erlebte das Kloster einen Aufschwung, der weitere päpstliche Privilegien mit sich brachte. Während seiner Amtszeit wurde hier nach 1112 Hugo, der spätere Abt von St. Viktor in Paris, erzogen. Diese Blütezeit endete im 13. Jahrhundert, als das Stift aufgrund zunehmender wirtschaftlicher Probleme verarmte.

Im Innenraum offenbaren sich mit Blick durch das Mittelschiff nach Osten die vornehmen Proportionen des Baus besonders eindrücklich. Außer den reichen Kapitellen schmückt nur ein Schachbrettmusterfries die glatten Seitenwände. Der barocke Hochaltar von 1687 schließt den Raum wirkungsvoll ab, verdeckt aber den Blick auf die Apsis.

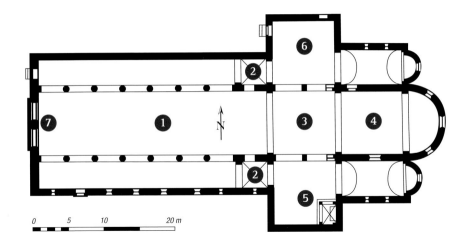

1447 kam der Augustinerprior Johannes Busch auf Weisung von Bischof Burchard III. nach Hamersleben und reformierte den Konvent nach der Windesheimer Ordnung. Das Stift trat dieser Kongregation 1452/1453 bei. In der Reformationszeit plünderten 1525 Bauern und 1548 Magdeburger Bürger das Kloster. Obwohl die Bevölkerung Hamerslebens 1557 zum lutherischen Bekenntnis übertrat, konnte das Stift auch während der Reformation seine Existenz behaupten. 1648 sicherte der Westfälische Frieden den Bestand des Klosters. Erst nach der Säkularisierung wurden Stift und Landbesitz 1804 in eine königliche Domäne umgewandelt. Die Stiftskirche blieb der katholischen Gemeinde als Gotteshaus erhalten.

1 basilikales dreischiffiges Langhaus
2 gewölbte Seitenschiffjoche, darüber die Türme
3 Vierung mit Chorus minor (Mönchschor), Chorschranken mit Stuckreliefs
4 Chor mit barockem Hochaltar
5 gotisches Altarziborium (Baldachin)
6 Nordquerhaus mit barocken Apostelfiguren
7 Empore mit barocker Orgel

Sehenswertes

Bei der Stiftskirche Hamersleben handelt es sich um eine dreischiffige Basilika, die im Osten in einen Hauptchor und zwei Nebenchöre mit jeweils einer Apsis ausläuft. Die einheitliche Wirkung des romanischen Innenraumes, die durch die auffälligen Schachbrettfriese oberhalb der Säulen und Stützen zu den Seitenschiffen verstärkt wird, erfährt durch den 1687 fertiggestellten barocken Hochaltar einen deutlichen Bruch. Ungewöhnlich schmuckreich sind die Kapitelle der Säulen des Langhauses. Auffällig dabei ist, wie die Fülle der verwendeten Ornamente von Ost nach West zunimmt. Eine bauliche Besonderheit der Hamersleber Stiftskirche stellen die östlichen Joche der Seitenschiffe dar. Über ihnen erhebt sich jeweils ein Glockenturm. Die Klausurgebäude nördlich der Kirche sind im Wesentlichen spätgotisch und stammen aus dem 15./16. Jahrhundert.

Unsere Tipps
Orgelkonzerte im Sommer

Anreise mit PKW
über die B 246

Anreise mit ÖPNV
bis Oschersleben Bahnlinie, danach Buslinie

Parkplätze
für PKW und Busse

Verkaufsangebot im Bauwerk
Postkarten und Broschüren

Toiletten
im Pfarramt (Nutzung bei Konzerten und Führungen)

Zu Beginn des 13. Jahrhunderts entstand im südlichen Querhausarm ein Altarziborium, das zu den ältesten Beispielen dieser Art auf deutschem Boden gehört.

Der Innenraum wird von mächtigen glatten Säulenschäften gegliedert.

Denkanstöße

Die persönliche Spiritualität der Menschen des 12. Jahrhunderts war gekennzeichnet von einer verstärkten Verinnerlichung. Die Wiederentdeckung und ein Neuerstarken der Mystik kam diesem Verlangen entgegen. Ein bedeutender Vertreter dieser Entwicklung war der Theologe Hugo von St. Viktor, der seine erste Ausbildung in Hamersleben genossen hat. Sein Werk *Didascalicon de studio legendi (Anleitung zum Studium des Lesens und Auslegens)*, das um 1128 entstand, beinhaltet eine Anleitung für das Studium der Theologie. Diese gibt Anregungen für die eigene Meditation, damit das Studium nicht geistlich fruchtlos bleibt:

Die Stiftskirche St. Pankratius in Hamersleben verdankt ihren Ruhm besonders den Tier- und Pflanzenornamenten an den Würfelkapitellen der Langhaussäulen.

Die Meditation
Meditation ist wohlüberlegtes und anhaltendes Nachdenken, das auf verständige Weise den Grund, den Ursprung, die Art und den Nutzen jeder Sache erforscht. Die Meditation nimmt ihren Anfang mit dem Lesen, doch bindet sie sich keineswegs an die Regeln und Vorschriften des Lesens. Vielmehr freut sie sich daran, durch offenen Raum zu eilen, wo sie nach freiem Ermessen ihren Blick auf die Betrachtung der Wahrheit richtet, sie freut sich, bald diese, bald jene Ursachen der Dinge zu erforschen, dann aber ins Tiefgründige vorzudringen und nichts zweifelhaft, nichts unklar zu lassen. Seinen Anfang nimmt das Studium also im Lesen, seine Vollendung aber liegt in der Meditation. [...] Und wenn jemand es gelernt hat, durch das, was geschaffen wurde, Ihn, der alles geschaffen hat, zu suchen und zu erkennen, dann bildet er seinen Geist mit Wissen und füllt ihn gleichermaßen mit Freude. Daher kommt es, daß in der Meditation die größte Beglückung zu finden ist.

Hugo von Sankt Viktor: Didascalicon de studio legendi, Studienbuch. Übersetzt und eingeleitet von Thilo Offergeld, in: Brox, Norbert u. a. (Hg.): Fontes Christiani, Bd. 27, lateinisch-deutsch, Freiburg i. Br. u. a. 1997, S. 245 f.

Von der Stuckierung der Chorschranken (ähnlich wie in der Liebfrauenkirche Halberstadt) aus dem frühen 13. Jahrhundert hat sich an der Nordseite ein Rest mit den drei Figuren von Christus und den Erzaposteln Petrus und Paulus erhalten.

Havelberg

ehem. Dom- und Prämonstratenserstift, Dom St. Marien

Historisches

Dom St. Marien
Domplatz
39539 Havelberg

Öffnungszeiten
April/Oktober:
Mo–Fr 10.00–17.00 Uhr,
Sa/So 10.00–18.00 Uhr
Mai–September:
Mo–So 9.00–19.00 Uhr
November–März:
Mo–So 10.00–16.00 Uhr

Eintrittspreise
Eintritt frei, Spenden erwünscht

Führungen
nach Vereinbarung (1 Woche
Voranmeldung erwünscht,
1,50 EUR/Person)

Die Geschichte des Havelberger Doms beginnt 946/48 mit der Gründung des dortigen Bischofssitzes durch König Otto I. Die ausgedehnte Diözese umfasste 13 slawische Provinzen, deren Stämme sich gegen die neue Herrschaft wehrten. So schlossen sich die Westslawen unter Führung des bedeutendsten Stammes zum Kampfbund der Liutizen zusammen und erhoben sich im Aufstand von 983. Dabei fielen Havelberg und Brandenburg in die Hände liutizischer Heere. Trotz dieser Zurückdrängung der deutschen Herrschaft und des mit ihr verbundenen Christentums wurde der Anspruch auf die verlorenen Reichsteile und Bistümer nicht aufgegeben. Weiterhin ernannte man Bischöfe für Havelberg und Brandenburg. Da ihre Bischofssitze für sie nicht erreichbar waren, hielten sie sich zumeist in Magdeburg auf.

Der 1126 zum Erzbischof von Magdeburg geweihte Norbert von Xanten nahm mit Unterstützung der politischen Kräfte des Reichs die Wiederherstellung der Bistümer östlich

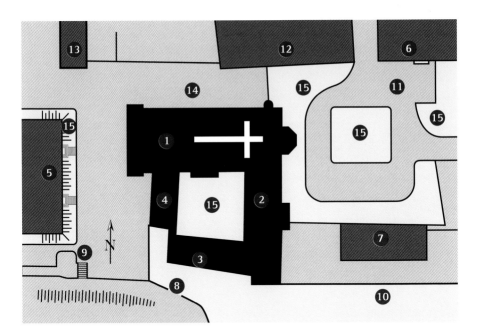

der Elbe in Angriff. Mit Anselm von Havelberg übernahm 1129 ein enger Vertrauter Norberts das Havelberger Bischofsamt. 1148/50 gründete Bischof Anselm von Havelberg das Prämonstratenserstift am damaligen Dom und erhob es zum Domkapitel des Bistums. Die Wiederinbesitznahme des Bistums hatte begonnen.

Am 16. August 1170 konnte der wiedererrichtete Havelberger Dom geweiht werden. Die Prämonstratenser nahmen im daran angebauten Domkloster Wohnung. An der Spitze des Kapitels stand ein Propst, der zugleich Archidiakon von Havelberg war. Er organisierte die stiftsinternen Angelegenheiten und vertrat das Kapitel gegenüber den Landesherren. Seit dem 12. Jahrhundert entwickelte sich das Stift zu einem religiösen und geistigen Zentrum, das Ausstrahlungskraft bis an die pommersche Ostseeküste und in die brandenburgische Uckermark besaß.

1507 hob der Papst auf Bitten des Brandenburger Kurfürsten die Bindung der Domstifte Havelberg und Brandenburg an den Prämonstratenserorden auf. Für den Landesherrn war es damit leichter geworden, die Stellen im Domkapitel mit eigenen Kandidaten zu besetzen. 1561 nahm das Domkapitel die in Brandenburg auf kurfürstlichen Befehl eingeführte lutherische Kirchenordnung an. 1819 wurde das Domstift schließlich durch eine Verfügung des Königs von Preußen aufgelöst. Die Stiftsgüter verwaltete ein staatliches Domänenamt.

1 Dom St. Marien
2 Klausurgebäude, Ostflügel
3 Südflügel
4 Westflügel
5 ehemalige Domschule, heute Stadtwerke und Gaststätte
6 ehemalige Propstei, heute Pfarramt
7 ehemalige Dechanei, heute Polizeiwache
8 Eingang zum Klostergelände
9 Domtreppe
10 Klostergarten
11 Propsteiplatz
12 Klinikum Havelberg
13 Töpferei
14 gepflasterte Flächen
15 Grünflächen

Spezialführungen

Themen nach Absprache, z. B. Domführung mit Orgelmusik 2,50 EUR/Person; musikalische Lettnerführung, 10 bis 30 Personen, 5,– EUR/Person Orgelführung, 5 bis 15 Personen, pauschal 50,– EUR

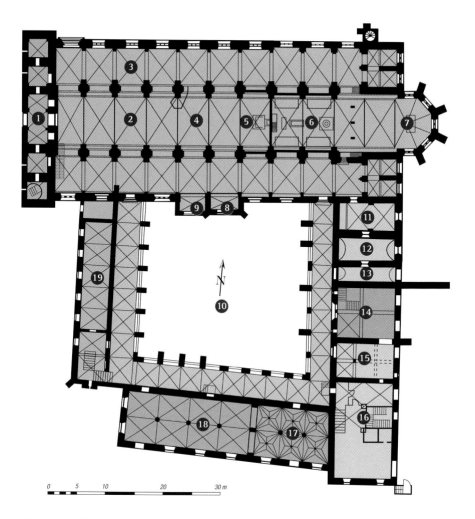

1 romanischer Westquerriegel
2 romanisches Langhaus, gotisch
   umgebaut
3 nördlichen Seitenschiff mit
   gotischen Glasmalereien
4 barocke Kanzel
5 spätgotischer Lettner
   mit Kreuzaltar

6 Chor mit Chorgestühl, Taufe,
   Sandsteinleuchtern
7 barocker Hochaltar
8 Marienkapelle
9 Annenkapelle
10 Klosterhof mit Kreuzgang
11 Sakristei
12 Gewänderkammer

13 Durchgang
14 Kapitelsaal
15 Hör- und Sprechraum
16 Versammlungsraum
17 Winterspeisesaal
18 Sommerspeisesaal
19 Wirtschaftsraum

Sehenswertes

Der Dom wurde zunächst als dreischiffige romanische Pfei-
lerbasilika errichtet und nach einem Brand im Jahre 1279
gotisch wieder aufgebaut. Wie ein Wahrzeichen erhebt sich
der geschlossene Westriegel hoch über der Havel, der in
Breite und Höhe das sich anschließende Langhaus der Kirche

überragt. Das Innere des Domes ist in das siebenjochige Langhaus, einen zweieinhalbjochigen unteren und einen eineinhalbjochigen oberen Chor unterteilt. Ein Lettner trennt bis heute den Chor des Doms vom Kirchenschiff. Hier befindet sich ein Chorschrankenensemble von europäischer Bedeutung mit 20 Szenen aus der Passion Jesu Christi. Sie entstanden um 1400.

Klausur mit dem malerischen Kreuzgarten

Denkanstöße

Der um 1099 geborene Anselm von Havelberg schloss sich Norbert von Xanten an und begleitete diesen bei dessen bedeutenden Entscheidungen und Lebensschritten als Schüler und Freund. 1129 wurde Anselm zum Bischof von Havelberg geweiht. Nach dem Tode Norberts übernahm er eine eigenständige Rolle in der Reichspolitik. Anselm war durchdrungen von der Überzeugung, dass die Verbreitung des christlichen Glaubens unmittelbar mit einer Ausdehnung der Macht des Reiches verbunden sei. Dieses Herrschaftsideal steht in einem spannungsreichen Gegensatz zum geistlichen Königtum Jesu, das die Bibel u. a. im *Matthäusevangelium* (Mt 21,1–11) bei seinem Einzug in Jerusalem beschreibt. Eines der Chorschrankenreliefs des Havelberger Doms stellt dies dar: Jesus reitet auf einer ausgeliehenen Eselin in Jerusalem ein. Dieses Tier galt als Sinnbild des gewaltlosen Friedenskönigs und der Bescheidenheit.

Als sich Jesus mit seinen Begleitern Jerusalem näherte und nach Betfage am Ölberg kam, schickte er zwei Jünger voraus und sagte zu ihnen: Geht in das Dorf, das vor euch liegt; dort werdet ihr eine Eselin angebunden finden und ein Fohlen bei ihr. Bindet sie los und bringt sie zu mir! Und wenn

Prignitz-Museum
Domplatz 3
39539 Havelberg
Tel.: (03 93 87) 2 14 22

Öffnungszeiten
April–September:
Di–So 10.00–12.00 Uhr und
13.00–18.00 Uhr
Oktober–März:
Mi–So 10.00–12.00 und
13.00–17.00 Uhr

Führungen
Domführung, Stadtführung,
Museumsführung, Themenführung

Internet
www.prignitz-museum.de

Kreuzgang

euch jemand zur Rede stellt, dann sagt: Der Herr braucht sie, er lässt sie aber bald zurückbringen. Das ist geschehen, damit sich erfüllte, was durch den Propheten gesagt worden ist: Sagt der Tochter Zion: Siehe, dein König kommt zu dir. Er ist friedfertig und er reitet auf einer Eselin und auf einem Fohlen, dem Jungen eines Lasttiers. Die Jünger gingen und taten, was Jesus ihnen aufgetragen hatte. Sie brachten die Eselin und das Fohlen, legten ihre Kleider auf sie, und er setzte sich darauf. Viele Menschen breiteten ihre Kleider auf der Straße aus, andere schnitten Zweige von den Bäumen und streuten sie auf den Weg. Die Leute aber, die vor ihm hergingen und die ihm folgten, riefen: Hosanna dem Sohn Davids! Gesegnet sei er, der kommt im Namen des Herrn. Hosanna in der Höhe! Als er in Jerusalem einzog, geriet die ganze Stadt in Aufregung, und man fragte: Wer ist das? Die Leute sagten: Das ist der Prophet Jesus von Nazaret in Galiläa.

Die Bibel. Einheitsübersetzung. Stuttgart 2003.

Ein umfangreicher Passionszyklus bildet auch das Hauptprogramm des spätgotischen Lettners, der unter Bischof Johann von Wöpelitz 1396–1411 entstand. Seine reich gegliederte Schauwand ist zum Langhaus gerichtet; der hervorragende Skulpturenschmuck stammt wohl von verschiedenen Künstlern.

Hecklingen

ehem. Frauenkloster,
Klosterkirche St. Georg und Pancratius

Historisches

**Benediktinerinnenklosterkirche
St. Georg und Pancratius**

Hermann-Danz-Straße 63
39444 Hecklingen

Öffnungszeiten

Mo–Fr 10.00–13.00 Uhr,
Sa/So/Feiertage 14.00–16.00 Uhr
sowie nach Voranmeldung

Eintrittspreise

Eintritt frei, Spenden erwünscht

Führungen

während der Öffnungszeiten und
nach Voranmeldung,
Gruppen ab 10 Personen:
1,50 EUR/Person,
Fotogebühr 2,50 EUR

Ansprechpartner für Führungen

Evangelische Kirchengemeinde
Pfarrer Christfried Kulosa
Hermann-Danz-Straße 52
39444 Hecklingen
Tel.: (0 39 25) 28 42 77
Fax: (0 39 25) 28 42 77
pfarramt.hecklingen@t-online.de

Die Gründungsgeschichte des Klosters Hecklingen ist nicht eindeutig geklärt. Eine Bulle des Papstes Innozenz II. von 1140 erwähnt das Kloster erstmals. Sie nennt Graf Bernhard I. († um 1060/70?) von Plötzkau als Gründer des Klosters (ursprünglich auf einem Stammsitz Kakelingen), das zunächst vielleicht ein Kanonikerstift war. Um 1130/40 kann es in ein Benediktinerinnenkloster umgewandelt worden sein, dessen erste Äbtissin Irmengard eine Schwester Graf Bernhards II. (Urenkel von Bernhard I.) von Plötzkau war. Da die Familie zwei Kilometer entfernt ein Gut besaß und die Siedlung

rechte Seite: Bereits das Äußere der Klosterkirche Hecklingen strahlt die zur Ruhe gekommene Geometrie des gebundenen Systems romanischer Kirchen des sächsisch-thüringischen Raumes aus. Ihre spitzen Turmhelme sind weithin markante Landschaftszeichen.

Zahlreiche Grabmäler der Familie von Trotha sind in der Kirche zu finden. Das bedeutendste ist das für Franz von Trotha und seine Frau, um 1600.

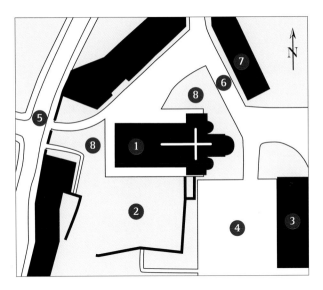

1 Basilika St. Georg und Pancratius
2 ehemaliger Klosterhof
  (Klausurmauern nur wenig
  erhalten)
3 Stadtschloss Hecklingen
4 Schlosspark
5 Hermann-Danz-Straße
6 Hugo-Gast-Siedlung
7 Wohngebäude
8 Grünflächen

Kakelingen um 1160 dorthin verlegt wurde, begann ein zweiter repräsentativer Kirchenbau zwischen 1150 und 1176 am Ort des heutigen Hecklingen.

Nach dem Aussterben der Grafen von Plötzkau gelangte die Klostervogtei um 1160 in die Hände der Askanier. Die Ordenszugehörigkeit des Konvents bleibt undeutlich: So wurde das Kloster zunächst als Benediktinerinnenkonvent gegründet, seit Ende des 12. Jahrhunderts lebten die Nonnen aber vielleicht nach der Augustinusregel und in einer Urkunde aus dem 16. Jahrhundert wird Hecklingen wieder als Benediktinerinnenkloster bezeichnet.

Im Jahr 1496 zerstörte ein Brand den Klausurbereich und beschädigte die Kirche. Die Klostergebäude wurden teilweise wieder aufgebaut. Der ältere Flügel des heutigen Stadtschlosses Hecklingen steht auf alten Grundmauern, der der Basilika zugewandte Barockflügel weitgehend nicht. Einige vorgelagerte Mauerreste lassen auf den Kreuzgangbereich und weitere Gebäude schließen.

Im Zuge der Reformation trat 1559 die letzte Äbtissin des Klosters zur Lehre Luthers über. Zwischenzeitlich nutzten die Fürsten von Anhalt den Klosterbesitz. 1571 wurden die Gebäude und Ländereien schließlich an Christoph von Trotha verkauft.

Sehenswertes

Die Klosterkirche Hecklingen ist eine der besterhaltenen romanischen Kirchen im Harzraum. Sie ist eine dreischiffige, kreuzförmige Basilika, die wohl zwischen Mitte der 1170er

Unsere Tipps
Konzertsommer in der Kirche, Ausstellungen, Vorträge

Anreise mit PKW
A 14 Halle–Magdeburg,
B 6n Goslar–Bernburg

Anreise mit ÖPNV
Bus- und Bahnlinien über Staßfurt

Parkplätze
für PKW in der Hermann-Danz-Straße und Rathauspassage,
2 für Busse an der Ostseite der Kirche

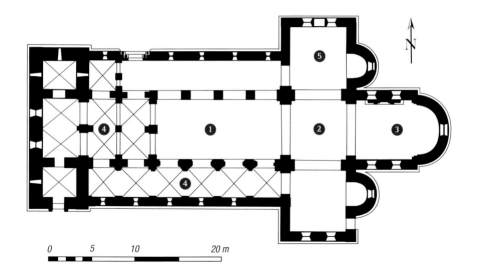

0   5   10   20 m

1 basilikales dreischiffiges
  Langhaus, in den
  Arkadenzwickeln Stuckengel
2 Vierung mit neoromanischer
  Kanzel
3 Chor mit neoromanischem Altar
  und Wandgrab für Franz von
  Trotha, um 1600
4 Nonnenempore auf frühgotischen
  Arkaden (um 1220)
5 Erbbegräbnis der Familie von
  Trotha, 1721

Jahre und 1220/30 errichtet wurde. Die bauplastische Ausstattung des Innenraums gilt als eines der bedeutendsten Beispiele für romanische Skulptur in Deutschland. So sind über
den Bögen der Nordarkaden fünf menschliche Köpfe dargestellt. In den Arkadenzwickeln befinden sich 14 Engelsfiguren, die in Stuck ausgeführt sind. Sie wurden vermutlich
1225/30 gefertigt. Die Engel an der Nordseite passte man
wohl nachträglich ein, die an der Südseite entstanden bereits
im Zuge der Errichtung der Kirche.

Informationsmaterial
Faltblatt und Kunstführer

Verkaufsangebot im Bauwerk
Bücher, DVDs, Postkarten

Toiletten
im Pfarrhaus

Internet
www.hecklingen.de

Denkanstöße

Engeldarstellungen finden sich auf mittelalterlichen Gemälden, in Kirchen und Klöstern oder als Ziermotive an liturgischen Geräten. Sie symbolisieren Wege und Hoffnung eines Kommunikationsbezugs zwischen Gott und den Menschen. Die Bibel erzählt von geisterfüllten Wesen, die als Engel (von griech. αγγελος, lat. angelus: „Bote") Gottes bezeichnet werden. Menschen, die Gottes Hilfe besonders spüren, schreiben diese Erfahrung oft einem Schutzengel zu. Dieses Wort drückt bildhaft das Vertrauen darin aus, dass Gott selbst hilft und schützt. Engel tauchen auch im 20. und 21. Jahrhundert in vielen Publikationen, Filmen oder in der Kunst auf. Autorinnen und Autoren wie beispielsweise Nelly Sachs, Franz Kafka, Max Frisch oder Friedrich Dürrenmatt haben sich mit der Engelsthematik auseinandergesetzt. Die Lyrikerin Marie Luise Kaschnitz spricht von ihnen so:

Sagt mir doch nicht es gäbe keine Engel mehr
Wenn Ihr die Liebe gekannt habt
Ihre rosigen Flügelspitzen
Ihre eherne Strenge.

Aus: „Schnee XI", in: Marie Luise Kaschnitz: Überallnie. Ausgewählte Gedichte 1928–1965. ©1965 Claassen Verlag in der Ullstein Buchverlage GmbH.

Um 1225–1230 wurden die Arkadenzwickel des Langhauses mit 14 halbplastischen Engelsfiguren aus Stuck geschmückt, die zu den schönsten Werken ihrer Zeit gehören. Zu sehen sind 4 Posaunenengel, 10 Spruchbandengel (teilweise mit Schwurhänden).

Hedersleben

ehem. Zisterzienserinnenkloster, St. Gertrud

Historisches

Zisterzienserinnenkloster
Katholische Kirche St. Gertrud

Klosterstraße 19
06458 Hedersleben

Öffnungszeiten

Mai–Oktober:
8.00–18.00 Uhr
November–April:
nach Voranmeldung und zu den
Gottesdiensten

Eintrittspreise

Eintritt frei, Spenden erwünscht

Führungen

nach Voranmeldung

Ansprechpartner für Führungen

Katholische Gemeinde
Diakon Jürgen Schmutzer
Klosterstraße 19
06458 Hedersleben
Tel.: (03 94 81) 8 13 49
Fax: (03 94 81) 8 13 49
juergen_schmutzer@gmx.de

Blick von Südosten vorbei am Taubenturm auf die Klosteranlage und den Turm der Klosterkirche

Das Zisterzienserinnenkloster St. Gertrud in Hedersleben wurde 1253 von Albert und Ludwig von Hakeborn an einer bereits bestehenden Marienkirche gestiftet und 1262 mit Nonnen aus dem Kloster Helfta besetzt. 1269 wurde dem Konvent durch Bischof Volrad von Halberstadt zusätzlich das Pfarrrecht in Hedersleben übertragen.

St. Gertrud gehörte zu den wenigen während der Reformationszeit katholisch gebliebenen Klöstern im heutigen Sachsen-Anhalt. Von 1566 an nutzten beide Konfessionen die Klosterkirche, sodass es häufig zu Spannungen zwischen der evangelischen Ortsgemeinde und dem Konvent kam. Um 1600 baten die Nonnen den Kaiser um einen Schutzbrief, der das Kloster und die öffentliche katholische Religionsausübung sicherstellen sollte. Das Kloster war zudem seelsorgerlich für die katholischen Christen der Gegend zuständig. Zugleich übte es für die evangelische Gemeinde die Patronatsrechte aus.

1713 wurde eine eigene evangelische Kirche feierlich geweiht und die Gottesdienste der beiden Konfessionen fanden von nun an in getrennten Räumen statt. Auch das Kloster erbaute eine neue barocke Klosterkirche, die 1717 geweiht wurde. 1780 entstand ein neues großzügiges Klausurgebäude mit Kreuzgang, das bis heute erhalten ist.

1810 säkularisierte die westphälische Regierung das Kloster Hedersleben und verkaufte das Klostergut und die

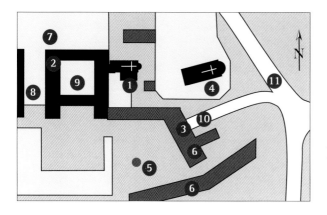

1 ehemalige Klosterkirche St. Gertrud
2 Klausur mit Nord-, Süd-, Ost- und Westflügel; einschließlich überbautem Kreuzgang
3 Torhaus
4 ev. Kirche St. Trinitatis
5 Taubenturm
6 Wirtschaftsgebäude
7 Klostergarten
8 Haus Heyne
9 Klosterhof
10 Klosterstraße
11 Schulstraße

Gebäude. Die Nonnen wurden mit einem regelmäßigen Jahresgehalt abgefunden. Einige von ihnen kehrten zu ihren Familien zurück, doch zwei Nonnen blieben im Kloster und starben 1855 bzw. 1856 in hohem Alter. Die Stundenbücher dieser Nonnen befinden sich noch heute in der Pfarrei St. Gertrud.

1827 hatte die preußische Regierung die baufällige Klosterkirche abreißen lassen. Nur der mittelalterliche Turm blieb erhalten. Die Katholiken beanspruchten den Platz der abgerissenen Kirche und verlangten die Wiederherstellung ihrer Pfarrei. Schließlich ließ sich König Friedrich Wilhelm IV. 1841 zur Neuerrichtung der Pfarrei bewegen. Eine neue Kirche wurde 1846 geweiht.

Sehenswertes

Im 18. Jahrhundert wurden die Klostergebäude in Formen des Barock neu errichtet. Die Klausur ist eine zweigeschossige Vierflügelanlage. Von der mittelalterlichen Klosterkirche sind nur noch Teile des romanischen Westturms erhalten. Die heutige Kirche ist ein Bau von 1846. Sie ist ein schlichter Saal mit neuromanischer Formensprache. An mittelalterlichen Ausstattungsstücken sind eine Madonnenplastik, eine Pietà sowie ein Kruzifixus zu sehen.

Denkanstöße

Die Klosterkirche war zeitweise eine Simultankirche, d. h. evangelische und katholische Christen feierten hier ihre Gottesdienste. Von einem Simultaneum spricht man ganz allgemein bei der gemeinsamen Nutzung von Kirchen, Friedhöfen oder Kultgegenständen (Glocken, Kanzel, Orgel, Altar) durch verschiedene christliche Konfessionen. In Deutschland entstanden diese zumeist nach der Reformation. Die Nutzung

Unsere Tipps
Konzerte und Veranstaltungen

Anreise mit PKW
B 81 o. B 79–Quedlinburg,
B 6n–Magdeburg

Anreise mit ÖPNV
per Bahn und Bus

Parkplätze
für PKW und Busse

Informationsmaterial
Faltblätter

Toiletten
vorhanden

Internet
www.kath-kirche-hedersleben.de

1 Kirchenschiff
2 Eingangsbereich der Kirche im
  romanischen Turm
3 Altarbereich
4 Anbau

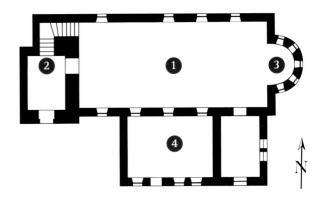

von Simultankirchen ist durch Verträge bzw. Absprachen geregelt. Simultankirchen können heute durchaus auch als ein Ausdruck gegenseitiger Achtung bei bestehenden unterschiedlichen theologischen Auffassungen sein. Sie bieten die Möglichkeit zu ökumenischer Begegnung. Ein besonderer Ort konfessionsübergreifender Gemeinschaft ist die Communauté de Taizé, eine ökumenische Bruderschaft, die von Frère Roger (1915–2005) in Taizé/Frankreich 1949 gegründet wurde. Er schrieb zum gegenseitigen Verständnis der Christen:

Wenn die Christen unter sich eine Versöhnung suchen, ist dies niemals Selbstzweck, geht es auch nicht darum, größere menschliche Durchschlagskraft zu erzielen. Es geht uns ganz und gar darum, dass die versöhnten Christen Sauerteig des Friedens und des Vertrauens in der ganzen Menschheitsfamilie, unter Gläubigen wie Nichtgläubigen sind.

Frère Roger: Vertrauen schafft Versöhnung. München 2005, S. 6.

rechte Seite:
Madonna, um 1420

Das Langhaus nach Osten

112

Zisterzienserinnenkloster, Abteikirche St. Maria und Gertrudkapelle

Historisches

Zisterzienserinnenkloster St. Marien zu Helfta

Lindenstraße 36
06295 Lutherstadt Eisleben

Öffnungszeiten

Kirche: tagsüber geöffnet
Ausstellung im Liboriushaus:
So 14.30–16.30 Uhr

Eintrittspreise

1,50 EUR/Person

Führungen

nach Vereinbarung

Ansprechpartner für Führungen

Kloster St. Marien zu Helfta
Klosterpforte
Lindenstraße 36
06295 Lutherstadt Eisleben
Tel.: (0 34 75) 71 15 00
Fax: (0 34 75) 71 15 55
pforte@kloster-helfta.de

Hans Herrmann
Tel.: (01 74) 6 53 99 08
hans@herrmanns.de

Bildungs- und Exerzitienhaus
Tel.: (0 34 75) 71 14 00
Fax: (0 34 75) 71 14 44
gaestehaus@kloster-helfta.de

Hotel an der Klosterpforte
Lindenstraße 34
06295 Lutherstadt Eisleben
Tel.: (0 34 75) 7 14 40
Fax: (0 34 75) 7 14 41 00
klosterpforte@web.de

1229 gründeten Graf Burchard von Mansfeld und seine Gattin Elisabeth ein Zisterzienserinnenkloster in der Nähe ihrer Burg Mansfeld, das mit Nonnen aus dem Burchardikloster in Halberstadt besetzt wurde. 1234 wurde der Konvent von Elisabeth nach Rodarsdorf verlegt. Dort starb sie, die nach dem Tod ihres Mannes selbst dem Kloster beigetreten war. 1258 siedelten die Nonnen schließlich nach Helfta über. Die Abtei erhielt reichen Grundbesitz. Vor allem Frauen des mitteldeutschen Adels waren Mitglieder des Konventes. 1251 wurde Gertrud von Hakeborn (1231–1291) zur Äbtissin gewählt. Sie kümmerte sich um eine umfassende Ausbildung ihrer Schwestern, indem sie die Klosterschule erweiterte, Bücher für das Studium anschaffen ließ und dem Kloster zu einem angesehenen Skriptorium verhalf. In ihrer Amtszeit gelangte Helfta zu großer Bedeutung, von der die mystischen Schriften der Helftaer Mystikerinnen Zeugnis geben.

Während der Halberstädter Bischofsfehden verwüstete Albrecht von Braunschweig das Kloster, weshalb die Klosterfrauen 1343 an die Stadtmauer von Eisleben umzogen, wo das Kloster als Neu-Helfta neu errichtet wurde.

Nach dem Bauernkrieg von 1525 kehrten die Nonnen noch einmal nach Alt-Helfta zurück. Doch wurde das Kloster im Gefolge der Reformation 1542 säkularisiert. Die Nonnen zogen weg. 1712 gelangte es als königliche Domäne an den preußischen König Friedrich Wilhelm I. Seit 1999 gibt es wie-

Blick aus dem Klostergarten auf die Klosterkirche (links) und die Gertrudkapelle (rechts)

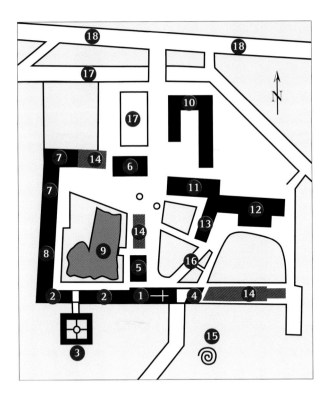

1 Klosterkirche St. Marien
2 Konvent
3 Kreuzgang
4 Gertrudkapelle
5 Liboriushaus (Laden/Ausstellung)
6 Herrenhaus
7 Gertrudstift/ Betreutes Wohnen
8 Gästehaus
9 Klosterteich
10 Pflegeheim St. Mechthild
11 Restaurant
12 Mechthild-Halle
13 Hotel
14 alte Stallungen
15 Labyrinth
16 „Der Stein in Helfta",
   ökumenisches Projekt der
   Frauenseelsorge
17 Parkplatz
18 Hallesche Straße

der Zisterzienserinnen in Helfta. Die Weihe der Klosterkirche erfolgte im selben Jahr.

Sehenswertes

Von der ehemaligen Klosteranlage des 13. Jahrhunderts ist nur noch wenig erhalten geblieben. Die noch aufragenden Mauerreste der Klosterkirche wurden in den 1999 errichteten Kirchenbau integriert. Im gleichen Jahr entstand das anschließende Konventsgebäude für die Schwestern. Den Westabschluss des Klostergeländes bildet ein Bildungs- und Exerzitienhaus, das in einem ehemaligen Kuhstall eingerichtet wurde. Davor liegt der Gertrudteich. Östlich der Klosterkirche besteht seit 2008 ein weiterer Kirchenbau: die Gertrudkapelle.

Denkanstöße

Kloster Helfta war im 13. Jahrhundert ein Zentrum der deutschen Frauenmystik. Während der Amtszeit der Äbtissin Gertrud von Hakeborn lebten hier drei bedeutende Mystikerinnen: Mechthild von Hakeborn, Mechthild von Magdeburg und Gertrud von Helfta (die Große).

Unsere Tipps

Seminare, Workshops und musikalische Angebote in der Klosterkirche, Veranstaltungen in der Mechthild-Halle, Heilpflanzenlabyrinth

Anreise mit PKW

B 80

Anreise mit ÖPNV

Bahn- und Buslinien

Informationsmaterial

Bücher und Prospekte

Verkaufsangebot im Bauwerk

Klosterladen Buch und Kunst

Parkplätze

für PKW und Busse

Toiletten

im Bauwerk

Internet

www.kloster-helfta.de

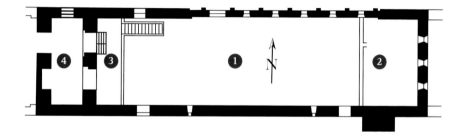

1 Klosterkirche St. Marien
2 Altarbereich
3 unterhalb der Orgelempore
4 romanische Krypta

*Innenansicht der
Klosterkirche*

Nach der Aufhebung des Klosters im Zuge der Reformation war Helfta über Jahrhunderte hinweg landwirtschaftliches Gut. Erst am Ende des 20. Jahrhunderts zog hier wieder klösterliches Leben ein. Die Wiederbesiedlung und der Neuaufbau von Kloster Helfta ist untrennbar mit der Seligenthaler Äbtissin und Helftaer Priorin Maria Assumpta Schenkl verbunden, die beides in hohem Alter seit 1999 tatkräftig vorantrieb. Sie verstarb im Frühjahr 2009 und wurde in Helfta beigesetzt. Auf die Frage, welche Bedeutung die drei Frauen von Helfta nach über 700 Jahren für die Menschen heute haben, antwortete sie:

Erstaunlicherweise stellen viele Menschen fest, dass der Ort als solcher [...] trotz des weitgehenden Verfalls der Gebäude, dennoch etwas bewahrt hat von einer geheiligten Atmosphäre, in der Gottes Nähe für viele Menschen spürbar

wird. Der Geist der heiligen Frauen ist auf eine geheimnisvolle Weise präsent geblieben, den die Menschen wahrnehmen, der sie zur Ruhe kommen lässt und ihnen gut tut. [...]

Ich werde bei Gesprächen immer wieder einmal gefragt: „Hat sich in Ihrem geistlichen Leben durch die Übersiedlung nach Helfta etwas geändert?" Ja, da hat sich einiges geändert, aber in einem Punkt ist mir das selbst besonders bewusst geworden, nämlich in Bezug auf [...] die Sendung. Der Gedanke der Sendung, des Auftrags zur Weitergabe, hat mich früher wenig beschäftigt. [...] Das hat sich in Helfta sehr bald und sehr stark geändert. Weitergabe, Wiedererweckung, Ausstrahlung des Glaubens rückten nun in den Vordergrund; [...] Diese neue Sichtweise wurde einesteils einfach durch die neue Situation bewirkt, andererseits aber auch, und sogar sehr stark, durch die Erkenntnis, dass die drei großen Heiligen [...] ausdrücklich und fast gegen ihren Willen beauftragt wurden, die Botschaft von der Liebe, Güte und Barmherzigkeit Gottes weiterzugeben, über die Jahrhunderte hinweg. Diese Erkenntnis hat mich tief bewegt und in mir die Überzeugung geweckt, dass wohl auf dem Kloster Helfta als solchem und auf uns, die wir nun dort leben, weiterhin dieser Auftrag liegt. Diese Erkenntnis hat mein inneres und äußeres Leben stark verändert.

Das Gelände lädt zu medidativen Rundgängen ein.

Schenkl, Maria Assumpta: Hat Bernhards Botschaft vom Hohenlied der Liebe heute noch eine Chance? Erfahrungen im Kloster Helfta heute, in: Schwillus, Harald (Hg.): Liebesmystik als Chance und Herausforderung. Berlin 2007, S. 41–52.

Das Liboriushaus mit Klosterladen, Veranstaltungs- und Ausstellungsräumen ist ein historisches Speichergebäude.

Huysburg

Benediktinerkloster und Klosterkirche St. Marien

Historisches

Benediktinerkloster St. Marien

Huysburg 2
38838 Huy-Dingelstedt

Öffnungszeiten

Kirche:
Mo–So 7.00–19.30 Uhr
Der Innenhof des Klosters ist immer frei zugänglich.

Eintrittspreise

Eintritt frei

Führungen

nach Voranmeldung

Ansprechpartner für Führungen

Benediktinerkloster Huysburg
Huysburg 2
38838 Huy-Dingelstedt
Tel.: (03 94 25) 96 10
Fax: (03 94 25) 9 61 98
mail@huysburg.de
fuehrungen@huysburg.de

Die Huysburg war zur Zeit Kaiser Karls des Großen eine militärische Befestigung zur Grenzsicherung gegen die Slawen. Nachdem sie ihre strategische Bedeutung verloren hatte, gelangte sie 997 durch eine Schenkung Kaiser Ottos III. an das Bistum Halberstadt. Bischof Burchard I. von Halberstadt ließ 1038 eine kleine Kirche zu Ehren der Muttergottes auf dem Huy errichten. Zur gleichen Zeit zogen sich Klausnerinnen in den Huywald zurück. Der Halberstädter Domherr Ekkehard, der von Bischof Burchard I. mit der seelsorgerischen Betreuung der Frauen beauftragt worden war, gründete im Jahr 1080 ein Benediktinerkloster auf dem Huy. Er selbst wurde erster Abt des neuen Konvents. 1084 wurde das Kloster durch Bischof Burchard II. von Halberstadt formal als Doppelkloster für einen Männer- und Frauenkonvent begründet. Die Schließung des Nonnenkonvents scheint 1411 erfolgt zu sein. 1444 trat der Konvent der Bursfelder Reform bei.

Während des Bauernkrieges von 1525 fielen Bauern über die Huysburg her, plünderten und zerstörten die Gebäude. Der Dreißigjährige Krieg brachte weitere Leiden für den Kon-

Die 1121 geweihte Klosterkirche auf der Huysburg ist ein bedeutendes Denkmal niedersächsischer Baukunst an der Grenze zwischen früh- und hochromanischer Architektur.

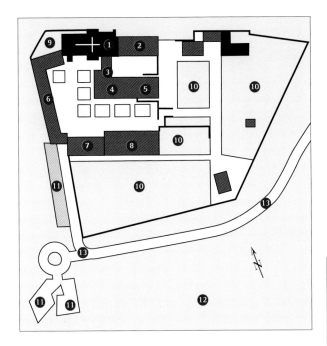

1 Klosterkirche
2 Klosterquadrum (Wohnbereich der Mönche)
3 Klosterquadrum mit Klosterpforte
4 Café und Laden, im Obergeschoss Romanischer Saal
5 Klosterverwaltung
6 ehemals Schule und Remise
7 ehemals Bäckerei und Metzgerei
8 Ekkehard-Haus (Gästehaus)
9 Klosterfriedhof
10 Klostergarten
11 Parkplatz
12 Wald
13 Straße zur Huysburg (Abzweig von L 83)

vent. Erst unter Sebastian Horn, der 1647 bis 1677 dem Kloster vorstand, konnte der Besitzstand des Klosters wieder konsolidiert werden. Sein Nachfolger Nicolaus von Zitzewitz (1677–1704) ordnete schließlich die zerrütteten finanziellen Verhältnisse, vereinigte die Huysburg 1686 mit der Abtei Minden und begründete eine Klosterbibliothek.

Nach seiner Aufhebung im Jahre 1804 wurde das Kloster zur Domäne und die Klosterkirche Pfarrkirche. Zwischen 1945 und 1992 war in der früheren Schule ein Priesterseminar eingerichtet. Seit 1972 lebt wieder ein Konvent von Benediktinermönchen auf der Huysburg.

Sehenswertes

Die Klosterkirche ist eine kreuzförmige romanische Basilika. Die Türme wurden im 15. Jahrhundert erhöht und mit gotischen Turmhelmen versehen. Während der Barockzeit wurde das Kircheninnere neu ausgestattet. Die Deckengemälde entstanden 1729, wurden allerdings 1815 übermalt und 1930 teilweise restauriert. Im Querhaus befinden sich mehrere bemerkenswerte Grabdenkmäler. Darunter das Ehrengrab für den ersten Abt, Ekkehard († 1084), eine Bronzeplatte aus dem 15. Jahrhundert sowie das Epitaph für den 1704 verstorbenen Abt Nicolaus von Zitzewitz. Von den Konventsgebäuden sind heute noch Reste des romanischen Kreuzgangs und das soge-

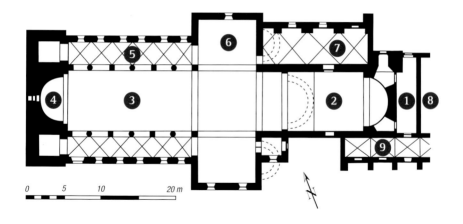

nannte Bibliotheksgebäude aus dem 12. Jahrhundert erhalten, das ursprünglich als Speisesaal (Refektorium) diente. Während der Barockzeit wurden Klostergebäude umgebaut und neu errichtet: so das sogenannte Neue Gebäude (Gästehaus) von 1746, ein Wirtschaftsgebäude von 1748 und das Torhaus von 1766.

Denkanstöße

Nicolaus von Zitzewitz, 1634 als Sohn protestantischer Eltern in Besswitz (Hinterpommern) geboren, zählt zu den herausragenden Persönlichkeiten der Huysburger Geschichte. Zunächst studierte er 1652 an der Universität Greifswald, bis er 1655 an die Universität Helmstedt wechselte. Dort traf er auf den Theologen Georg Calixt, der ihn nachhaltig beeinflusste. Als Student trat von Zitzewitz 1656 in Köln zum Katholizismus über und wurde Mönch des Benediktinerklosters Werden. Nachdem er Reformen in einigen Klöstern der Bursfelder Kongregation begleitet hatte, wurde er zunehmend von Bischöfen für diplomatische Missionen in Anspruch genommen. 1677 übernahm er die Leitung der Abtei Huysburg. Es gelang ihm, das wirtschaftlich angeschlagene Kloster zu konsolidieren. In seinem letzten Lebensabschnitt widmete er sich der Ökumene der Kirchen. Er führte überkonfessionelle Gespräche, wie z. B. auf dem Unionskonvent in Hannover im Jahre 1683, und beschäftigte sich mit der Frage der Einheit der Kirchen. Dies belegt u. a. ein Briefwechsel mit Leibniz. Er verstarb am 24. Oktober 1704 auf der Huysburg. Auf die Frage nach seiner Grundhaltung, die sicherlich auch seine ökumenischen Bestrebungen begleitete, hatte er einst geantwortet:

Halte rein deine Hand von Gaben. Höre die Parteien geduldig an, und antworte mit Sanftmut. Dein Ausspruch sei gerecht. Und wenn du immer als Richter in das Haus treten wirst, lege nur ab erst vor der Tür, was Leidenschaft heißt: Zorn, Heftigkeit, Hass, Freundschaft und Schmeichelei.

Dannowski, Hans Werner: Vergessene Klöster. Reise in die Kloster-landschaft am Nordrand des Harzes. Hannover 2007, S. 46.

Die Stützen der Arkaden wechseln sich nach rheinischer Art einfach ab.

Die barocke Ausstattung fügt sich harmonisch in den mittelalterlichen Raum ein.

Ilsenburg

ehem. Benediktinerkloster und Klosterkirche St. Peter und Paul

Historisches

Ehemaliges Benediktinerkloster und Klosterkirche St. Peter und Paul

Schlossstraße 26
38871 Ilsenburg

Öffnungszeiten

Kloster und Kirche
Mo–Fr 10.00–16.00 Uhr
Sa–So 13.00–15.00 Uhr
feiertags Sonderöffnungszeiten
Die Klosteranlage ist täglich
geöffnet (saisonal unterschiedlich).

Eintrittspreise

Eintritt frei, Spenden erwünscht

Führungen

nach Voranmeldung

Ansprechpartner für Führungen:

Stiftung Kloster Ilsenburg e. V.
Schlossstraße 26
38871 Ilsenburg
Tel.: (03 94 52) 8 01 55
Fax: (03 94 52) 8 01 55
oder
Tourismus GmbH Ilsenburg
Marktplatz 1
38871 Ilsenburg
Tel.: (03 94 52) 1 94 33
Fax: (03 94 52) 9 90 67
info@ilsenburg.de

Unsere Tipps

Kirchenführung bei Kerzenschein,
Trauungen im Kloster, Konzerte,
Ausstellungen

Erstmals erwähnt wurde die königliche Jagdpfalz Ilsenburg im Jahr 995. König Heinrich II. machte sie seinem Hofkaplan Bischof Arnulf von Halberstadt mit allen ihren Besitzungen 1003 zum Geschenk. Bischof Arnulf richtete hier ein Benediktinerkloster ein. Bischof Burchard II. förderte dieses Kloster und berief um 1070 seinen Neffen Herrand aus dem St.-Burkard-Kloster in Würzburg zum Abt in Ilsenburg. Er war ein Vertreter der Gorzer Klosterreform, in deren Sinn er auch Ilsenburg reformierte. Gleichzeitig kamen Mönche aus Cluny nach Ilsenburg, um dieses Reformvorhaben zu unterstützen. 1087 weihte Burchard II. die Klosterkirche.

Aufgrund zahlreicher kriegerischer Auseinandersetzungen mussten die Mönche ihr Kloster mehrmals verlassen. Dennoch konnte sich die geistliche Bedeutung des Konventes bis zur Mitte des 13. Jahrhunderts behaupten.

Als das Kloster Ilsenburg unter die Herrschaft der Grafen von Stolberg-Wernigerode gefallen war, bemühten sich diese seit den 1450er Jahren um eine erneute Reform des Klosters. 1465 erfolgte dann der Beitritt zur Bursfelder Kongregation.

Der Bauernkrieg verursachte 1525 schwere Schäden an der Kirche. Im Zuge der Reformation richteten die Grafen zu Stolberg-Wernigerode in der Klosteranlage eine evangelische Klosterschule ein.

Der Klausurhof von Ilsenburg. Die weitgehend geschlossene Südwand der Kirche stammt noch aus dem 11. Jahrhundert.

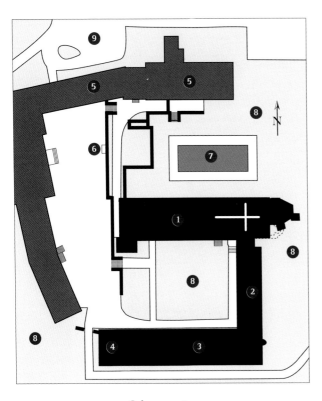

1 Klosterkirche St. Peter und Paul
2 Ostflügel
3 Südflügel
4 Anbau für eine Kaffeestube
5 Schloss Ilsenburg
6 Brunnen
7 ehemaliges Freibad
8 Grünflächen
9 Zufahrt über die Schlossstraße
  Ilsenburg

Sehenswertes

Die Klosterkirche stammt im Kern noch aus dem 11. Jahrhundert und wurde bis in das 16. Jahrhundert mehrfach verändert. Von den Klostergebäuden sind nur noch der Südflügel mit dem Refektorium und der Ostflügel mit Kapitelsaal und Dormitorium erhalten. Von besonderer Bedeutung ist der nur noch rudimentär erhaltene Fußboden im Mittelschiff der Klosterkirche aus der Zeit um 1200. Die Darstellungen im Estrichrelief enthalten zahlreiche Elemente der mittelalterlichen christlichen Bilderwelt. An der Westseite des Hauptschiffes ist ein Fisch zu sehen, der ein fratzenhaftes menschliches Gesicht besitzt. Nach Osten zeigt der Estrich einen Baumstamm, dessen Blattranken, die sich nach beiden Seiten öffnen, Tierfiguren enthalten. Erkennbar sind ebenfalls noch eine Schlange und ein von einem Löwe angegriffener Hirsch.

Denkanstöße

Der Fußboden der ehemaligen Klosterkirche lässt noch einige symbolische Darstellungen der mittelalterlichen religiösen Bilderwelt erkennen. Die Menschen des Mittelalters lebten in

Angebote in der Umgebung

Harzer Klosterwanderweg (32 km), Brockenaufstieg (Heinrich-Heine-Weg), Schaugießen in der Fürst-Stolberg-Hütte, Hütten- und Technikmuseum mit Grenzausstellung, Stadtführungen, Kutschfahrten, Mountainbiketouren

Anreise mit PKW

A 395 Abfahrt B 6 Wernigerode, Ilsenburg,
A 14 Abfahrt Bernburg, Aschersleben, Quedlinburg, Ilsenburg
B 6

Anreise mit ÖPNV

Bahn bis Bad Harzburg, Wernigerode, Osterwieck

Parkplätze

30 für PKW, 2 für Busse

Verkaufsangebot im Bauwerk

Klosterführer, Fotos, Ansichtskarten, Feinsilber-Medaille

Toiletten

auf dem Gelände

Internet

www.ilsenburg.de
www.harzer-klosterwanderweg.de
www.klosterilsenburg.de

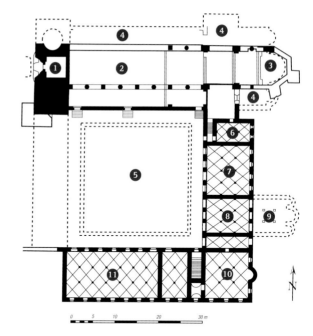

1 Westbau, ehemals zweitürmig
2 basilikales Langhaus mit Resten des romanischen Schmuckfußbodens
3 Chor mit barockem Hochaltar
4 abgebrochene Teile der romanischen Kirche
5 Kreuzhof mit ehemaligem Kreuzgang
6 Sakristei
7 Kapitelsaal
8 Kapitelsaal
9 ehemalige Marienkapelle
10 Calefaktorium (Wärmestube)
11 Refektorium (Speisesaal), darüber Bibliothek

einer Vorstellungswelt, die ihnen beständig symbolische Hinweise auf das Wirken Gottes gab. Tiere, Pflanzen und Steine waren nicht einfach Lebewesen oder leblose Dinge, sondern fungierten als Zeichen für eine andere Wirklichkeit. Um die

Innenansicht der Basilika

Welt in diesem Sinne deuten zu können, sammelten die Menschen des Mittelalters ein gewaltiges enzyklopädisches Wissen an, das sie den überlieferten Werken der Antike und den biblischen Büchern entnahmen. Die so entstandenen Enzyklopädien vereinigten Aussagen über die belebte und unbelebte Natur. Eine berühmte Sammlung von solchem Material ist der *Physiologus*, ein Buch, das seine Ursprünge in der Zeit zwischen dem 2. und 4. Jahrhundert hat.

Auf dem mittelalterlichen Fußboden in Ilsenburg ist neben anderen Symbolen ein Hirsch zu erkennen, den ein Löwe anspringt. Den Hirsch deutet der Text des *Physiologus* u. a. so:

Es gleichen nun dem Hirsch in anderer Weise die Asketen, die ein heiliges, mühevolles Leben in großer Entbehrung führen, die wie sehr Durstige zu den Quellen der heilsamen Buße laufen. Durch die Tränen der Reue ersticken sie die Brandpfeile des Bösen, und sie treten die große Schlange, das ist der Teufel, nieder und töten ihn.

Treu, Ursula: Physiologus. Frühchristliche Tiersymbolik. Berlin [3]1981, S. 58.

Im Calefaktorium (Wärmestube) prägen Würfelkapitelle die Stützen.

Beim Bauernaufstand am 1. Mai 1525 wurden weite Teile der Kirche beschädigt. Auch die ursprüngliche Westfassade ist nur noch teilweise erhalten.

Jerichow

ehem. Prämonstratenserchorherrenstift und Klosterkirche St. Marien und St. Nikolai

Historisches

Prämonstratenserstift St. Marien und St. Nikolai

Am Kloster 1
39319 Jerichow

Öffnungszeiten

April–Oktober:
täglich 9.00–18.00 Uhr
November–März:
Di–So 10.00–16.00 Uhr

Eintrittspreise

Erwachsene: 3,– EUR
ermäßigt: 2,– EUR
Gruppen ab 15 Personen:
2,50 EUR/Person
Schulklassen: 1,50 EUR/Person
Fotogebühr: 2,– EUR

Führungen

nach Voranmeldung,
1,– EUR/Person,
mindestens 20,– EUR,
Schulklassen ohne
Führungsgebühr

Ansprechpartner für Führungen

Stiftung Kloster Jerichow
Am Kloster 1
39319 Jerichow
Tel.: (03 93 43) 9 26 60
Fax: (03 93 43) 92 99 26
info@stiftung-kloster-jerichow.de

1144 stiftete der Magdeburger Dompropst und spätere Erzbischof von Bremen Graf Hartwig von Stade zusammen mit seiner Mutter Richardis sein Besitztum zwischen Elbe und Havel dem Erzbistum Magdeburg. Er wollte für das Seelenheil seiner Familie ein Prämonstratenserchorherrenstift einrichten. Diese Stiftung wurde am 31. Dezember 1144 von König Konrad III. bestätigt. Die ersten Prämonstratenser trafen 1145 aus Magdeburg ein. Bischof Anselm von Havelberg hoffte, dass mit dieser Klostergründung „[...] durch den heiligen Lebenswandel der Brüder jenes schlechte und böse Volk (die Slawen) gebessert werden möge". Recht schnell stellte sich heraus, dass der gewählte Standort des Stiftes ungünstig war, denn der Lärm eines Marktes, der sich in unmittelbarer Nähe befand, störte das Chorgebet der Prämonstratenser. In einem Areal nordwestlich des Dorfes wurde daher mit dem Neubau der heute bestehenden Anlage begonnen.

Im 13. Jahrhundert kam es zu Streitigkeiten zwischen weltlichen und geistlichen Fürsten um das Jerichower Land. Da das Elbe-Havel-Gebiet zwischen der Altmark und der Mark Brandenburg lag, strebten die askanischen Markgrafen

Blick vom Klostergarten auf die Kirche

1 Anlage Kloster Jerichow
2 Kräutergarten mit Kiosk
3 Klostergarten
4 Nebengebäude
5 Privatbesitz
6 Grünflächen
7 Parkplatz
8 B 107
9 Straße „Volksgut"

von Brandenburg einen zusammenhängenden Besitz an. Dies gelang nach Auseinandersetzungen mit den Magdeburger Erzbischöfen im Jahre 1259. Nachdem die Dynastie der Askanier 1321 erloschen war, fiel der Besitz jedoch schließlich 1449 an das Erzbistum Magdeburg.

Im Zuge einer wirtschaftlichen und politischen Krise des Elbe-Havel-Gebietes seit 1400 verfiel auch die klösterliche Ordnung, sodass Erzbischof Ernst von Magdeburg 1489 eine Reform des Havelberger Stiftes vornahm.

Während der Reformationszeit plünderte 1551 das Heer des Kurfürsten Moritz von Sachsen das Stift. 1552 wurde die Prämonstratenserniederlassung aufgelöst. Außer dem Propst und zwei weiteren Chorherren, die fortan verpflichtet waren, die lutherische Lehre zu predigen, verließen alle anderen das Stift. Einige wurden lutherische Pfarrer in der Umgebung.

1552 kam das Kloster unter die Verwaltung des Herzogtums Magdeburg. Während des Dreißigjährigen Krieges scheiterte der Versuch, das Kloster wieder mit katholischen Geistlichen zu besetzen.

Sehenswertes

Die Stiftskirche St. Marien und St. Nikolaus ist eine spätromanische Säulenbasilika aus Backstein. Mit ihrer Errichtung wurde 1148 begonnen. Damit gilt sie als ältester Backsteinbau in der Mark Brandenburg. Die den heutigen Kircheninnen-

Unsere Tipps

ständige Ausstellung „Geschichte und Baugeschichte des Klosters", Klostergarten mit mittelalterlichen Hochbeeten (Nutz- und Heilpflanzen), Konzertreihe „Jerichower Sommermusiken"

Angebote im Ort

slawischer Burgwall, Holländer-Windmühle, spätromanische Stadtkirche

Anreise mit PKW

A 2 Abfahrt Burg Zentrum oder Ziesar,
B 1 bis Genthin, B 107 bis Jerichow

Anreise mit ÖPNV

Busverkehr ab Genthin und Tangermünde

Parkplätze

100 für PKW, 5 für Busse

Informationsmaterial

Prospekte, Fachpublikationen

Verkaufsangebot im Bauwerk

Literatur und Souvenirangebote

Toiletten

am Parkplatz, barrierefrei

Internet

www.stiftung-kloster-jerichow.de

A KIRCHE

1 Westbau mit Hauptportal,
   darüber Empore
2 Taufstein aus der Stadtkirche
3 Lettner und ehemaliger
   Kreuzaltar, darüber Chorbühne
4 Osterleuchter
5 romanischer Hochaltar

B KRYPTA

1 zweischiffige Krypta unter dem
   Chor
2 antike Säule aus Quarzdiorit
3 Sandsteinrelief mit
   Marienkrönung
4 südlicher Nebenchor mit
   gotischem Kreuzrippengewölbe

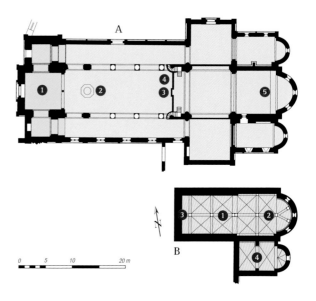

*Einer der schönsten Räume
der Klausur ist das
ehemalige Sommer-
refektorium im Südflügel,
dessen drei Säulen
Kelchblockkapitelle mit
ausgesprochen lebendig
gearbeitetem Ranken- und
Akanthusdekor aufweisen.*

raum prägende zweischiffige Hallenkrypta stammt aus einer
ersten Umbauphase, die auf die Zeit vor 1200 datiert wird. In
diesen Bauabschnitt fällt auch die Umgestaltung der Quer-
hausapsiden zu tonnengewölbten Nebenchören mit je einer

Apsis. Der heutige imposante Westbau mit den beiden Türmen wurde in einer weiteren Umbauphase bis 1240 grundgelegt. Die alte Westfassade wurde aufgebrochen, deren Wandreste baute man im Zuge der Verlängerung des Langhauses zu quadratischen Pfeilern um und schuf so einen voll geöffneten, mittelschiffbreiten Raum. Die Vollendung der heutigen Turmfassade erfolgte wohl im 15. Jahrhundert. Im Kircheninneren ist noch die Altarmensa aus der Gründungszeit des Klosters erhalten. Sie ist aus Sandsteinplatten zusammengesetzt. Auch der Osterleuchter gehört zur Erstausstattung der Kirche. Er wird auf die Zeit um 1170 datiert, seine Einzelteile wurden allerdings erst 1928 wieder zusammengesetzt, nachdem sie bereits 1856 bei Restaurierungsarbeiten im Bauschutt entdeckt wurden. Südlich an die Kirche schließen sich die Stiftsgebäude an, u. a. mit Kreuzgang, Kapitelsaal und Refektorium.

In der Krypta sind an den Kapitellen der Mittelsäulen eigenwillige plastische Dekors zu erkennen.

Denkanstöße

Mittelalterliche Kirchen – allen voran die Kathedralen, Stifts- und Klosterkirchen – waren anders als heute Räume ohne fest eingebaute Kirchenbänke. Lediglich in ihren Chorräumen befand sich ein Gestühl für das gemeinsame Chorgebet. Der „leere" Kirchenbau ermöglichte so die Inszenierung einer „raumgreifenden" Liturgie, in die auch der Kreuzgang als halbprofaner Raum einbezogen werden konnte. Der gute Erhaltungszustand von Kirche und Klausur in Jerichow lässt

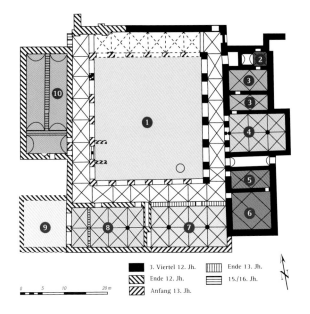

3. Viertel 12. Jh.   Ende 13. Jh.
Ende 12. Jh.   15./16. Jh.
Anfang 13. Jh.

0   5   10   20 m

KLOSTER

1 Kreuzhof mit Kreuzgang
2 Sakristei
3 wahrscheinlich ehemals Armarium (Bibliothek)
4 Kapitelsaal
5 Parlatorium
6 Brüdersaal/Calefaktorium (Wärmestube)
7 Sommerremter (Speisesaal)
8 Winterremter (Speisesaal)
9 ehemalige Küche
10 ehemaliges Konversenhaus, später Amtshaus

129

Das Innere der Kirche zeigt einen in der Mitte des 19. Jahrhunderts und nochmals von 1955 bis 1960 wiederhergestellten und durch diese Maßnahmen in seiner feierlichen Strenge noch gesteigerten Raum, der insgesamt durch seine harmonischen und klaren Verhältnisse besticht.

Die roten Backsteinwände der Kirche stehen in kontrastreichem und wirkungsvollem Gegensatz zu den weißen Haustein-kämpfern, den weiß geputzten Leibungen und Putzblenden.

dies noch gut erahnen. Verschiedene Räume können durch das Durchschreiten in Beziehung zueinander gesetzt werden. Ortsveränderung und Bewegungsabläufe sind u. a. für die mittelalterliche Kar- und Osterliturgie bezeugt. Prozessionen fanden aber nicht nur im Gottesdienstraum statt, sondern auch im näheren und weiteren Umfeld der Kirchen. So gab es Bitt- und Dankprozessionen an Heiligen- und Marienfesten oder auch Flurprozessionen. Heute gelten Prozessionen als „typisch" katholisch. Neben vielerorts weiterbestehenden Flur- oder Seeprozessionen ist insbesondere die Fronleich-namsprozession bekannt. Daneben sind Prozessionselemente auch Teil des Gottesdienstes: wie die Prozession vor der Lesung des Evangeliums, die Einzugs- und Gabenprozession oder der Kommuniongang. Eine freundlich-beobachtende Beschreibung katholischer Prozessionspraxis gibt Peter Modler:

Im vorderen Teil läuft der Pfarrer mit der Monstranz unter einem Baldachin (ein Erbe des Hofes von Byzanz), der von vier starken Gemeindemitgliedern getragen wird. Hinter ihm windet sich bald eine lange Schlange von hintereinander laufenden Christen im Sonntagsstaat durch die Straßen. Grund-stimmung: heiter. Tempo: langsam. Immer wieder singt man Kirchenlieder, oft mit Echoeffekt – wenn der vordere Teil des Zuges mit der einen Strophe aufhört, ist der hintere gerade erst halb durch. In der Stadt sind Lautsprecher entlang des Weges montiert, die meistens vor sich hin knacken, vor Über-steuerung pfeifen oder nicht funktionieren. Man unterhält sich mit seinen Nachbarn, steckt es weg, wenn einem ein Vogel gezeigt wird, flirtet vielleicht ein bisschen.

Peter Modler: Die wunderbare Welt der Katholiken. Eine Art Liebes-erklärung. Stuttgart ²2008, S. 137.

Kloster Gröningen

ehem. Benediktinerkloster, Klosterkirche St. Vitus

Historisches

Benediktinerklosterkirche St. Vitus
Poststraße
39397 Kloster Gröningen

Öffnungszeiten

Mo/Mi/Do 9.00–11.30 Uhr und
13.00–16.00 Uhr,
Fr/Sa 14.00–17.00 Uhr,
Di und So nach Voranmeldung

Eintrittspreise

Eintritt frei, Spenden erwünscht

Führungen

während der Öffnungszeiten

Ansprechpartner für Führungen

Familie Kessler
Freiheitsstraße 10
39397 Kloster Gröningen
Tel.: (03 94 03) 46 47
Fax: (03 94 03) 46 47
kesslerclan@aol.com

936 schenkte Graf Siegfried, ein Bruder des Markgrafen Gero, dem Kloster Corvey seine westlich der Bode gelegenen Güter. Daraufhin gründeten die Mönche von Corvey hier ein Kloster in Gröningen. Enge Beziehungen zwischen Corvey und Gröningen blieben bis zur Klosteraufhebung 1550 bestehen. Von der mittelalterlichen Geschichte Gröningens ist wenig bekannt, da nach der Überführung des Klosterarchivs nach Corvey dort alle Archivalien verloren gingen.

Nach Auflösung des Konventes im Zuge der Reformation wechselte das Kloster mehrfach den Besitzer. Der Abt von Corvey erhob nach dem Ende des Dreißigjährigen Krieges erneut Anspruch auf das Kloster. Dies blieb jedoch erfolglos, da es dem Haus Braunschweig zugesprochen wurde.

Sehenswertes

Die 940 geweihte Klosterkirche St. Vitus wurde zu Beginn des 12. Jahrhunderts durch einen Neubau ersetzt. Dieser war eine dreischiffige flachgedeckte Basilika mit Querhaus und dreichörigem Ostabschluss. Von ihm geblieben sind Mittel- und Querschiff sowie der imposante achteckige Vierungsturm. Um 1170 fügte man in den Mittelteil des Westbaus eine Kapelle mit einer darüber liegenden Empore ein. Die Kapellenapsis ragt in das Mittelschiff der Kirche hinein. An der

Die Klosterkirche St. Vitus besitzt den frühesten Vierungsturm im Harzgebiet. Er prägt noch heute die Landschaft.

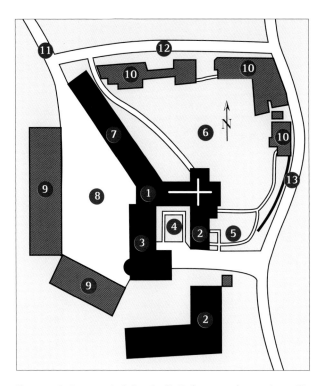

Emporenbrüstung sind Stuckreliefs (um 1170) zu sehen. Sie zeigen Christus als Weltenrichter mit Spruchbändern über den Armen. Er thront auf einem Regenbogen und ist von den Aposteln umgeben. Die Originale wurden 1902 entfernt und nach Berlin in die Staatlichen Museen gebracht. In der Kirche selbst befinden sich heute Repliken. Unterhalb der Stuckreliefs sind geringe Reste von Wandmalerei erhalten, die bisweilen als Szenen des Jüngsten Gerichts gedeutet werden.

Denkanstöße

Die Stuckbrüstung zeigt Christus auf einem Regenbogen sitzend. Dies kann als Anspielung auf das erwartete Weltgericht am Ende der Zeiten gedeutet werden. Ihn umgeben die Apostel. Im Neuen Testament schildert im Buch der Offenbarung (auch als Apokalypse bezeichnet) der Seher Johannes eine Vision von der Wiederkunft Christi, mit der die Erwartung eines letzten Gerichts Gottes verbunden ist. Dabei sieht der Seher einen *Thron im Himmel; auf dem Thron saß einer, der wie ein Jaspis und ein Karneol aussah. Und über dem Thron wölbte sich ein Regenbogen, der wie ein Smaragd aussah* (Offb 4,2 f.). Christen sehen sich mit der biblischen Anfrage nach der persönlichen Verantwortung ihres Handelns am

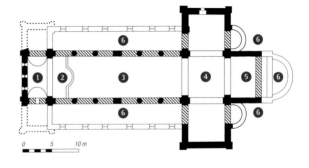

Jüngsten Tag konfrontiert. Im Mittelalter wurde das Gericht Gottes häufig einseitig als eine permanente Drohung interpretiert. Heute jedoch wird der Aspekt der christlichen Hoffnung betont, dass am Ende letztlich nicht die Täter über die Opfer siegen und dass Gott in jedem Menschen das vollendet, was an Gutem in ihm angelegt ist, und ergänzt, was ihm noch fehlt.

Ein berühmter Hymnus über das Jüngste Gericht, der die mittelalterliche Vorstellung widerspiegelt, ist das *Dies irae (Tag des Zorns)*. Neben anderen Komponisten vertonte auch Mozart diesen Text in seinem Requiem. Eine freie Übersetzung des lateinischen Textes gibt Alex Stock in seiner poetischen Dogmatik:

Dies irae dies illa,
Solvet saeclum in favilla:
Teste David cum Sibylla.
Quantus tremor est futurus,
Quando iudex est venturus,
Cuncta stricte discussurus!

Tuba mirum spargens sonum
Per sepulcra regionum,
Coget omnes ante thronum.
Mors stupebit et natura,
Cum resurget creatura,
Iudicanti responsura.

Liber scriptus proferetur,
In quo totum continetur,
Unde mundus iudicetur.
Iudex ergo cum sedebit,

Quidquid latet apparebit:
Nil inultum remanebit.

Tag des Zorns, jüngster Tag,
wo die Welt in Feuer aufgeht.
Altes Zeugnis: David, Sybille.
Gewaltiges Beben wird sein,
wenn der Richter erscheint
zur strengen Prüfung
der Welt.

Posaune, ein seltsamer Hall
dringt in die Grabstätten ein,
zwingt alle hin zum Thron.
Es staunt der Tod, die Natur:
Da erhebt sich die Kreatur,
Antwort zu geben
dem Richter.

Ein Buch wird vorgetragen,
eine Schrift, die alles enthält,
wonach zu richten die Welt.
So, wenn der Richter dort
sitzt,
kommt alles ans Tageslicht,
nichts bleibt ohne Sühne
zurück.

Quid sum miser tunc dicturus?	*Was werde ich Armer dann sagen,*
Quem patronum rogaturus?	*wen mir als Schutzpatron suchen,*
Cum vix iustus sit securus.	*wenn doch Gerechte kaum sicher?*
Rex tremendae maiestatis,	*Übergewaltiger König,*
Qui salvandos salvas gratis,	*was zu retten ist, rettest umsonst du.*
Salva me, fons pietatis. [...]	*Rette mich, Quelle, der Güte. [...]*
Confutatis maledictis,	*Wenn die Zeit der Üblen zu Ende,*
Flammis acribus addictis,	*wenn sie im Feuer vergehen,*
Voca me cum benedictis.	*mit den Seligen ruf mich zu dir.*
Oro supplex et acclinis,	*In Demut, zur Erde geneigt,*
Cor contritum quasi cinis:	*das Herz zerrieben, fast Asche:*
Gere curam mei finis.	*Nimm meines Endes dich an.*
Lacrimosa dies illa,	*Ein Trauertag, jener Tag,*
Qua resurget ex favilla.	*da aus dem Feuerbrand aufsteht*
Iudicandus homo reus:	*der schuldige Mensch zum Gericht.*
Huic ergo parce Deus.	*Schone ihn also, o Gott.*
Pie Iesu Domine,	*Gütiger Jesus, Herr,*
dona eis requiem. Amen. "	*gib ihnen Ruhe. Amen.*

Stock, Alex: Poetische Dogmatik. Christologie (4. Figuren). Paderborn 2001; aus: Bibel und Kirche 4/2008.

Kloster Neuendorf

ehem Zisterzienserinnenkloster und ehem. ev. Damenstift, Klosterkirche Neuendorf

Historisches

Zisterzienserinnenkloster Neuendorf

Klosterpforte 3
39638 Kloster Neuendorf

Öffnungszeiten

Mai–Oktober:
Mo–So 10.00–18.00 Uhr
November–April:
nach Voranmeldung

Eintrittspreise

Eintritt frei, Spenden erwünscht

Führungen

nach Voranmeldung

Ansprechpartner für Führungen

Evangelisches Pfarramt
Klosterpforte 3
39638 Kloster Neuendorf
Tel.: (0 39 07) 71 13 79
Fax: (0 39 07) 77 80 06
kirche-klosterneuendorf@web.de

Unsere Tipps

Konzerte und Gottesdienste

Angebote im Ort

„Königshaus", 1733 erbaut von
König Friedrich Wilhelm I. (nicht
öffentlich), „Hundeloch" (Speicher-
gebäude von 1560) diente dem
Amt Neuendorf als Gefängnis und
Speicher (nach Voranmeldung)

Anreise mit PKW

über die B 188

Anreise mit ÖPNV

per Bahn bis Jävenitz–Gardelegen

Das genaue Gründungsjahr des Konvents ist unbekannt, da sämtliche Quellen aus dieser Zeit fehlen. Die älteste Urkunde, eine Schenkungsurkunde des Markgrafen Johann I. von Brandenburg, stammt aus dem Jahr 1232 und bindet das Kloster ausdrücklich „für alle Zeit" an die Regeln des Zisterzienserordens. Die besonders große Grundausstattung des Klosters geht auf die askanischen Markgrafen Johann I. und Otto III. von Brandenburg zurück. Die Bedeutung und Vitalität des Neuendorfer Konvents lässt sich auch an der Gründung eines Tochterklosters in Heiligengrabe ablesen.

Die Blütezeit des Klosters lag zwischen 1340 und 1418. Danach musste der Konvent viele räuberische Überfälle ertragen, die große Schäden verursachten. Der finanzielle Abstieg ging bald mit dem inneren Niedergang des Klosters einher. Nach einer Visitation reorganisierte und reformierte Äbtissin Anna von der Schulenburg (1481–1495) die Gemeinschaft. Ein erzbischöflicher Ablass von 1489 ermöglichte die Wiederherstellung der Klostergebäude.

Trotz der Einführung der Reformation in der Mark Brandenburg hielten die Nonnen an ihren alten Glaubensüberzeugungen fest. Erst 1578 nahm der Konvent als letztes brandenburgisches Kloster die Reformation an. Das Kloster wurde in

Die Klosterkirche von Südwesten

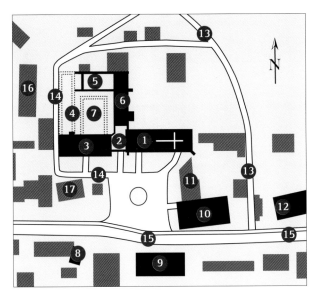

ein evangelisches Damenstift umgewandelt, das bis zu seiner Auflösung durch König Jérôme Napoleon von Westphalen bis 1810 bestand.

Sehenswertes

Die Neuendorfer Klosterkirche ist eine einschiffige rechteckige Saalkirche mit gerade schließendem Chor. Sie ist fast vollständig in ihrer ursprünglichen Form erhalten. Das Innere ist von der fast zwei Drittel des Raumes einnehmenden Nonnenempore geprägt. Bedeutend sind die erhaltenen mittelalterlichen Glasfenster. Zwei Südfenster zeigen Szenen aus der Jugend und der Passion Jesu Christi. Ein weiteres Fenster an der Südseite stellt einen Abt und eine Äbtissin im Zisterziensergewand dar. Die östlichen Chorfenster aus der Zeit um 1500 zeigen mehrere Apostel sowie die Ordensheiligen Benedikt von Nursia und Bernhard von Clairvaux. Von den Klausurgebäuden sind der Südflügel sowie Teile des Ostflügels und Reste des Nordflügels erhalten.

Denkanstöße

Im Kirchenraum bilden Glasfenster immer schon einen wichtigen Teil der Gesamtinszenierung. Die Gotik ist die Blütezeit mittelalterlicher Glasmalerei, vor allem in den Kathedralen Nordfrankreichs, später auch in Deutschland. Durch die gotische Architektur ergaben sich große Flächen für den Einbau von Glasfenstern. Die Westseite der Kirchen war oft mit einer

Parkplätze
für PKW und Busse

Informationsmaterial
kleiner Kunstführer

Verkaufsangebot
Postkarten

Toiletten
vorhanden

Zu den ältesten Fenstern zählt eine Glasmalerei aus dem 14. Jahrhundert mit der Geburt Jesu.

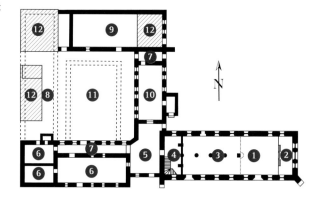

1 Klosterkirche St. Marien, Benedikt
 und Bernhard
2 Altarbereich
3 Gewölbe unter der Orgel- und
 ehemaligen Nonnenempore
4 Turm im Westwerk
5 ehemaliger Übergang zwischen
 Klausur und Empore (Paradies)
6 ehemaliges Refektorium
7 Reste vom Kreuzgang
8 Rekonstruktion des Westflügels
9 Nordflügel (teilweise verfallen)
10 Ostflügel
11 Klosterhof mit rekonstruiertem
 Kreuzgang
12 Gebäude der Neuzeit

farbigen Glasrosette geschmückt. Auch die Kunst des 20. Jahrhunderts wandte sich der Glasmalerei in den Kirchen zu. Ein wichtiger Vertreter dieser Zeit ist Marc Chagall mit seinen Kirchenfenstern in St. Stephan in Mainz und im Frauenmünster zu Zürich. Chagall zeigt Darstellungen zu Szenen aus dem Alten und Neuen Testament. Für ihn besaßen Glasfenster in Gotteshäusern spirituelle Bedeutung. So sagte er einmal:

Für mich stellt ein Kirchenfenster die durchsichtige Trennwand zwischen meinem Herzen und dem Herz der Welt dar.

http://www.art-perfect.de/marc_chagall_fenster.htm (Zugriff 17. Mai 2011).

rechte Seite: Wie bei Zisterzienserinnenkloster-kirchen üblich, prägt die weit in das Kirchenschiff hineingezogene Nonnen-empore den Raumeindruck.

Lediglich der Südflügel des Kreuzgangs ist noch erhalten.

*Die Kapitelle der Krypta
zeichnen sich durch eine
außerordentliche Vielfalt der
Formen aus. Ihre Gestaltung
mit vollen, weichen
Blattornamenten ist eine
hervorragende Arbeit des
12. Jahrhunderts.*

Konradsburg

ehem. Augustinerchorherrenstift, ehem. Benediktinerkloster und ehem. Kartause

Historisches

Die Konradsburg wurde im 11. Jahrhundert als Stammburg der Herren von Konradsburg gegründet. Diese zogen noch 1120 auf die Burg Falkenstein und nannten sich von da an Herren von Falkenstein. Auf der Konradsburg, die vermutlich zu einem Augustinerchorherrenstift umgewandelt wurde, ist 1120 ein Propst Rudolph bezeugt, aber schon 1133 ist dort die Existenz eines Benediktinerklosters nachweisbar. In der zweiten Hälfte des 12. Jahrhunderts entstanden unter den Benediktinermönchen die Klausurbauten mit Kapitelsaal und Sakristei. Die weitere Entwicklung des Klosters war von wirtschaftlichen Schwierigkeiten geprägt, auch ein Bursfelder Reformversuch scheiterte. Vermutlich verließen die letzten Benediktiner zwischen 1470 und 1475 den Ort.

Der dritte Anlauf, klösterliches Leben auf dem Berg zu etablieren, begann mit der Ansiedlung von Kartäusermönchen ab 1477. Papst Sixtus IV. ermöglichte die Niederlassung der Mönche, die zum größten Teil aus der Kartause Erfurt stammten. Zahlreiche Spenden gingen an diesen Orden, der sich offensichtlich erfolgreich auf der Konradsburg halten konnte.

Im Bauernkrieg wurde das Kloster 1525 geplündert. Die Mönche flohen zunächst, kamen aber nach dem Abzug der

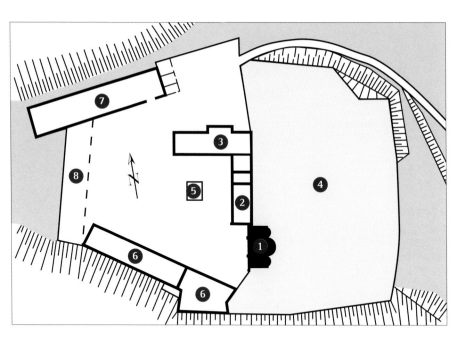

Aufständischen zurück in ihre Kartause. Da die bisherigen Einnahmen jedoch ausblieben, besaßen die Kartäuser keine wirtschaftliche Grundlage mehr. Sie gaben das Kloster im April 1526 auf und zogen nach Magdeburg. Die Konradsburg wurde von Kardinal Albrecht von Brandenburg 1530 an das Neue Stift in Halle, anschließend von diesem an seinen Kanzler Christoph Türck weitergegeben. Das klösterliche Leben war beendet.

1 Chor der ehemaligen Klosterkirche mit Krypta
2 ehemaliger Ostflügel der Klausur
3 ehemaliger Nordflügel der Klausur und Pächterwohnhaus
4 Klostergarten
5 Brunnenhaus
6 Wohn- und Stallbauten
7 Reste einer Scheune aus der Preußenzeit
8 Stallruine

Sehenswertes

Von der um 1200 errichteten Klosterkirche sind nur noch der dreischiffige Chor und die darunter liegende Krypta sowie ein Rest der nördlichen Querhauswand erhalten. Aus der Nordscheune wurde 1931 ein Steinrelief in die Nordwand der Kirche umgesetzt. Es zeigt möglicherweise ein königliches Paar in segnender Haltung und stammt vielleicht noch aus dem 12. Jahrhundert.

Die Krypta ist eine fünfschiffige Halle mit vielfältigem Bauschmuck. Formenreich sind die Säulen und Kapitelle gestaltet. Reste der romanischen Klausurgebäude konnten nachgewiesen werden. Für die Zelleneinbauten der Kartäuser existieren archivalische Hinweise.

Sehenswert ist das Brunnenhaus, vermutlich aus dem 18. Jahrhundert, dessen Brunnen wohl noch aus der Burgzeit stammt.

linke Seite: Auf einem Bergsporn des hügeligen Harzvorlandes liegt in der Nähe von Ermsleben die Burg der Edelherren von Konradsburg, die sie zugunsten der Burg Falkenstein aufgaben. Auf der Konradsburg errichteten sie eine dem hl. Sixtus geweihte Basilika.

1 Krypta der Klosterkirche, darüber
  dreischiffiger Chorraum mit
  Triumphkreuz
2 ehemaliges Querhaus der
  Klosterkirche
3 ehemaliges dreischiffiges
  Langhaus der Klosterkirche
4 Kreuzhof mit Kreuzgang und
  Brunnenhaus
5 ehemaliger Ostflügel der Klausur
6 romanischer Keller des
  ehemaligen Nordflügels,
  später Pächterwohnhaus

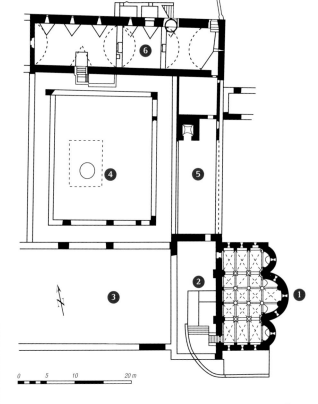

0   5   10   20 m

1693 fand ein Umbau des Ostflügels zu Gutsverwalter-
räumen und Stallungen statt.

Denkanstöße

Die Zurückgezogenheit der Kartäusermönche erinnert an das
Leben der Eremiten. Sie entfliehen dem lauten und hektischen
Treiben der Welt und versuchen in der Einsamkeit ihrer
Mönchszelle, ein Leben nach dem Evangelium in der Nachfolge Jesu Christi zu führen. Charakteristisch für die Kartäuser
sind neben dieser Einsamkeit ihr Schweigen und ihr Gebet,
das sie im Gegensatz zu anderen Ordensleuten zumeist allein
in ihrer Zelle verrichten. Einen Einblick in das Leben und die
Spiritualität der Kartäuser bietet der Kinofilm „Die große
Stille" von Philip Gröning. Diese Dokumentation über die
Grande Chartreuse, das Mutterkloster der Kartäuser, ist der
erste Film, der jemals über das Leben hinter Klostermauern
der Kartäuser gedreht werden konnte. Ein Filmereignis! Das
Leben der Kartäuser scheint sich fernab der modernen Welt
zu ereignen. Die Statuten der Kartäuser erläutern diese

Lebensform, getrennt von der Welt und gleichzeitig in der Welt zu sein, so:

Mit der Entscheidung für das verborgene Leben verlassen wir die Menschheitsfamilie ja nicht. Indem wir nur für Gott da sind, erfüllen wir vielmehr eine Aufgabe in der Kirche, in welcher das Sichtbare auf das Unsichtbare, die Aktivität auf die Kontemplation hingeordnet sind [...] Die Bindung an Gott, wenn sie echt ist, verschließt uns nicht in uns selbst, sondern öffnet unseren Geist und macht unser Herz weit, bis er das ganze Weltall und das Geheimnis der Erlösung durch Christus umfaßt. Getrennt von allen, sind wir dennoch eins mit allen. Dadurch können wir stellvertretend für alle vor dem lebendigen Gott einstehen.

Statuten der Kartäuser (1991), Kap. 34, 1–2.

Pächterhaus (links), Brunnenschacht (rechts), Blick in den Chorraum nach Norden (unten)

Spezialführungen

für Kinder und Jugendliche

Unsere Tipps

Galerie-Café (Sa/So/Feiertage 14.00–18.00 Uhr), Konzerte, Veranstaltungen im Klosterkeller, Burgenweihnacht

Angebote in der Umgebung

Turmwindmühle Endorf, St.-Sixtus-Kirche, St.-Andreas-Kirche

Anreise mit PKW

B 185, danach der Beschilderung folgen

Anreise mit ÖPNV

Buslinien, danach ca. 3–4 km

Parkplätze

15 für PKW

Verkaufsangebot im Bauwerk

Bücher, Broschüren, Kartenmaterial, Ansichtskarten, Souvenirs

Toiletten

neben dem Galerie-Café

Internet

www.konradsburg.com

Krevese

ehem. Benediktinerinnenkloster und ehem. ev. Damenstift, Stiftskirche St. Marien und St. Quirinus

Historisches

Der Ort Krevese befand sich im 12./13. Jahrhundert als Allodialbesitz in den Händen der Grafen von Osterburg. Eine Urkunde aus dem Jahre 1200 nennt Graf Albrecht von Osterburg, einen Neffen Markgraf Albrechts des Bären, als Stifter einer Kirche und einigen Landbesitzes.

1540 wurde das Kloster säkularisiert und bei einer ersten Kirchenvisitation im Jahre 1541 führte man die kurfürstliche Kirchenordnung ein. Es folgte die Umwandlung des Klosters in ein evangelisches Damenstift, wobei die Bezeichnung Konvent erhalten blieb, während für die Priorin die Bezeichnung Domina üblich wurde. Bei der zweiten Kirchenvisitation von 1551 wurde festgelegt, dass die Klosterkirche nun Pfarrkirche der Dörfer Krevese und Schliecksdorf sein sollte. Der Pfarrer war auch für die geistliche Betreuung der Stiftsdamen zuständig. Das hatte zur Folge, dass diese für seine Entlohnung aufzukommen hatten.

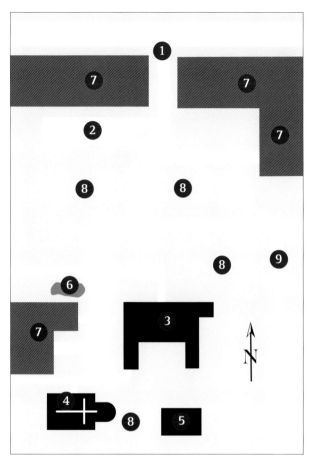

1 Zufahrt „Gutshof"
2 Parkplatz
3 ehemaliges Gutshaus (heute Firmengebäude)
4 Klosterkirche
5 ehemaliger Speicher (heute ungenutzt)
6 offener Teil des Bachlaufs
7 Anwohnergrundstück
8 Grünflächen
9 Weg zum Park

Ansprechpartner für Führungen

Jan Kleemeier
Tel.: (0 39 37) 2 92 94 17
Fax: (0 39 37) 2 92 94 18
jan.kleemeier@gmx.net
oder
Evangelische Kirchengemeinde
Pfarrer Matthias Kruppke
Dorfstraße 72
39606 Kossebau
Tel.: (03 93 91) 2 43
Fax: (03 93 91) 2 43
kruppke@kirchenkreis-stendal.de

Unsere Tipps

Kreveser Orgelsommer
Juni–September (immer am
1. Samstag im Monat mit
Kirchenführung ab 19.00 Uhr),
Gansen-Orgel von 1721,
jährlich wechselnde Ausstellungen,
Radweg Osterburg–Krevese (4 km)

Angebote in der Umgebung

Gartenpark Krumke, Schlosspark
mit ältester Buchsbaumhecke
Europas (ca. 400 Jahre)

Anreise mit PKW

B 189 Stendal–Osterburg

Anreise mit ÖPNV

per Bahn bis Osterburg

Parkplätze

für PKW und Busse am Gutshof

Informationsmaterial

Faltblatt

Verkaufsangebot

Festschrift „1050 Jahre Krevese",
CD „Gansen-Orgel" und
Postkarten

Toiletten

keine

Internet

www.kirchenkreis-stendal.de/kossebau

1562 erhielten die Brüder Heinrich und Friedrich von Bismarck in einem Tauschvertrag mit Kurfürst Joachim II. das ehemalige Kloster und Dorf Krevese sowie die Dörfer Dequede, Polkau, Schönhausen und Fischbeck gegen Abtretung von Schloss und Flecken Burgstall. Damit verbunden war die Verpflichtung, die noch lebenden Stiftsdamen zu versorgen. Nach dem Tauschvertrag durften keine Frauen mehr in das Stift aufgenommen werden. Doch erst 1602, als die letzte Stiftsdame starb, konnten die Bismarcks den Besitz vollständig übernehmen. Die Kloster- und Stiftszeit von Krevese war beendet.

Sehenswertes

Die Stiftskirche St. Marien und St. Quirinus stammt im Wesentlichen aus der Gründungszeit des Klosters im 12. Jahrhundert und ist eine spätromanische querschifflose Basilika.

1 Gedenkstätte für die Gefallenen
   des Ersten und Zweiten
   Weltkrieges
2 Loge
3 Altarbereich
4 Taufengel
5 Familiengruft derer von Bismarck
   (nicht mehr vorhanden)
6 Empore zur Orgel und zum
   Glockenturm

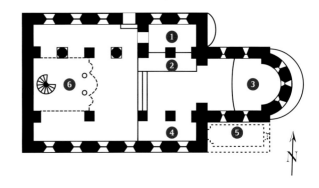

*Konsolstein im Maskenfries
der Apsis*

An den quadratischen Chorraum schließt sich eine halbrunde Apsis an. Die wohl flachen Nebenapsiden an den Seitenschiffen existieren nicht mehr. Die Seitenschiffe waren ursprünglich mit Backsteintonnen eingewölbt. Im nördlichen Schiff ist dies noch erhalten. Das Mittelschiff war zunächst flach gedeckt, das heutige Kreuzrippengewölbe kam wohl 1350 in die Kirche. Eine Nonnenempore existierte möglicherweise im östlichen Joch des nördlichen Seitenschiffes. Ein von außen über dem Pultdach des nördlichen Seitenschiffs erkennbarer Rundbogen könnte den Zugang zu dieser vermuteten Empore markieren. Danach hätten die Klausurgebäude nördlich der Kirche gestanden. Dies ist jedoch umstritten, da neuere Untersuchungen die Vermutung nahe legen, dass sie sich südlich der Kirche befunden haben.

Denkanstöße

*Grabplatte der Catarina von
Griepern, letzte Kreveser
Klosterfrau († 1602)*

Die Grabdenkmäler für die Familie von Bismarck seit dem 16. Jahrhundert in der romanischen Kirche sind sichtbare Zeugen des Wandels von Kirchengebäudenutzung und Kirchenverständnis durch die Reformation.

Grabsteine drücken nicht nur Erinnerung an die Verstorbenen aus, sondern sind zugleich Mahnung für die Lebenden. Darauf weist der Psalmvers 90,12 hin:

Lehre uns bedenken, daß wir sterben müssen, auf daß wir klug werden.

In der jüdisch-christlichen Tradition ist mit dieser Mahnung jedoch auch Hoffnung und Zuversicht verbunden.

Zitat: Die Bibel. Nach der Übersetzung Martin Luthers. Stuttgart 1985.

Leitzkau

ehem. Prämonstratenserstift, Pfarrkirche St. Peter und ehem. Stiftskirche Sancta Maria in monte

Historisches

Stiftskirche Sancta Maria in monte

Am Schloss 4
39279 Leitzkau

Ansprechpartner

Stiftung Dome und Schlösser
in Sachsen-Anhalt
Am Schloss 4
39279 Leitzkau
Tel.: (03 92 41) 93 40
Fax: (03 92 41) 9 34 34
www.dome-schloesser.de
leitzkau@dome-schloesser.de

Öffnungszeiten

Schlosshof und Basilika
Mo–Fr 8.00–16.00 Uhr
März–November zusätzlich
Sa/So/Feiertage 10.00–16.00 Uhr

Eintrittspreise

Eintritt frei

Führungen

Sa/So/Feiertage 14.00 Uhr und
nach Voranmeldung
(März–November)
Erwachsene: 3,50 EUR
ermäßigt: 2,50 EUR
Gruppen ab 16 Personen:
2,– EUR/Person

Ansprechpartner für Führungen

Förderkreis Kultur und
Denkmalpflege Leitzkau e. V.
Am Schloss 4
39279 Leitzkau
Tel.: (03 92 41) 41 68
Fax: (03 92 41) 41 68

1138/39 gründete Bischof Wigger von Brandenburg bei der schon bestehenden Pfarrkirche St. Petri ein Kloster der Prämonstratenser. Er besiedelte es mit Chorherren aus dem Kloster Unser Lieben Frauen in Magdeburg, dessen erster Propst Wigger selbst war. Der Konvent wurde mit wichtigen Privilegien ausgestattet. Er hatte das Recht, den Brandenburger Bischof aus seinen Reihen frei zu wählen, und besaß somit die Rechte eines provisorischen Domkapitels von Brandenburg. Damit hatte Bischof Wigger zum ersten Mal in der Geschichte des Ordens das Bischofsamt auf Dauer mit den Prämonstratensern verknüpft. Der Bau eines neuen Klosters begann zwischen 1142 und 1145. Die Weihe der neu errichteten Stiftskirche wurde 1155 in Anwesenheit des Magdeburger Erzbischofs und der markgräflichen Familie begangen.

1162 kam es zur Neuregelung der Vogteiverhältnisse, u. a. mit der Einsetzung eines Untervogts für das Prämonstratenserstift. Damit war die Blütezeit des ehemals so bedeutsamen

Die überdachte Ruine der Stiftskirche ist immer noch von beeindruckender Monumentalität.

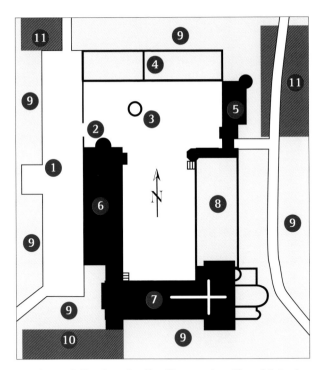

Leitzkauer Stiftes beendet. Der Konvent bemühte sich in den Folgejahren mit wechselndem Erfolg, sein Bischofswahlrecht zu wahren, konnte aber seine schwindende Bedeutung im Bistum Brandenburg nicht aufhalten.

In einem Briefwechsel mit Martin Luther aus dem Jahr 1516/17 beklagte sich der damalige Propst Georg Mascow über den Verfall im Stift. Es wurden sogar Brüder nach Wittenberg an die Universität geschickt, um die geistliche Haltung des Konvents zu verbessern. 1534 aber folgte die Lösung der Kanonikerniederlassung aus dem Ordensverband. Ein Jahr später wurde die Aufhebung des Stiftes durch den Brandenburger Kurfürsten Joachim II. im Zuge der lutherischen Reformation vollzogen.

Sehenswertes

In Leitzkau sind noch heute die Pfarrkirche St. Peter, an der 1138/39 die Gründung des Prämonstratenserstifts erfolgte, und die Halbruine der nach 1142 errichteten Klosterkirche erhalten. Die Pfarrkirche wurde allerdings im 17. Jahrhundert stark umgebaut und besonders in ihrer Ausstattung barockisiert. Am deutlichsten lassen sich an den Längswänden noch zugemauerte romanische Arkadenbögen des Ursprungsbaus ausmachen.

Unsere Tipps

Ausstellung „1000 Jahre Kultur in Leitzkau", Serenaden in der Basilika, Amaliengeschichte, Töpfermarkt auf dem Schlosshof im September, Adventsmarkt am 1. Advent, Weihnachtskonzerte am 4. Advent, Standesamt im Schloss

Tipps für die Umgebung

Storchenhof Loburg, Schloss Wendgräben bei Loburg, Naherholungsgebiet Dannigkow–Plötzky–Pretzien, Fahrradtouren entlang der Elbe

Anreise mit PKW

B 184 zwischen Dessau und Magdeburg

Anreise mit ÖPNV

Buslinie Magdeburg–Zerbst, Bahn Magdeburg–Dessau, Prödel 2 km, Gommern 8 km entfernt

Parkplätze

40 für PKW, 8 für Busse

Informationsmaterial

Schlossführer, diverse Publikationen

Toiletten

im Schloss Neuhaus/Hofseite und barrierefrei im Erdgeschoss

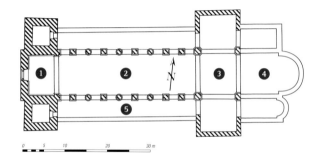

1 Westbau mit ehemals zwei Türmen
2 basilikales Langhaus mit einfachem Stützenwechsel
3 Querhaus mit Resten des romanischen Schmuckfußbodens
4 abgebrochene Chorpartie
5 wiederaufgebautes Südseitenschiff

Die auf einer Anhöhe errichtete Stiftskirche Sancta Maria in monte war eine dreischiffige Basilika mit einfachem Stützenwechsel. An ein breites Querhaus schlossen sich Chorquadrat und Apsis an. Nebenapsiden waren direkt an die Querhausarme angefügt. Der Westbau war eine Doppelturmanlage. Nach der Übernahme der damals schon recht verfallenen Klosteranlage durch Freiherrn Hilmar von Münchhausen im Jahre 1564 erfolgte eine grundlegende Umgestaltung des Gebäudekomplexes zu einer Schlossanlage. Dabei verschwanden die Konventsgebäude gänzlich, lediglich beim Ostflügel der entstehenden Renaissance-Anlage wurden die alten Fundamente und Werksteine der alten Gebäude wiederverwendet. Ebenfalls eine Zweitverwendung fanden romanische Palmettenkapitelle aus den Konventsgebäuden für die Arkadensäulen der Galerie am sogenannten Hobeckschloss. Die Stiftskirche wurde zur Schlosskirche umgebaut. Ihr heutiges Erscheinungsbild ist Ergebnis von Wiederaufbauarbeiten nach dem Zweiten Weltkrieg, als an den unzerstörten Gebäudeteilen die Einbauten des 16. und 17. Jahrhunderts entfernt wurden.

Denkanstöße

Freigelegte Fußbodenreste in der ehemaligen Stiftskirche

Bischof Wigger von Brandenburg gehörte zur ersten Generation des 1120/21 von Norbert von Xanten begründeten Prämonstratenserordens. Er kam mit diesem über Kappenberg nach Magdeburg, wo er Propst des Stifts Unser Lieben Frauen wurde. Um 1138 wurde er Bischof von Brandenburg, konnte aber seine Bischofsstadt nicht in Besitz nehmen, da sie im Slawengebiet lag. Er richtete daher mit dem Leitzkauer Prämonstratenserstift ein provisorisches Domkapitel von Brandenburg ein, um den Aufbau einer geordneten Diözesanverwaltung für sein Bistum vorzubereiten. In der Stiftskirche von Leitzkau befindet sich eine Grabplatte, die vielleicht ihn als Gründer des Prämonstratenserkonventes in Leitzkau zeigt.

Dargestellt ist die lebensgroße Figur eines geistlichen Würdenträgers in vollem Ornat. Er ist mit Mitra, Albe und Kasel, unter der die beiden Enden der Stola hervorschauen, bekleidet. In ihrer heutigen Gestalt ist die Grabplatte wohl ein Werk des 16. Jahrhunderts, das dann lange nach dem Tod des Dargestellten entstanden wäre und Wiggers Rolle für das Stift neu hervorheben sollte. Damit könnte der Wunsch verbunden gewesen sein, die auf den Gründer zurückgehenden Rechte und Privilegien in der zeitgenössischen Darstellung „sichtbar" zu machen.

Die historische Bedeutung Leitzkaus als eines bischöflichen „Vorpostens" östlich der Elbe verdeutlicht den Mut und die Tapferkeit Bischof Wiggers. Die Tapferkeit zählt mit der Klugheit, der Gerechtigkeit und der Zucht bzw. dem Maß zu den sogenannten vier Kardinaltugenden. Diese bei Platon erwähnten Grundtugenden wurden von den Kirchenvätern im 4. Jahrhundert christlich interpretiert. So bezeichnet Ambrosius (339–397) die Kardinaltugenden als Viergespann, das von Christus gelenkt wird, und Augustinus (354–430) nennt sie die Erscheinungsformen der Liebe Gottes. Ganz modern interpretiert diese Tugend Anselm Grün im Blick auf die Übernahme von Verantwortung:

Es ist bequem, Verantwortung nicht wahrzunehmen: für sein eigenes Leben und für die Welt, in der wir leben. Wir können nicht unser Leben lang andere dafür verantwortlich machen, daß wir es so schwer haben. Irgendwann müssen wir die Verantwortung für unser Leben übernehmen und selber zu leben versuchen. Natürlich gibt es in uns allen immer wieder die Versuchung, Problemen aus dem Weg zu gehen oder vor Schwierigkeiten davonzulaufen. [...] Wenn einer, der etwa in einer Gemeinschaft oder einer Firma Verantwortung trägt, jeden Konflikt scheut und die Probleme unter den Teppich kehrt, entsteht ein giftiges Klima. Wenn dagegen jemand die glühenden Kohlen anfaßt, kann er eine andere Atmosphäre schaffen. [...]

Grün, Anselm: Buch der Lebenskunst. Freiburg i. Br. 2002, S. 118.

Mittelschiff der ehemaligen Stiftskirche

Die Loggia des Schlosses Althaus ist ein dreiteiliger Arkadenbau mit abschließender Kolonnade. Im Erdgeschoss der Arkaden fanden romanische Kapitelle, wohl aus der Klausur stammend, eine Wiederverwendung.

ehem. Augustinereremitenkloster, Lutherhaus

Historisches

Lutherhaus
Collegienstraße 54
06886 Lutherstadt Wittenberg

Öffnungszeiten
April–Oktober:
Mo–So 9.00–18.00 Uhr
November–März:
Di–So 10.00–17.00 Uhr

Eintrittspreise
Erwachsene: 5,– EUR
ermäßigt: 3,– EUR
Vergünstigungen für Familien und
Gruppen

Führungen
nach Voranmeldung

Ansprechpartner für Führungen
Lutherhaus
Collegienstraße 54
06886 Lutherstadt Wittenberg
Tel.: (0 34 91) 4 20 31 18
Fax: (0 34 91) 4 20 32 70
info@martinluther.de

1502 gründete Kurfürst Friedrich III. von Sachsen (der Weise) die Universität Wittenberg. Der Augustinereremit Johann von Staupitz wurde 1502 Gründungsprofessor dieser Universität. Bis 1512 fungierte er als Professor und erster Dekan der Theologischen Fakultät. Er war der Beichtvater Martin Luthers. 1508 hatte er den späteren Reformator an die Universität Wittenberg geholt. 1512 übernahm Luther nach seiner Promotion die Professur seines Beichtvaters.

1504 veranlasste Kurfürst Friedrich III. die Stadt Wittenberg, das Gelände des Heilig-Geist-Hospitals mit dazugehöriger Kapelle den Augustinermönchen, die an der hiesigen Uni-

Als Sitz der Wittenberger Universität, als Augustinerkloster und später als Wohnhaus der Familie war das heutige Lutherhaus über 35 Jahre Hauptwirkungsstätte des Reformators.

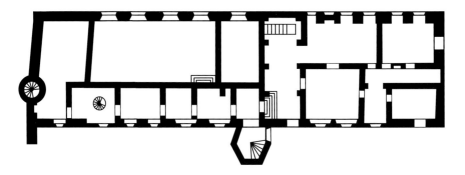

versität studierten und lehrten, zu überlassen. Der begonnene Klosterbau ist allerdings niemals ganz fertiggestellt worden. Die Zusammensetzung des Klosterkonvents wechselte häufig, da an der Wittenberger Universität Augustiner als Studierende bzw. Lehrende tätig waren. Die Studierenden blieben meist nur zwei Jahre in Wittenberg.

Im Zuge der Reformation verließ der letzte katholische Prior das Augustinereremitenkloster. Der 1522 von der Wartburg nach Wittenberg zurückgekehrte Martin Luther fand nur noch wenige Mönche vor. 1523 war er der nahezu einzige Klosterbewohner. 1524 wurde ihm das Kloster vom Kurfürsten als Wohnung übereignet. Hier lebte er nach der Heirat mit seiner Frau Katharina von Bora und seinen Kindern.

Nachdem die Universität das Kloster 1564 von Luthers Erben erworben hatte, erfolgte ein Umbau des Gebäudes. Seit 1883 ist das Kloster als Lutherhalle bzw. Lutherhaus im Rahmen einer musealen Nutzung für Besucher zugänglich.

Sehenswertes

Das heutige Erscheinungsbild des Lutherhauses ist das Ergebnis einer Neugestaltung im 19. Jahrhundert. Von der ursprünglichen Gestalt des 1504 errichteten Baus der Augustinereremiten haben sich nur wenige Reste erhalten.

Das Lutherhaus ist heute weltweit das größte reformationsgeschichtliche Museum. Die Dauerausstellung erzählt anhand von etwa 1000 originalen Exponaten von Leben und Werk Martin Luthers, aber auch von seinem familiären Alltag und der reichen Wirkungsgeschichte seiner Person und der Reformation. Höhepunkte sind die Kanzel Luthers aus der Stadtkirche, die Zehn-Gebote-Tafel von Lucas Cranach und eine Mönchskutte Luthers. Herzstück des Rundgangs durch das Haus ist die Lutherstube, die weitgehend im Originalzustand erhalten geblieben ist.

Lutherhaus Wittenberg, Erdgeschoss (Zustand um 1980)

Unsere Tipps

Ausstellungen, Konzerte und Theater, Lesungen und Vorträge, museumspädagogische Angebote, Museumscafé „Luthers Garten" (von April bis Oktober)

Angebote im Ort

Wohnhäuser von Philipp Melanchthon und Lucas Cranach, kurfürstliches Schloss mit Schlosskirche und Thesentür, spätmittelalterliche Stadtkirche St. Marien (Luthers Predigtkirche), Bürgerhäuser der Renaissance im Stadtkern

Anreise mit PKW

A 9 Berlin–Nürnberg–München, B 2 Berlin–Leipzig, B 187 Wittenberg–Coswig–Roßlau

Anreise mit ÖPNV

per Bahn und Bus

Parkplätze

für PKW und Busse

Informationsmaterial

Faltblätter, Broschüren

Verkaufsangebot

Museumsshop (Souvenirs, Bücher)

Toiletten

barrierefrei im Objekt

Internet

www.martinluther.de
www.wege-zu-luther.de

Das Refektorium, der Speisesaal, des Augustinerklosters

Denkanstöße

Nach seinem Eintritt in den Augustinerorden hatte auch Martin Luther die Mönchgelübde abgelegt. Seine reformatorisch-theologischen Überzeugungen veranlassten ihn jedoch später, diese grundsätzlich abzulehnen. So sah er sich selbst nicht mehr an sie gebunden.

Nach katholischer Auffassung ist ein solches Ordensgelübde das Gott gegebene Versprechen, Jesus Christus in der Lebensform einer Ordensgemeinschaft nach dem Vorbild seiner Jüngergemeinschaft nachzufolgen. Es umfasst die Bereit-

Der Große Hörsaal

schaft, nach den Evangelischen Räten zu leben, die aus den Evangelien des Neuen Testaments hergeleitet werden. Diese sind: Ehelosigkeit (Keuschheit), Armut und Gehorsam. Auch Menschen, die heute in ein Kloster eintreten, legen dieses Gelübde ab. Norbert Ruf schreibt dazu in einer Erläuterung zum katholischen Kirchenrecht:

c) *Die drei Evangelischen Räte werden wie folgt beschrieben:*

aa) *Die Keuschheit (castitas) um des Himmelreiches willen ist ein Zeichen der zukünftigen Welt [...], verbunden mit der Verpflichtung zu vollkommener Enthaltsamkeit in einem ehelosen Leben. [...]*

bb) *Zur Armut (paupertas) in der Nachfolge Christi gehört außer einem dem Geist und der Sache nach armen Leben in Einfachheit und unter Verzicht auf irdischen Reichtum die Einschränkung in Gebrauch und Verfügbarkeit zeitlicher Güter [...].*

cc) *Der Gehorsam (oboedientia) [...] verpflichtet zur Unterwerfung des eigenen Willens unter den des rechtmäßigen Oberen [...].*

Denkmal für Katharina von Bora im Hof des Lutherhauses

Ruf, Norbert: Das Recht der Katholischen Kirche nach dem neuen Codex Iuris Canonici. Freiburg i. Br. 1983, S. 154 f.

Die Lutherstube

Lutherstadt Wittenberg

ehem. Franziskanerkloster und ehem. Klosterkirche St. Johannes

Historisches

Franziskanerkloster
Juristenstraße 14–16
Klosterstraße 1–2
Mauerstraße
06886 Lutherstadt Wittenberg

Bei Redaktionsschluss Baustelle

Nähere Informationen:
Lutherstadt Wittenberg
FB Stadtentwicklung
Lutherstraße 56
06886 Lutherstadt Wittenberg
Tel.: (0 34 91) 42 10

Internet
www.wittenberg.de

Das Franziskanerkloster Wittenberg ist wohl zwischen 1260 und 1273 von der dritten Gemahlin Herzog Albrechts I. von Sachsen, Helena, gegründet worden. Bis zum Aussterben der sächsischen Askanier war es deren Begräbniskloster.

Bereits seit 1502 wurde das Kloster auch von der Wittenberger Universität genutzt, die hier wohl den Hörsaal der Artistenfakultät einrichtete. Nachdem man den Kurfürsten bereits 1514 um die Einrichtung einer Bibliothek ersucht hatte, konnte dieses Vorhaben wohl bis 1520 realisiert werden.

Während der Reformation zerstörten Studenten am 4. Dezember 1521 im Zuge eines Studententumults gegen das Kloster einen Altar. Nach dem Ratsverbot für das Bettelmönchswesen in der Stadt begann sich der Konvent aufzulösen. Die Kleinodien des Klosters überführte man in die Schlosskirche, die wertvollen Paramente wurden verkauft. 1525 erfolgte die offizielle Aufhebung des nur noch von wenigen Brüdern bewohnten Klosters. Philipp Melanchthon zeichnete die Inschriften der Gräber, der zwischen 1273 und 1422 verstorbenen Wittenberger Askanier auf und veranlasste die Überführung der bedeutendsten Grabplatten in die Schlosskirche. Die Kirche diente danach auch als Kornspeicher.

1 Kirche
2 Kreuzhof

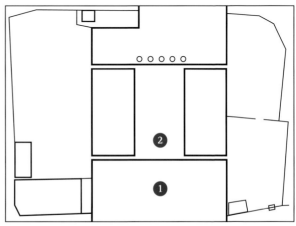

Sehenswertes

In den Resten der ehemaligen Franziskanerkirche fanden 2008/09 Ausgrabungen statt. In einer Gruft wurden dabei Bestattungen gefunden. Bei den Überresten eines Mannes fanden sich ein Schwert und ein unbrauchbar gemachtes herzogliches Siegel. Aufgrund dieser Beigaben konnte der Bestattete als Kurfürst Rudolf II. von Sachsen-Wittenberg identifiziert werden. Neben ihm hatten seine zweite Frau und seine Tochter ihre letzte Ruhe gefunden. Die Grabplatten waren bereits um 1540 von Melanchthon in die Wittenberger Schlosskirche überführt worden. Dort befinden sie sich noch heute.

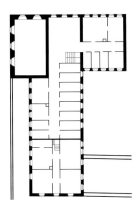

Grundriss der Klosterruine

Denkanstöße

Der Teil einer Spitze der Dornenkrone Christi war im Rahmen der mittelalterlichen Reliquienverehrung ein Geschenk von unschätzbarem Wert. Sie galt als kostbarstes Stück der Reliquiensammlung der Wittenberger Schlosskirche. Reliquien in Reliquiaren aufbewahrt dienten dazu, am Altar und in der Liturgie die Gegenwart der Heiligen und damit die Nähe zu Gott herzustellen. Im Mittelalter nahmen aufgrund der zahlreich vorhandenen Berührungsreliquien auch die Reliquienverehrung und die sich darum rankenden Wunderberichte zu. Neben einem übertrieben magischen Verständnis von der angeblichen Kraft der Reliquien entwickelte sich auch ein Handel mit ihnen. Martin Luther lehnte mit den Erscheinungsformen der mittelalterlichen Reliquienverehrung auch den Reliquienkult selbst ab und hielt 1546 seine berühmte Predigt gegen den „Reliquienkram" des Erzbischofs Albrecht von Brandenburg. Einen Bogen zur heutigen Bedeutung von Reliquien im Leben der katholischen Kirche spannt ein Text von Peter Modler:

Eine Locke vom Liebsten in einem Medaillon aufheben. Die Babyschuhe von damals! Opas letzter Brief. Solche Überbleibsel von jemandem, den man liebt, haben eine besondere Bedeutung. Und so ist es auch mit Reliquien (auf Deutsch „Überbleibsel, Reste"). Reliquien sind das, was von Heiligen übrig blieb. Inzwischen sind Katholiken selbst skeptisch geworden, was die zwangsläufig wundersame Wirkung solcher Reliquien angeht. Entsprechend der kirchlichen Lehre dazu machen Reliquien dann Sinn, wenn man sich anhand ihrer das Leben der Heiligen vergegenwärtigt. Aber nicht, wenn man sie als magisches Material versteht.

Modler, Peter: Die wunderbare Welt der Katholiken. Eine Art Liebeserklärung. Freiburg i. Br. ²2008, S. 86.

Die Reste des ehemaligen Franziskanerklosters wurden 2008/09 freigelegt und gesichert.

Magdeburg

ehem. Augustinereremitenkloster und St.-Augustini-Kirche/Wallonerkirche

Historisches

Augustinereremitenkloster Wallonerkirche St. Augustini

Neustädter Straße 6
39104 Magdeburg

Öffnungszeiten

Mai–September:
Kirchenschiff täglich
9.00–18.00 Uhr
Chor nach Voranmeldung
Oktober–April:
nach Voranmeldung

Südlich der Wallonerkirche schließt sich das Gemeindezentrum an, das von mehreren evangelischen Gemeinden und Einrichtungen genutzt wird.

Das Augustinerkloster in Magdeburg wurde 1285 durch den Magdeburger Ritter Werner Feuerhake gestiftet. 1366 weihte Erzbischof Dietrich die Kirche. Das Kloster scheint reich dotiert gewesen zu sein. So sind für das 14. Jahrhundert zahlreiche Bücherkäufe für die Bibliothek überliefert und im 15. Jahrhundert war der Konvent in der Lage, als Kreditgeber aufzutreten. Eng verbunden mit der Geschichte des Klosters ist das Wirken des einstigen Augustinereremiten und Reformators Martin Luther, der sich mehrfach hier aufhielt und predigte. Insbesondere seine Predigten im Jahre 1524, die er in der Augustiner- und Johanniskirche hielt, sind bedeutend. Sie trugen dazu bei, dass binnen weniger Wochen die Magdeburger Stadtkirchen dem Protestantismus beitraten.

Auch der Konvent der Augustinereremiten an St. Augustinus wurde noch 1524 aufgehoben. Kirche und Klostergebäude übernahm die Stadt Magdeburg. Sie dienten als Armenhospital und als Gymnasium. 1689 stellte der brandenburgische Kurfürst Friedrich III. die Kirche reformierten Einwanderern zur Verfügung. Neben Hugenotten aus Frank-

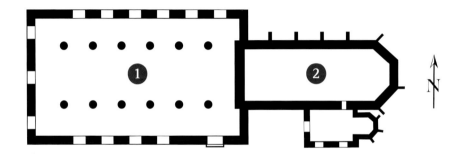

reich kamen auch Wallonen nach Magdeburg. 1694 wurde die Kirche der wallonisch-reformierten Gemeinde übergeben und trägt daher den Namen „Wallonerkirche".

1 dreischiffiges Langhaus
2 Chor

Sehenswertes

Die Klosterkirche ist eine dreischiffige gotische Hallenkirche mit langem, einschiffigem Chor. Dieser ist seit 1951 zur Sicherung des Turmes, der sich direkt über der Ansatzstelle zwischen Langhaus und Chor erhebt, durch eine Mauer vom Kirchenschiff abgetrennt. Der wuchtige äußere Eindruck wird durch die steilen Satteldächer verstärkt. Der Langhausinnenraum ist heute mit einer Flachdecke anstelle eines Kreuzrippengewölbes gedeckt, von dem noch die von Konsolen abgefangenen Runddienste zu sehen sind. Quadratische, an den Kanten abgeflachte Pfeiler trennen die Schiffe voneinander. Der Chorraum ist durch die hohen Maßwerkfenster geprägt und infolge des Verlustes der farbigen Verglasung lichtdurchflutet. Der spätgotische Altar von 1488 gehört nicht zur ursprünglichen Ausstattung der Wallonerkirche, sondern kam 1976 aus der Ulrichskirche in Halle. Die Gruppe der Lindenholzskulpturen im Mittelschrein stellt die Krönung Mariens umrahmt von den heiligen Bischöfen Ulrich und Ludger dar. Am Außenmauerwerk der Südseite des Langhauses sind noch die Ansätze des ehemaligen Kreuzgangs zu erkennen.

Denkanstöße

Besondere Bedeutung gewinnt die Wallonerkirche durch das Wirken Martin Luthers, der hier predigte. Er lehnte seit seiner reformatorischen Entdeckung zunehmend auch die Mönchsgelübde ab, da sie seiner Ansicht nach dem Evangelium widersprachen. In seinem Werk *De votis monasticis* betont er, dass sie dem Wort Gottes, dem Glauben, der Freiheit des Evangeliums, den göttlichen Geboten, der Nächstenliebe und der natürlichen Vernunft entgegenstünden:

Eintrittspreise

Eintritt frei

Führungen

nach Voranmeldung

Ansprechpartner für Führungen

Evangelische Kirchengemeinde Altstadt
Christina Leyh
Neustädter Straße 6
39104 Magdeburg
Tel.: (03 91) 5 43 46 13
Fax: (03 91) 5 35 33 32
alt.stadt@web.de

Unsere Tipps

Orgelmusik im Sommer freitags 17.00 Uhr, ökumenischer Adventsbasar letztes Wochenende im November

Angebote im Ort

Magdeburger Dom, Kunstmuseum Kloster Unser Lieben Frauen, Jahrtausendturm im Elbauenpark, Kulturhistorisches Museum, „Grüne Zitadelle": eines der letzten architektonischen Werke des Künstlers Friedensreich Hundertwasser

Die hl. Katharina an der Südwand des Hauptschiffs stammt aus der einstigen Magdeburger Katharinen-kirche. Diese brannte bei einem Bombenangriff 1944 aus, die Reste wurden 1964 gesprengt.

Sonder Zweifel ist das Mönchsgelübde grade deswegen gefährlich, weil es ein Ding ist ohne Grund und Exempel der Schrift; es wissen aber auch die erste Kirche und das Neue Testament überhaupt nichts von dem Brauch irgend etwas zu geloben, geschweige denn, daß sie dies besondere ewige Gelübde einer gar seltenen und wunderbaren Keuschheit billigen. Denn es ist eine reine und verderbliche Erfindung von Menschen, [...].

Insbesondere im 20. Jahrhundert kam es zu einer Wiederentdeckung der klösterlichen Lebensform im Protestantismus. Dabei handelt es sich jedoch nicht um eine Rückkehr in die Vergangenheit. Auch gibt es weiterhin keine lebenslang bindenden Gelübde und der Begriff „Kloster" wird häufig vermieden. Die Gründungen nennen sich eher Gemeinschaft oder Bruderschaft.

Innenansicht nach Südwesten

Zitat: Martin Luthers Urteil über die Mönchsgelübde 1522, in: Luthers Werke für das christliche Haus, Ergänzungsband I, hg. v. Otto Scheel, Leipzig o. J., S. 209–376, hier: S. 217.

Magdeburg

ehem. Prämonstratenserstift und ehem. Stiftskirche St. Maria

Historisches

**Kunstmuseum
Kloster Unser Lieben Frauen**

Regierungsstraße 4–6
39104 Magdeburg

Öffnungszeiten

Di–So 10.00–17.00 Uhr

Eintrittspreise

Erwachsene: 4,– EUR
ermäßigt: 2,– EUR
gilt bei Sonderausstellungen
(Änderungen vorbehalten)

Führungen

Sa 14.30 Uhr
(Architektur/Geschichte)
sowie regelmäßige Führungen
durch die Sonderausstellungen,
weitere Führungen nach
Anmeldung

Blick von Osten über die Elbe zum Kloster Unser Lieben Frauen

Der Magdeburger Erzbischof Gero siedelte im Jahr 1017 oder 1018 ein Kollegiatstift in der Nähe des Domstiftes an, das er mit Chorherren besetzte. Als Norbert von Xanten, der Begründer des Prämonstratenserordens, Erzbischof in Magdeburg wurde, brauchte er für seine Glaubensgemeinschaft eine neue Bleibe. So löste er 1129 das bestehende Kollegiatstift auf und übergab es dem Prämonstratenserorden.

Das Kloster wurde zum Mutterkloster der sächsischen Zirkarie der Prämonstratenser, die sich im Magdeburger Raum und im östlichen Missionsgebiet bildete. So blieben Spannungen zu Prémontré nicht aus, zumal Norbert sein Magdeburger Stift stets bevorzugte und es zudem für seine direkten Neugründungen Havelberg und Jerichow eine herausragende Stellung einnahm. Auch hatte Norbert verfügt, das Liebfrauenstift dem Erzbischof von Magdeburg direkt zu unterstellen. Dadurch entwickelte sich eine zunehmende Distanz aller Prämonstratenserstifte der sächsischen Zirkarie zum Mutterstift in Prémontré. Mehrmals wurden die Magdeburger Pröpste aufgefordert, Abgesandte in das Generalkapitel nach Frankreich zu entsenden, allerdings mit geringem Erfolg. 1225 kam es zu einem ersten Kompromiss und 1239 folgte ein Vergleich: Einer der sächsischen Pröpste musste zum Generalkapitel mit einem mindestens 20 Pariser Pfund wertvollen Geschenk an das Mutterstift in Prémontré reisen.

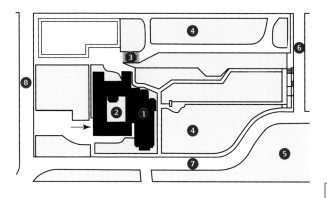

1 ehemalige Klosterkirche (heutige „Konzerthalle Georg Philipp Telemann")
2 Klosterhof und Kreuzgang
3 Tourismusinformation
4 Grünflächen
5 Domplatz
6 Gouvernementsberg
7 Regierungsstraße
8 Große Klosterstraße

In der Reformationszeit blieb das Stift katholisch. Der Rat der Stadt nahm jedoch die Schlüsselgewalt über die Kirche an sich, die er bis 1558 behielt. Nachdem der letzte katholische Propst des Klosters 1597 verstorben war, verließen die verbliebenen katholischen Ordensbrüder 1601 das Stift. Noch einmal zogen von 1628 bis 1632 Prämonstratenserstiftsherren aus Böhmen und den Niederlanden in die Gebäude ein. Seit 1698 bestand in den Räumen eine Schule, das spätere Pädagogium. Heute werden die Gebäude als Kunstmuseum genutzt.

Sehenswertes

Die Kirche entstand zwischen 1064 und 1078. Sie ist eine romanische Basilika in Form eines lateinischen Kreuzes und besitzt ein imposantes Westwerk. Unterhalb des Chores befindet sich eine dreischiffige frühromanische Krypta. 1975 wurde die Grabanlage für den Gründer des Prämonstratenserordens, Norbert von Xanten, unter der Vierung freigelegt. Wahrscheinlich entstand sie im 16. Jahrhundert anlässlich seiner Heiligsprechung. Seit der Überführung der Gebeine nach Prag verlor die Anlage ihre Bedeutung. An die Nordseite der Kirche schließt die Klausur mit Kreuzgang an. Eine bauliche Besonderheit stellt das kreisförmige, zweigeschossige Brunnenhaus dar. Es besitzt ein gemauertes Kegeldach und ist mit schmuckreich gestalteten Säulen und Kapitellen ausgestattet.

Die Gebäude des ehemaligen Prämonstratenserstifts Unser Lieben Frauen beherbergen heute das Kunstmuseum Magdeburg mit einer Sammlung von Skulpturen von der Antike bis zur Moderne. Mit seinen Wechselausstellungen zur internationalen Gegenwartskunst zählt das Haus zu den renommiertesten Kunstmuseen in Sachsen-Anhalt.

Ansprechpartner für Führungen
Kunstmuseum
Kloster Unser Lieben Frauen
Regierungsstraße 4–6
39104 Magdeburg
Öffentlichkeitsarbeit
Dr. Uwe Förster
Tel.: (03 91) 5 65 02 17
Fax: (03 91) 5 65 02 55
presse@kunstmuseum-magdeburg.de

Eintrittspreise Führungen
Erwachsene: 5,– EUR
Gruppen ab 10 Personen:
3,– EUR/Person
Gruppentarif für Führungen:
15,– EUR
(Änderungen vorbehalten)
Kinder haben freien Eintritt.

Blick in das Mittelschiff

1 Eingangsbereich
2 Kreuzgang
3 ehemaliges Sommerrefektorium
4 Kirche
5 Chor mit Konzertorgel von 1977,
 darunter Krypta
6 hochsäulige Kapelle
7 Tonsur
8 ehemaliges Winterrefektorium
9 Verwaltung
10 innerer Klostergarten

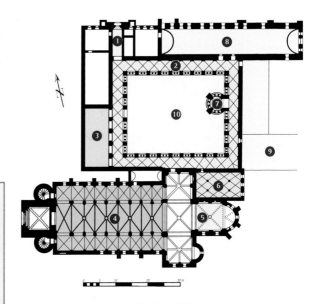

Ausstellungen

Skulptur von der Antike bis zur Moderne, Zeitgenössische Kunst, Skulpturenpark

Museumspädagogik

Skulpturenpark-Rallye (ab Klasse 3); Sonnenatelier (ab Klasse 1 und Kita); Farbenfroh (ab Klasse 1 und Kita); Magdeburger Monster (ab Klasse 2); Holzwurmjagd (ab Klasse 1); Mit Tinte und Feder (ab Klasse 3) sowie viele weitere Angebote, auch in der Freizeit

Unsere Tipps

Sonderausstellungen zur zeitgenössischen Kunst; die drei Tonnengewölbe; Krypta; Innenhof

Klosterschulbibliothek

Buchbestand 16.–20. Jahrhundert
Di und Do 10.00–16.00 Uhr
(nach Anmeldung)
Tel.: (03 91) 5 65 02 16

Denkanstöße

Seit 1991 gibt es wieder Prämonstratenser in Magdeburg, die jedoch nicht hier, sondern an der Kirche St. Petri beheimatet sind. 1996 wurde ihre Niederlassung zu einem abhängigen Priorat der Abtei Hamborn in Duisburg-Hamborn erhoben. Die Magdeburger Chorherren versuchen, neben ihrer Arbeit in der Seelsorge, ein neues Prämonstratenserstift in der Stadt zu etablieren. Mit der Errichtung eines Klosters an der St.-Petri-Kirche soll ein neues geistliches Zentrum für die Region entstehen. Schwerpunkte des religiösen Lebens sind das Zusammenleben in einer Abtei oder einem Priorat (communio), das gemeinsame Gebet (contemplatio) und die Seel-

Blick in den Kreuzgang

sorgearbeit (actio). Neben dieser seelsorgerischen Arbeit übernehmen die Prämonstratenser in Magdeburg auch pädagogische und gesellschaftliche Aufgaben. Ihre Spiritualität beschreibt der ehemalige Generalabt der Prämonstratenser Marcel van de Ven so:

Was ist Spiritualität? Ich würde Spiritualität so beschreiben: Spiritualität ist eine christliche Lebensweise, eine Lebenshaltung und eine Lebensgestaltung, worin Werte, welche tief-evangelisch [am Evangelium orientiert] sind, im Vordergrund stehen. Spiritualität ist für mich die Art und Weise, worin wir im Gebet mit Gott umgehen, wie wir im alltäglichen Leben miteinander, mit der Natur und mit der Materie verfahren; es ist die Atmosphäre, welche im Haus und in der Gemeinschaft herrscht.

Van de Ven, Marcel: Spiritualität der Prämonstratenser, in: Handgrätinger, Thomas (Hg.): Gesandt wie er. Der Orden der Prämonstratenser-Chorherrn heute. Würzburg 1984, S. 194.

Klosterkirche Unser Lieben Frauen, Ansicht von Süden

Brunnenhaus im Kreuzgang

Anreise mit PKW

A 2, A 14 bis Zentrum Magdeburg

Anreise mit ÖPNV

vom Hauptbahnhof Magdeburg ca. 10 Minuten Fußweg Richtung Elbe

Parkplätze

3 für Busse in der Fürstenwallstraße; PKW in den Parkhäusern der City

Informationsmaterial

Kataloge zu Sonderausstellungen sowie Bücher zur Geschichte des Klosters und Kunstmuseums erhältlich im Museumsshop

Verkaufsangebot im Bauwerk

Kataloge, Postkarten, Plakate, Grafiken, Souvenirs

Toiletten

im Servicebereich (barrierefrei)

Internet

www.kunstmuseum-magdeburg.de

Marienborn

ehem. Augustinerinnenkloster und ehem. ev. Damenstift, Stiftskirche St. Marien und Brunnenkapelle

Historisches

Klosterkirche St. Marien

Gemeindeplatz 35
39365 Marienborn

Ansprechpartner

Evangelisches Kirchspiel
Hötensleben
Pfarrer Peter Mücksch
Ackerwinkel 1
39393 Hötensleben
Tel.: (03 94 05) 3 58
Fax: (03 94 05) 5 13 96
pfarramt@kirchspiel-
hoetensleben.de

Öffnungszeiten

nach Voranmeldung

Eintrittspreise

Eintritt frei

Führungen

nach Voranmeldung

Marienborn wurde aufgrund eines mittelalterlichen Wunderberichts zum Ziel von Pilgern und Wallfahrern, da man sich vom hiesigen Quellwasser heilende Wirkung erhoffte. Vermutlich gründete der Magdeburger Erzbischof Wichmann gegen Ende des 12. Jahrhunderts hier ein Hospital, das nach der als wundertätig verehrten Quelle den Namen Marienborn erhielt.

Zwischen 1230 und 1250 wurde es in ein Augustinerinnenkloster umgewandelt, vermutlich als Filialkloster von Marienberg bei Helmstedt. Die geistliche Aufsicht übernahm das Augustinerchorherrenstift Hamersleben. Der Konvent, der anfangs 12 Nonnen umfasste, wuchs während des 14. Jahrhunderts auf bis zu 50 Frauen an. Aufgrund seiner Quelle erhielt das Stift zahlreiche Schenkungen in den umliegenden Ortschaften. Schon früh entstand in der Nähe des Klosters eine dörfliche Siedlung, deren seelsorgerische Betreuung von Klostergeistlichen übernommen wurde. Im 15. Jahrhundert folgte der Anschluss des Konvents an die Windesheimer Kongregation.

*Blick auf die Stiftskirche
von Südosten*

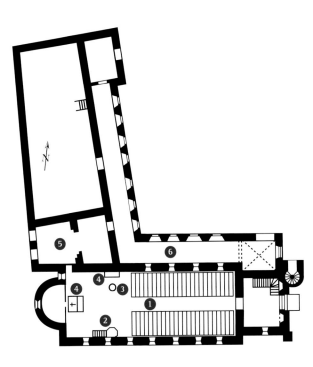

1 Kirchenschiff
2 Kanzel
3 Taufstein
4 Altar
5 ehemalige Sakristei
6 südlicher Kreuzgang

Im Bauernkrieg 1525 mussten die Nonnen nach Helmstedt fliehen. Im Mai 1573 wurde die Reformation im Kloster Marienborn angenommen und verkündet. Die Abhängigkeit vom Hamerslebener Konvent endete und die Beziehungen zum Augustinerorden erloschen allmählich.

Im Dreißigjährigen Krieg flüchteten die evangelischen Klosterfrauen nach Braunschweig und Helmstedt. Unter Dorothea von Veltheim, die 1686 nach Marienborn kam, erholten sich Kloster und Ort allmählich von den Kriegsfolgen und eine neue Blütezeit setzte ein. Ab 1691 erließ man ein neues Klosterstatut, das die Aufnahme von nur noch adeligen Konventualinnen festschrieb. 1794 wurde das Kloster in ein evangelisches Damenstift umgewandelt. 1811 hob die westphälische Regierung das Stift auf.

Sehenswertes

Von der ehemaligen Stiftskirche, die ursprünglich ein langgestreckter einschiffiger Bau war, ist der fast quadratische Chor, der zugleich Unterbau des Turms ist, erhalten. Dieser ehemalige Chor dient heute als Eingangshalle für die seit 1885 nach Westen ausgerichtete Kirche. Im Inneren der Kirche befinden sich zwei Schnitzaltäre aus dem 15. Jahrhundert. Die heute zu sehende Brunnenkapelle ist ein Bau

Ansprechpartner für Führungen

Ev. Kirchspiel Hötensleben
Ackerwinkel 1
39393 Hötensleben
Tel.: (03 94 05) 3 58
pfarramt@kirchspiel-hoetensleben.de

Unsere Tipps

Gottesdienste, Marienandachten zu allen Marienfesten, jährliche Marienwallfahrt, Mitnahme von Quellwasser möglich, Konzerte

Angebote in der Umgebung

Gedenkstätte Deutsche Teilung Marienborn-Helmstedt:
Di–So 10.00–17.00 Uhr
Tel.: (03 94 06) 9 20 90),
Schloss und Schlosspark Harbke, ev. Kirche St. Levin (1542) mit restaurierter Fritzsche-Treutmann-Orgel von 1622/1728 und einer hölzernen Sonnenuhr (1640), Pfarrhaus von 1664 und Fachwerkhäuser aus dem 18. Jahrhundert

Anreise mit PKW

A 2 Berlin–Marienborn,
A 2 Hannover–Marienborn,
B 1 Morsleben–Marienborn,
B 245a Harbke

Anreise mit ÖPNV

per Bahn Magdeburg-Marienborn-Helmstedt-Braunschweig

Parkplätze

für PKW und Busse

Informationsmaterial

Faltblatt

Verkaufsangebot

Postkarten und Kleine Schriften

Toiletten

vorhanden

Internet

www.kirchspiel-hoetensleben.de

Der hl. Matthäus, Detail aus dem Hauptaltar

Blick in den heutigen Chor im Westen der Kirche mit dem Hauptaltar von 1475

Predella des Hauptaltars

von 1836 in romanisierender Form. Sie steht auf den Fundamenten eines Vorgängerbaus. Vom ehemaligen Kreuzgang sind nördlich der Kirche noch der Süd- und Westflügel erhalten.

Denkanstöße

Das erwähnte Quellwunder hebt Marienborn aus der Zahl der sachsen-anhaltinischen Frauenklöster durch seinen Bezug zum mittelalterlichen Wunderglauben heraus. Der Überlieferung nach sprach ein Schäfer auf seinem Sterbett davon, dass er eine Madonnenstatuette vom Himmel herab habe fallen sehen, die auf den Grund eines Brunnens fiel. Dieser wurde so zur wundertätigen Quelle. Auch andere Hirten hätten erzählt, dass sie an diesen Ort gekommen waren. Als ihre Tiere aus der Quelle trinken sollten, seien diese erschrocken zurückgewichen.

Der Begriff „Wunder" ist in unserem heutigen Sprachgebrauch Ausdruck für etwas Besonderes, für etwas Unerwartetes, das überraschend Wirklichkeit wird. Auch in der Bibel ist

von Wundern die Rede, die Jesus vollbracht hat. Diese Wundergeschichten erzählen von Gottes lebensfördernder Wirksamkeit, die Menschen in ihrem Leben erfahren können. Sie sind ein Hoffnungszeichen für den Sieg über Leid, Ungerechtigkeit, Böses und selbst den Tod. Rainer Oberthür schreibt dazu:

Wunder sind für mich Ereignisse und Erfahrungen, die heilsam und lebensförderlich wirken. Sie sind überraschend und bleiben letztlich nicht erklärbar. Als Christ erkenne ich in diesen Ereignissen und Erfahrungen das befreiende und fürsorgliche Handeln Gottes.

Oberthür, Rainer: „Glaub' an Wunder, denn erst dann können sie auch passieren!" Ein Plädoyer für Wundergeschichten im Religionsunterricht. In: Bibel und Kirche 2/2006, S. 99–102.

Der hl. Jacobus, Detail aus dem Hauptaltar

Südlicher Kreuzgang

Schnitzaltar, um 1500, und Taufstein

169

Marienstuhl

ehem. Zisterzienserinnenkloster, Klosterkirche St. Marien

Historisches

Kloster Marienstuhl
Mühlenstraße 1
39435 Egeln

Öffnungszeiten
nach Voranmeldung

Eintrittspreise
Eintritt frei, Spenden erwünscht

Führungen
nach Voranmeldung

Ansprechpartner für Führungen
Katholisches Pfarramt
Egeln-Marienstuhl
Mühlenstraße 8
39435 Egeln
Tel.: (03 92 68) 27 42
Fax: (03 92 68) 3 09 55

1 Kirchenschiff
2 Werktagskapelle (Erdgeschoss)/
  Ausstellungsräume
  (Obergeschoss)
3 Sakristei

Otto von Hadmersleben stiftete auf Veranlassung seiner Gemahlin Jutta 1259 die Zisterzienserinnenabtei in Egeln. Als erste Äbtissin berief Jutta ihre Schwester, Mechthild von Blankenburg. Die mit Grundbesitz und umfangreichen Stiftungen gut dotierte Abtei erlangte bald wirtschaftliche Unabhängigkeit und entwickelte sich zur größten der Region. Durchschnittlich lebten in vorreformatorischer Zeit 50 bis 60 Schwestern im Konvent. Unter Erzbischof Friedrich III. von Magdeburg wurde der Konvent unter dem Einfluss der Bursfelder und der Windesheimer Kongregation 1464 reformiert und betätigte sich nun selbst bei der Reformierung anderer Zisterzienserinnenklöster.

Mit der Einführung der Reformation wurde die Stadt 1547 evangelisch, das Kloster aber blieb katholisch. Zwischen 1577 und 1730 bestand ein Simultaneum: Das Kloster musste seine Kirche auch für die evangelische Gemeinde öffnen. Unter Äbtissin Maria Zeiseler und Propst Christoph Jordan wurde 1696–1719 der gesamte Klosterkomplex einschließlich Wirtschaftsgebäuden und Klostermauer neu errichtet.

Im Zuge der Säkularisation erfolgte 1809 die Aufhebung. 11 der 20 verbliebenen Nonnen entschlossen sich, ihr monastisches Leben auf der Huysburg fortzuführen.

Sehenswertes

Im 18. Jahrhundert wurden Kloster und Kirche in barockem Stil neu errichtet. Die 1734 fertiggestellte Kirche ist ein ein-

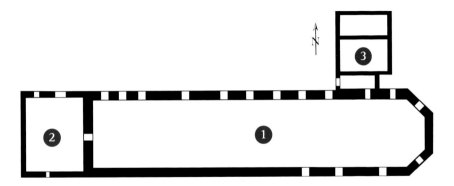

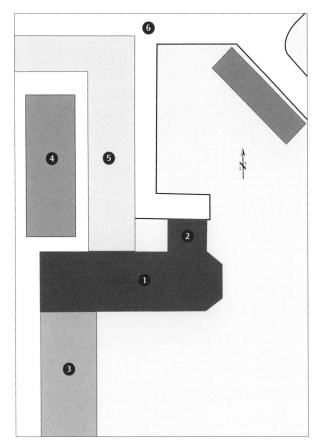

*Madonna, kostbares
Ausstattungsstück der
Klosterkirche*

1 Klosterkirche
2 Sakristei
3 ehemalige Klausurgebäude
4 Propsteigebäude
5 Klostergarten
6 Mühlenstraße

schiffiger Bau mit dreiseitigem Ostschluss und Nonnenempore im Westen. Die schlichte Innenraumgestaltung steht im Kontrast zur prächtigen Ausstattung. Zwischen 1690 und 1720 entstanden die Klausurgebäude. Erhalten sind noch der West- und Nordflügel. Eine 1697 errichtete Mauer umschließt die gesamte Anlage.

Denkanstöße

In vielen Religionen ist die Wallfahrt eine religiöse Ausdrucksform: sich zu einem Heiligtum auf den Weg machen, um von Gott bzw. den Göttern Hilfe und Nähe zu erfahren oder ihm/ihnen zu danken. So kannte schon die Antike Prozessionen zu heiligen Stätten.

Auch Christen pilgern allein oder wallfahren in Gruppen zu Stätten im heutigen Israel, an denen Jesus gewirkt hat. So entwickelte sich vor allem Jerusalem, der Ort, an dem er gestorben und auferstanden ist, seit dem 4. Jahrhundert zu

Chorgestühl auf der Nonnenempore

einem Wallfahrtsziel. Auch Rom mit seinen Märtyrergräbern und Santiago de Compostela mit dem Grab des heiligen Jakobus wurden zu Wallfahrtsorten.

Da derart fernliegende Wallfahrtsziele für viele Menschen nicht erreichbar waren, entstanden seit dem Mittelalter auch regionale Wallfahrtsorte. Diese haben ihren Ursprung oft in herausragenden Ereignissen oder Gnadenbildern, die häufig in Bezug zu Maria stehen. Ein Beispiel dafür ist die Marienstatue auf der Nonnenempore in Egeln, eine sogenannte Gnadenmadonna.

Der Journalist Robert Ward schreibt in seinem Buch *Pilgerwege eines Ungläubigen* zu der Frage, warum er als

ungläubiger Mensch ausgerechnet den Pilgerweg nach Santiago de Compostela gehen wollte:

Das lange Gehen. Das Alleinsein. Die Gefährtschaft. Das Ziel. Der Umstand, daß es weithin um Früheres ging. Natürlich war das ein katholischer Pilgerweg, aber davon ließ ich mich nicht abschrecken. Atheistische Caminos gab es einfach nicht.

Ward, Robert: Pilgerwege eines Ungläubigen. Unterwegs zwischen Santiago, Fatima und Lourdes. Stuttgart 2002.

Kruzifix, Detail

Blick nach Westen zur Orgel

linke Seite: Prächtiger barocker Altar

Aufgang zur Nonnenempore

Memleben

ehem. Benediktinerkloster und ehem. Klosterkirche St. Maria

Historisches

Stiftung Kloster und Kaiserpfalz Memleben

Thomas-Müntzer-Straße 48
06642 Memleben

Öffnungszeiten

15. März–31. Oktober:
täglich 10.00–18.00 Uhr
1. November–14. März:
täglich 10.00–16.00 Uhr
(nur Außenanlagen)

Eintrittspreise

Erwachsene: 3,50 EUR
ermäßigt: 3,– EUR
Schüler/Studenten: 2,– EUR
ab 20 Personen: 1,80 EUR

Führungen

innerhalb der Öffnungszeiten,
Gruppen bitte voranmelden,
1,50 EUR/Person

Memleben besaß im 10. Jahrhundert eine herausragende Bedeutung für das ottonische Herrschergeschlecht. Sowohl König Heinrich I. (936) also auch sein Sohn Kaiser Otto I. (973) starben hier. Dies hatte die Gründung eines Benediktinerklosters durch deren Sohn bzw. Enkelsohn Otto II. und dessen Gemahlin Theophanu zwischen 975 und 979 zur Folge. Das Kloster stieg schnell zu einer der führenden Reichsabteien auf. Von Papst Benedikt VII. konnte der Kaiser 981 sogar eine Gleichstellung mit den beiden mächtigsten Klöstern des Reiches in Fulda und auf der Reichenau im Bodensee erwirken. So zählte Memleben zu den bedeutendsten Abteien innerhalb des ottonischen Herrschaftsgebietes. 994 verlieh Kaiser Otto III. dem Kloster das Markt-, Münz- und Zollrecht. Auch der heute noch bedeutende Weinanbau an Saale und Unstrut geht auf die Mönche von Memleben zurück, wie eine Urkunde aus dem Jahr 998 bezeugt. Die Blütezeit des Klosters wurde von Kaiser Heinrich II. beendet, der es 1015 der osthessischen Abtei Bad Hersfeld unterstellte.

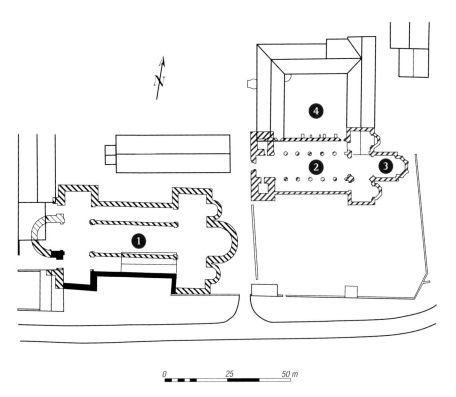

1 ottonischer Bau St. Trinitatis et Mariae
2 romanisch-frühgotischer Bau: Propsteikirche Beatae Mariae Virginis
3 Chor, darunter die erhaltene Krypta
4 ehemalige Klausur mit Kreuzgang

Im Bauernkrieg wurde das Kloster 1525 geplündert und teilweise zerstört. 1551 hob Kurfürst Moritz von Sachsen das Kloster auf und übergab es als landwirtschaftliches Gut der späteren Landesschule Pforta.

Sehenswertes

Von der monumentalen ottonischen Klosterkirche sind nur noch wenige Reste zu sehen. Sie war eine 82 Meter lange und 39 Meter breite dreischiffige Anlage mit Ost- und Westchor. Vom Kirchenbau des 13. Jahrhunderts, der östlich der ottonischen Kirche errichtet wurde, stehen noch Teile. Sie lassen erkennen, dass die Kirche eine dreischiffige Basilika mit Querhaus war. Über der Vierung erhob sich ein Turm, der Westbau war mit zwei Türmen versehen. Unter dem Chor im Osten der Kirche ist die spätromanische Krypta vollständig erhalten. Im Bereich der Klostergebäude, die nördlich der jüngeren Kirche errichtet wurden, informiert ein Museum über Geschichte und Bedeutung Memlebens sowie über das Leben in einem mittelalterlichen Benediktinerkloster.

linke Seite:
Die Kirche von Südosten

Ansprechpartner für Führungen
Museum Kloster und Kaiserpfalz Memleben
Thomas-Müntzer-Straße 48
06642 Memleben
Tel.: (03 46 72) 6 02 74
Fax: (03 46 72) 9 34 09
info@kloster-memleben.de

Vom Kirchenbau des 13. Jahrhunderts ist lediglich die dreischiffige Krypta vollständig erhalten.

Denkanstöße

Die Ottonen legten besonderen Wert auf eigene Grablegen und wählten die dafür geeigneten Orte mit Bedacht: Königin Mathilde baute für Heinrich I. 936 das Stift Quedlinburg, Otto I. das Mauritiusstift in Magdeburg, der Leichnam Ottos III. wurde 1002 bei Karl dem Großen in Aachen bestattet und Heinrich II. und seine Frau ließen 1007 ein neues Bistum in Bamberg gründen und sich in der dortigen Domkirche bestatten. Auch wenn hier in Memleben keine Körper von bedeutenden Ottonen bestattet sind, ist hier dennoch ein Ort des Gedenkens an dieses Herrscherhaus. Darauf verweist auch Thietmar von Merseburg, wenn er in seiner Chronik die Umstände des Sterbens Kaiser Ottos I. beschreibt:

Von hier [Merseburg] zog er am Dienstage vor Pfingsten nach Memleben und saß am folgenden Tage noch heiter bei Tische. Nach der Tafel aber, während des Vespergesanges, wurde er plötzlich schwach und ohnmächtig. Die ihn Umstehenden fingen ihn auf und legten ihn nieder. Er empfing sofort die Stärkung der hl. Wegzehrung, und während alle für sein Ende beteten, entrichtete er am Mittwoch, dem 7. Mai des 38. Jahres seiner Erhebung, der Natur seinen Zoll. In der folgenden Nacht wurden seine Eingeweide gesondert in der St. Marienkirche beigesetzt. Seine mit Spezereien bereitete Leiche aber überführte man nach Magdeburg, wo sie unter großen Ehren in tiefer Trauer empfangen und in einen mar-

mornen Sarkophag gelegt wurde; die Beisetzung nahmen die Erzbischöfe Gero und Adalbert vor unter Assistenz anderer Bischöfe und der gesamten Geistlichkeit.

Thietmar von Merseburg: Chronik. Neu übertragen und erläutert von Werner Trillmich [= Ausgewählte Quellen zur deutschen Geschichte des Mittelalters. Freiherr vom Stein-Gedächtnisausgabe, Band IX]. Darmstadt 1960, S. 81.

Michaelstein

ehem. Zisterzienserkloster

Historisches

Erstmals urkundlich erwähnt wird Michaelstein 956 im Zusammenhang mit der Klause der Einsiedlerin Luitburg, die hier im 9. Jahrhundert zurückgezogen lebte. Die neben ihrer Zelle eingerichtete Kirche war dem heiligen Michael geweiht. Es bildete sich eine Einsiedlergemeinschaft, die sogenannten Volkmarsbrüder. Graf Burchard von Blankenburg trat dieser Gemeinschaft im 12. Jahrhundert als Konverse bei und stiftete mit Erlaubnis der Lehensherrin, der Quedlinburger Äbtissin Beatrix II., den Volkmarsbrüdern sein Gut Evergodesrode. In der Stiftungsurkunde von 1146 bezeichnet sich Äbtissin Beatrix als Gründerin. Eine Urkunde von Papst Eugen III. aus dem Jahre 1152 erwähnt erstmals eindeutig den Zisterzienserkonvent von Michaelstein.

Der wachsende Besitz des Klosters führte zu Wohlstand. Wirtschaftlicher Mittelpunkt war das ehemalige Gut Evergodesrode, der neue Klosterstandort. Hier legten die Brüder u. a. mehr als 20 Teiche an.

1525 verwüsteten aufständische Bauern das Kloster. Die Mönche mussten fliehen. Nach ihrer Rückkehr fanden sie völlig zerstörte Klostergebäude vor. Die Mittel zur Instandsetzung der Kirche fehlten, sodass heute keine Klosterkirche mehr existiert. Nach Einführung der Reformation legte 1543 der letzte katholische Abt sein Amt nieder und das Kloster kam in den Besitz der Grafen von Blankenburg, die als pro-

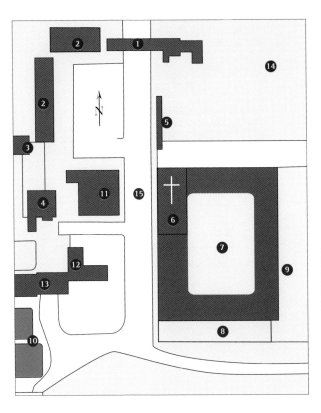

1 Torhaus
2 Gästehäuser mit Seminarräumen
3 sogenanntes Abtshaus
4 Scheune
5 Arkaden
6 barocke Kirche
7 Kreuzhof mit Kreuzgang und Klausur
8 Kräutergarten
9 Gemüsegarten
10 Fischteiche
11 Restaurant „Cellarius"
12 Restaurant „Schafstall"
13 Fischrestaurant
14 Grünflächen
15 Straße „Michaelstein"

Anreise mit ÖPNV

Bahnlinie bis Blankenburg oder Wernigerode, danach Buslinie bis „Blankenburg/Waldmühle"

Parkplätze

für PKW und Busse

Verkaufsangebot im Bauwerk

CDs, eigene Publikationen, Ansichtskarten, Produkte rund um den Kräutergarten

Toiletten

im Museumsbereich

Internet

www.kloster-michaelstein.de

testantische Äbte die Leitung übernahmen. Nach dem Tod des letzten Grafen im Jahre 1599 gingen Kloster und Blankenburg an die Herzöge von Braunschweig. Die bereits 1544 von Graf Ulrich von Blankenburg-Regenstein gegründete protestantische Klosterschule blieb bis 1721 bestehen.

1968 begann die Wiederherstellung der Gebäude auf Initiative des Telemann-Orchesters, das geeignete Proberäume suchte. 1977 wurde eine Kultur- und Forschungsstätte eingerichtet, die 1997 in die öffentlich-rechtliche Stiftung Kloster Michaelstein – Musikinstitut für Aufführungspraxis überführt wurde. Die Landesmusikakademie Sachsen-Anhalt nahm 2002 im Kloster ihre Arbeit auf. Seit 2009 wirkt die Stiftung Kloster Michaelstein als Musikakademie Sachsen-Anhalt für Bildung und Aufführungspraxis.

Sehenswertes

Die Kirche des ehemaligen Klosters Michaelstein ist nicht mehr erhalten. Dagegen bestehen von den Klausurgebäuden noch weitgehend der frühgotische Kreuzgang sowie die romanischen Räume des Süd- und Ostflügels: u. a. Refekto-

Der Arkadengang wurde erst später dem nördlichen Kreuzgang vorgebaut.

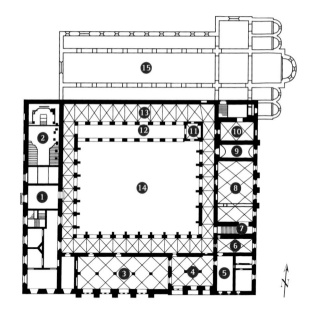

1 Museumseingang und Rezeption
2 barocke Kirche, geweiht 1720
3 Refektorium (Speisesaal),
   Konzert- und Veranstaltungssaal
4 Kalefaktorium (Wärmestube)
5 Mönchssaal (Arbeitsraum),
   Ausstellung über Klostergärten
   und Zugang zum Kräutergarten
6 Auditorium (Sprecherraum),
   Zugang zum Gemüsegarten
7 Treppe zum Dormitorium
   (Schlafsaal)
8 Kapitelsaal (Versammlungsraum)
9 Armarium (Bücherzelle)
10 Sakristei
11 sogenannte Abtskapelle
12 Arkadengang
13 frühgotischer Kreuzgang,
   nördlicher Teil spätromanisch
14 Kreuzhof
15 1893 ergrabene Umrisse der
   ehemaligen Klosterkirche
   (romanische Basilika)

rium, Kalefaktorium und Kapitelsaal. In spätgotischer Zeit wurde der Nordflügel des Kreuzgangs verdoppelt. An seinem östlichen Ende ist die sogenannte Abtskapelle abgetrennt. Sie besitzt noch gotische Maßwerkfenster. Die genaue Bedeutung dieses Raumes ist jedoch umstritten. Es könnte sich auch um ein Tonsorium gehandelt haben, in dem den Mönchen die Haare geschnitten wurden. Die heutige Gestalt des Westflügels der ehemaligen Klausur entstand durch Umbaumaßnahmen in der Zeit zwischen 1718 und 1720. Dabei wurde in seinem nördlichen Teil eine barocke Kirche eingebaut. Vor dem Süd-

rechte Seite: Die heutige Anlage Kloster Michaelstein wird geprägt durch den barocken Turmaufbau des in den Ursprüngen mittelalterlichen Torhauses.

Der frühgotische Kreuzgang

flügel der Klausur ist seit 1990 ein Kräutergarten und vor dem Ostflügel seit 2000 ein Gemüsegarten angelegt.

Denkanstöße

Charakteristisch für die zisterziensische Klosterkultur ist auch die Wassernutzung. Mühlenbetrieb und Fischzucht waren häufig wichtige Bestandteile der klösterlichen Wirtschaft. Der Leitspruch „Ora et labora!" („Bete und arbeite!") betont die hohe Bedeutung der Arbeit für die Spiritualität der Mönche. Auch die Michaelsteiner Zisterzienser waren Meister der Wasserwirtschaft und Fischzucht. Die zahlreichen Fischteiche im Klostergrund bezeugen dies bis heute. Sie steigen in Terrassen vom Eggeröder Brunnen herab. Dabei wird der jeweils untere Teich durch den darüberliegenden gespeist.

Schon die ersten Statuten des Klosters Cîteaux umreißen die Bedeutung der Agrarwirtschaft bei den Zisterziensern: *Die Mönche unseres Ordens müssen von ihrer Hände Arbeit, Ackerbau und Viehzucht leben. Daher dürfen wir zum eigenen Gebrauch besitzen: Gewässer, Wälder, Weinberge, Wiesen, Äcker (abseits von Siedlungen der Weltleute) sowie Tiere."*

Nach: Wolfgang Ribbe: Die Wirtschaftstätigkeit der Zisterzienser: Agrarwirtschaft, in: Kaspar Elm u. a. (Hg.): Die Zisterzienser. Ordensleben zwischen Ideal und Wirklichkeit. Köln 1981, S. 203–215, hier S. 203.

Palmettenfächer-Kapitell im Kapitelsaal

linke Seite: Kapitelsaal

Blick aus dem Kräutergarten auf die Südseite der Klausur

185

Mücheln (Wettin)

ehem. Templerkomturei, Templerkapelle

Historisches

Templerkapelle

Lettewitzer Straße 24
06193 Wettin-Löbejün OT Mücheln

Öffnungszeiten

April–Oktober:
10.00–19.00 Uhr
November–März:
10.30–16.00 Uhr

Eintrittspreise

Eintritt frei

Führungen

nach Voranmeldung

Ansprechpartner für Führungen

Wettin Information
Ines Sterz und Hiltrud Blaue
Burgstraße 4
06193 Wettin-Löbejün OT Wettin
Tel.: (03 46 07) 2 03 20
Fax: (03 46 07) 2 18 64
wettin-information@t-online.de

Die Templerkapelle Unser Lieben Frauen in Mücheln ist eines der wenigen noch existierenden baulichen Zeugnisse der Templer.

Graf Dietrich I. von Wettin-Brehna schenkte das Gut in Wettin um 1240 seinem Sohn, der dem Orden der Tempelritter beigetreten war. Für 1270 ist ein urkundlicher Beleg vorhanden, dass Mücheln eine Komturei des Ordens war. Im gleichen Jahr begann man wohl auch mit dem Bau der Kapelle, der um 1295 abgeschlossen war.

Nach der Aufhebung des Templerordens durch Papst Clemens V. im Jahre 1312 übernahmen wohl die Johanniter kurzzeitig Kommende und Gut. Es folgten die regulierten Chorherren der heiligen Märtyrer von der Buße, deren Hauptsitz in Krakau war. Als deren letzter Müchelner Prior starb, fielen Kirche und Gut an das Erzbistum Magdeburg. Nach mehrjährigem Leerstand verkaufte man es an die Augustiner an St. Moritz in Halle. Unter Kardinal Albrecht von Magdeburg gelangte es in den Besitz des Neuen Stifts in Halle. Später wurde die Kapelle über Jahrhunderte profan genutzt.

Sehenswertes

Die Kapelle der Komturei Mücheln wurde um 1270/80 errichtet. Sie ist eine zweijochige Saalkirche mit 5/8-Chorschluss. Ihr Innenraum wirkt sehr elegant. Die Gewölbe ruhen auf Konsolen, die teilweise blattgeschmückt sind. Die Schlusssteine zeigen üppiges Weinlaubdekor. Im Westen der Kapelle ist eine Empore eingefügt. Fragmente von Malereien aus der Zeit der sakralen Nutzung sind noch erhalten.

Denkanstöße

Die Kapelle der Tempelritter von Jerusalem aus der zweiten Hälfte des 13. Jahrhunderts ist eines der wenigen noch vorhandenen baulichen Zeugnisse des Templerordens in Deutschland. Anders als viele andere Templerbauten entging die Kirche der Zerstörung.

Die Tempelritter des 12. und 13. Jahrhunderts verstanden sich als Christen, die das Ideal des Rittertums mit dem Mönchtum verbanden. Bernhard von Clairvaux begrüßte dieses „neue Rittertum". So bezeichnet er sie in seiner Schrift *An die Tempelritter – Lobrede auf das neue Rittertum (Ad milites Templi – De laude novae militiae)* als „milites Christi" („Ritter Christi"). Dabei kritisiert er das weltliche Rittertum und plä-

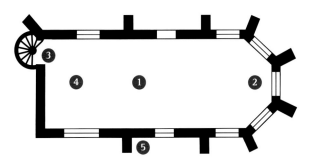

1 einschiffige Templerkapelle
2 Apsis als Chorabschluss
3 Treppenturm als Zugang zur Empore
4 Empore
5 Strebpfeiler

diert für die bei den Templern seiner Meinung nach verwirklichte Verbindung von Mönchtum mit dem Rittertum, das er deutlich vor dem Hintergrund des seiner Auffassung nach bereits angebrochenen letzten Kampfes vor dem Ende der Zeiten beurteilt:

Die Ritter Christi aber kämpfen mit gutem Gewissen die Kämpfe des Herrn und fürchten niemals weder eine Sünde, weil sie Feinde erschlagen, noch die eigene Todesgefahr. Denn der Tod, den man für Christus erleidet oder verursacht, trägt keine Schuld an sich und verdient größten Ruhm. Hier nämlich wird für Christus, dort Christus (selbst) erworben. [...] Ein Ritter Christi, sage ich, tötet mit gutem Gewissen, noch ruhiger stirbt er. Wenn er stirbt, nützt er sich selber; wenn er tötet, nützt er Christus.

Bernhard selbst scheint aber auch Bedenken gegenüber einer allzu leichtfertigen Interpretation seines Lobes gehegt zu haben, denn er schreibt auch, dass man die Heiden nicht töten dürfe, wenn man sie auf einem anderen Weg von der Unterdrückung der Gläubigen abhalten könne.

Zitat: An die Tempelritter – Lobrede auf das neue Rittertum, in: Winkler, Gerhard: Bernhard von Clairvaux. Bd. 1. Innsbruck 1990, S. 277.

Unsere Tipps

Konzertreihe „Templersommer – von Minne bis Jazz" (Juni–September immer sonntags 15.30 Uhr), „Ein Tempelritter erzählt" – Erlebnisführung mit Ritter Arnulf (Frühjahr–Herbst), kirchliche Trauungen und Taufen, Museum – „Freunde Templerhof Gut Mücheln e. V."

Angebote im Ort

Stammburg der Wettiner (heute Gymnasium), Mühlenfest in der Pögritzmühle, Kunstausstellung, Burgfest im Sommer, Lutherweg: Station Nikolaikirche

Anreise mit PKW

A 14 Abfahrt Wettin

Anreise mit ÖPNV

per Bus

Parkplätze

für PKW und Busse

Informationsmaterial

Faltblätter

Verkaufsangebot

Postkarten, Broschüren, Bücher

Toiletten

vorhanden

Internet

www.wettin.de

Nienburg

ehem. Benediktinerkloster, Klosterkirche St. Marien und St. Cyprian/Schlosskirche

Historisches

Ehemalige Benediktinerkirche St. Marien und St. Cyprian

Goetheplatz
06429 Nienburg

Öffnungszeiten

Mai–Oktober:
Mo–Fr 10.00–16.00 Uhr,
Sa/So/Feiertage 14.00–16.00 Uhr
November–April:
Mo–Fr 10.00–16.00 Uhr und
nach Vereinbarung

Eintrittspreise

Eintritt frei, Spenden erwünscht

Führungen

nach Voranmeldung

Die Schlosskirche Nienburg mit dem massiven Westturm

970 gründeten Erzbischof Gero von Köln und Markgraf Thietmar I. von Meißen ein Kloster in Thankmarsfelde. Dieses Kloster wurde 975 durch Otto II. nach Nienburg an der Saale verlegt. Zum einen erwies sich Thankmarsfelde wegen seines rauen Klimas als ungünstiger Klosterstandort, zum anderen standen hinter der Wahl Nienburgs politische und kirchliche Interessen: Die neue Aufgabe der Mönche war die Verbreitung des Christentums unter den heidnischen Slawen und die damit verbundene wirtschaftliche Erschließung des Landes. Die Ansiedlung des Klosters in einem Kastell, einer festungsartigen Burg, bot dabei den entsprechenden Schutz.

Kaiser Otto II. erhob das Kloster zur Reichsabtei. Diese wurde durch umfangreichen Landbesitz und zahlreiche kaiserliche Schenkungen gesichert. Am 8. August 1004 fand im Beisein des späteren Kaisers Heinrich II. die Weihe der ersten Klosterkirche statt. Zu dieser Zeit war Ekkehard Abt des Klosters. Er wurde später Bischof von Prag.

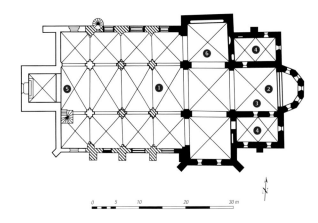

1 dreischiffige gotische
  Hallenkirche
2 Chorraum mit Apsis und
  Grabplatte des Klostergründers
3 Monatssäule
4 Seitenkapellen am Chorraum
  (um 1242)
5 Westchor mit Haupteingang und
  Turm
6 Fürstenstuhl (erneuert um 1860)

0   5   10   20   30 m

Die Blütezeit des Klosters endete 1160 mit dem Ausbleiben der großzügigen königlichen Schenkungen. In der zweiten Hälfte des 12. Jahrhunderts wurde die Abtei zudem Opfer ostsächsischer Auseinandersetzungen, die die Machtverhältnisse in der Region änderten. Die Reichsbindung ging verloren und man unterstellte das Kloster dem Erzbistum Magdeburg. Dennoch konnte sich die Abtei weiterhin als ein Zentrum von Kultur, Bildung, Wirtschaft und Frömmigkeit weit über den regionalen Bereich hinaus behaupten. Brandkatastrophen in den Jahren 1050, 1242 und 1280 hatten jeweils einen Neu- bzw. Umbau der Kirche zur Folge. Der Bauernkrieg von 1525 brachte große Schäden für das Kloster. 1552 wurde das Kloster säkularisiert und in eine Domäne umgewandelt.

Um 1680/90 wurden die Klostergebäude zum Schloss umgebaut. Die Kirche war fortan evangelische Schlosskirche. 1871 verkaufte Herzog Friedrich von Anhalt das Schloss. Später war in den Gebäuden eine Malz- und Reisfabrik untergebracht. Im Dezember 1996 zerstörte ein Brand große Teile des Gebäudes.

Sehenswertes

Unter Einbeziehung älterer Teile wurde gegen Ende des 13. Jahrhunderts das dreischiffige gotische Hallenlanghaus der Kirche errichtet. In den 1920er Jahren entdeckte man Reste eines mittelalterlichen Stuckfußbodens, dessen Bildprogramm rekonstruiert wurde. Im Zentrum befand sich wohl eine Darstellung des Königs Salomo, der von antiken Philosophen und Autoren sowie von den vier Kardinaltugenden Mäßigung, Mut, Weisheit und Gerechtigkeit umgeben war. Um das innere Figurenfeld herum befanden sich Medaillons mit Tieren und Fabelwesen sowie stilisierte Blätter. In der Kirche befindet sich noch das Gedenkgrabmal für den Kloster-

Ansprechpartner für Führungen
Evangelische Kirchengemeinde
St. Johannis und St. Marien
Goetheplatz 8
06429 Nienburg
Tel.: (03 47 21) 2 23 48
Fax: (03 47 21) 3 07 83
ev.kirchengemeinde.nienburg@
t-online.de

Unsere Tipps
katholische Messe, So 8.30 Uhr,
evangelischer Gottesdienst,
So 10.15 Uhr, Konzerte

Angebote in der Umgebung
Saaleradwanderweg,
Europaradweg R1

Informationsmaterial
Faltblatt

Verkaufsangebot im Bauwerk
Kunstführer, Postkarten

Parkplätze
5 für PKW, 3 für Busse

Toiletten
im Gemeindehaus der
evangelischen Kirchengemeinde

Internet
www.nienburg-saale.de

Grabplatte für den Fürsten Bernhard III. († 1348) und seine Gemahlin Agnes

Darstellung des Markgrafen und Klostergründers Thietmar auf der Grabplatte

gründer Markgraf Thietmar und seinen Sohn. Dieses Werk aus der Zeit um 1350 zeigt links den Markgrafen mit einem Kirchenmodell, rechts seinen Sohn in ritterlicher Rüstung.

Denkanstöße

Abt Arnold (1134–1164) ist die bedeutendste Gestalt unter den Nienburger Klostervorstehern. Er verfasste nach dem Muster Adams von Bremen eine Magdeburger Bistumsgeschichte bis zum Jahr 1142. Er gilt ebenso als möglicher Verfasser der anonymen Chronik des *Annalista Saxo*.

Abt Arnold ist ein Beispiel dafür, dass nicht nur Könige oder Bischöfe machtpolitische Entscheidungen trafen, sondern ebenso die geistlichen Vorsteher der Konvente großen Einfluss besaßen. Ein geschickter Abt trug zum wirtschaftlichen und geistigen Erblühen seines Klosters bei. So wird die Bedeutung geistlicher und politisch-ökonomischer Leitung deutlich: einerseits ein mit nahezu uneingeschränkten Vollmachten ausgestatteter Verwalter, andererseits die pastorale Verantwortung als geistlicher Leiter.

Die Qualitäten und Verhaltensweisen, die die Benediktsregel von einem Abt in Kapitel 2 fordert, machen angesichts dieser Verantwortung die Bedeutung und Bürde dieses Amtes deutlich:

1. *Der Abt, der würdig ist, einem Kloster vorzustehen, muss immer bedenken, wie man ihn anredet, und er verwirkliche durch sein Tun, was diese Anrede für einen Oberen bedeutet. [...]*
11. *Wer also den Namen „Abt" annimmt, muss seinen Jüngern in zweifacher Weise als Lehrer vorstehen:*
12. *Er mache alles Gute und Heilige mehr durch sein Leben als durch sein Reden sichtbar. Einsichtigen Jüngern wird er die Gebote des Herrn mit Worten darlegen, hartherzigen aber und einfältigeren wird er die Weisungen Gottes durch sein Beispiel veranschaulichen.*
13. *In seinem Handeln zeige er, was er seine Jünger lehrt, dass man nicht tun darf, was mit dem Gebot Gottes unvereinbar ist. Sonst würde er anderen predigen und dabei selbst verworfen werden. [...]*
22. *Der Abt soll also alle in gleicher Weise lieben, ein und dieselbe Ordnung lasse er für alle gelten wie es jeder verdient.*
23. *Wenn der Abt lehrt, halte er sich immer an das Beispiel des Apostels, der sagt: ‚Tadle, ermutige, weise streng zurecht.' Das bedeutet für ihn:*
24. *Er lasse sich vom Gespür für den rechten Augenblick leiten und verbinde Strenge mit gutem Zureden. Er*

zeige den entschlossenen Ernst des Meisters und die liebevolle Güte des Vaters. [...]

33. *Vor allem darf er über das Heil der ihm Anvertrauten nicht hinwegsehen oder es geringschätzen und sich größere Sorge machen um vergängliche, irdische und hinfällige Dinge.*

Die Regel des heiligen Benedikt. Hg. im Auftrag der Salzburger Äbtekonferenz. Beuron 2008, S. 36–42.

Blick aus dem dreischiffigen Hallenlanghaus in den älteren frühgotischen Chor

Petersberg

ehem. Augustinerchorherrenstift, Stiftskirche St. Petrus und Kloster der Communität Christusbruderschaft

Historisches

Augustinerstiftskirche St. Petrus

Bergweg 11
06193 Petersberg

Öffnungszeiten

April–Oktober:
täglich 7.45–20.00 Uhr
November–März:
täglich 7.45–18.30 Uhr

Eintrittspreise

Eintritt frei, Spenden erwünscht

Führungen

nach Vereinbarung
Erwachsene: 1,– EUR
ermäßigt: 0,50 EUR
Gruppen: 35,– EUR

Das massive Westwerk von St. Petrus ist in der Ebene nördlich von Halle weithin sichtbar.

1124 gründete Graf Dedo IV. von Wettin auf dem Lauterberg bei Halle ein Augustinerchorherrenstift als Hauskloster für seine Familie. Er bedachte die neue Gründung 1125 mit zahlreichen Schenkungen. Da er bald verstarb, kümmerte sich sein Bruder Konrad von Meißen um die weitere Entwicklung des Stiftes. Nach der Errichtung der Stiftsgebäude setzte er sich 1127 dafür ein, dass das Stift dem Papst direkt unterstellt wurde, um es den Einflüssen der weltlichen und geistlichen Fürsten zu entziehen. Er konnte ein Exemtionsprivileg für das Stift erwirken, nach welchem der Konvent seinen Propst selbst wählen und dieser wiederum die Pfarrstellen nach eigenem Ermessen besetzen durfte. Einfluss auf das Stift hatte so lediglich der Vogt, der Angehöriger der Stifterfamilie war. Wohl vor 1146 wurde die Stiftskirche geweiht.

Von 1150 bis 1200 erlebte die Stiftung durch eine gute Verwaltung sowie Schenkungen Konrads und seiner Nachkommen ihre erste Blütezeit. 1184 konnte die Stiftskirche nach Umbauten neu geweiht werden.

Auch nach der Reformation feierte man auf dem Petersberg vorerst noch katholische Gottesdienste. 1538/40 wurde das Stift aufgelöst. Während des Dreißigjährigen Krieges wurden die Gebäude geplündert und später durch Kurfürst August von Sachsen an den Kurfürsten von Brandenburg

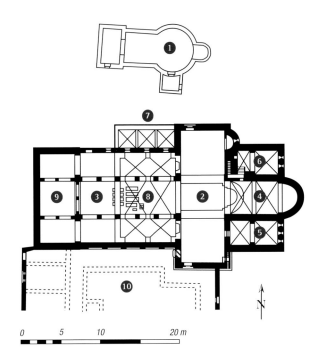

1 alte Kapelle
2 erstes Sanktuarium der Stiftskirche
3 romanisches Langhaus
4 Chor mit Hauptapsis
5 Marienoratorium
6 Sakristei
7 Kapelle von 1208
8 ehemaliges Wettiner-Mausoleum von 1567
9 Turmhalle mit Wettiner-Kenotaph
10 ehemalige Klausur mit Kreuzgang

0   5   10   20 m

N

verkauft. Die Klosterkirche lag bereits seit 1565 nach einem Brand in Trümmern. Kurfürst August von Sachsen ließ lediglich über den Wettinergräbern eine Kapelle errichten. Erst zwischen 1853 und 1857 wurde die Kirche wiederaufgebaut. Seit 1999 leben auf dem Petersberg Brüder der evangelischen Communität Christusbruderschaft.

Sehenswertes

Die ehemalige Stiftskirche war im Laufe der Zeit bis zum 19. Jahrhundert in weiten Teilen zur Ruine geworden. Lediglich der Westquerturm und der Ostteil des Gotteshauses hatten besser überdauert. Das Langhaus ist fast gänzlich eine Rekonstruktion des 19. Jahrhunderts. Die rekonstruierte Kirche präsentiert sich heute als dreischiffige kreuzförmige Basilika.

Nach dem Brand von 1565 ließ Kurfürst August von Sachsen über den Gräbern seiner Ahnen ein Begräbnishaus mit einem Prachtgrab errichten. Als Grundlage für die Gestaltung dieses Kenotaphs (Kenotaph = Grabstätte, ohne die sterblichen Überreste des Toten zu enthalten) aus dem Jahre 1567 dienten die durch den Brand beschädigten Grabplatten der Wettiner des 12. und 13. Jahrhunderts, die nach Dresden gebracht wurden. Bei der Rekonstruktion des Langhauses

Ansprechpartner für Führungen

Kloster Petersberg
Bruder Lukas
Bergweg 11
06193 Petersberg
Tel.: (03 46 06) 2 04 09
Fax: (03 46 06) 2 14 05
petersberg@christusbruderschaft.de

Unsere Tipps

Konzerte, Ausstellungen, Teilnahme an Gebet und Meditation (Gebet 8.00, 12.00 Uhr und 18.00 Uhr, Di/Do mit Heiligem Mahl)

Angebote im Ort

Tierpark, Museum, Reitsportanlage, Rodelbahn mit Sommer- und Winterbetrieb

Anreise mit PKW

A 9 Abfahrt B 100 Halle/Bitterfeld–Zörbig oder A 14 Abfahrt Halle/Trotha/Wettin

Anreise mit ÖPNV

Bahnlinie bis Halle, Bus Richtung Mösthinsdorf

Kapitell im Langhaus

rechte Seite: Der heutige Innenraum ist weitgehend das Ergebnis der Wiederherstellung der Kirche im 19. Jahrhundert – eine beeindruckende Leistung aus der Frühzeit deutscher Denkmalpflege.

Taufstein neben der Sakristei

wurde das Begräbnishaus des 16. Jahrhunderts abgerissen und das Kenotaph in den Westen des Kirchenraums verschoben.

Denkanstöße

Die Kirche auf dem Petersberg ist ein traditionsreicher Ort von Gebet und christlichem Gemeinschaftsleben. Nach der Auflösung des Augustinerchorherrenstifts im 16. Jahrhundert war diese Funktion für lange Zeit unterbrochen. Seit 1999 knüpft die evangelische Communität Christusbruderschaft in neuer Weise daran an. Die Gemeinschaft wurde 1949 in Selbitz in Oberfranken gegründet. Vergleichbar mit katholischen Ordensgemeinschaften leben ihre Mitglieder nach den evangelischen Räten: Armut, Keuschheit und Gehorsam. Zu den Aufgaben der Mitglieder heißt es in der Communitätsregel:

> *[...] Unsere Berufung – Du bist berufen, gemeinsam mit deinen Schwestern und Brüdern Wohnort der Liebe Gottes in dieser Welt zu sein: „Ihr seid Hütte Gottes bei den Menschen.“ [...]*

Der Brand im 16. Jahrhundert zerstörte auch die Ausstattung der Stiftskirche. Doch bereits 1567 ließ Kurfürst August von Sachsen Nachbildungen der Gräber der Wettiner, zu deren Grablege das Augustinerkloster auf dem Petersberg bestimmt war, anfertigen. Schöpfer des monumentalen Kenotaphs (Gedächtnismals) waren die Dresdner Bildhauer Hans und Christoph Walter.

Leben in Beziehung – Der Dreieinige Gott ist Grund der Einheit unter uns. ‚Er wird bei ihnen wohnen und sie werden sein Volk sein, und Gott selbst wird bei ihnen sein.' ... Lebe im gesunden Rhythmus von Einsamkeit und Gemeinschaft. Suche nicht die Gemeinschaft, um der Einsamkeit zu entfliehen. Zieh dich aber auch nicht in die Einsamkeit zurück, um dem Prozess des gemeinsamen Lebens auszuweichen.

Das Kenotaph der Wettiner in der Turmhalle

Leiturgia – Auftrag des Gebets: Reihe dich ein in den Gebetsrhythmus der Gemeinschaft. Dein Dasein ist unverzichtbar. In Tagen, in denen das Gebet dir schwer fällt, zeige mit deiner Anwesenheit, dass du auch über allem Mühevollen Gott die Ehre gibst.

Martyria – Auftrag der Verkündigung: Ringe mit deinen Schwestern und Brüdern, die Zeichen der Zeit zu deuten und Gottes Wirken im Heute zu verstehen und danach zu handeln.

Diakonia – Auftrag des Dienens: Lerne, dich den Fragen und Nöten der Zeit zu stellen. Sei in der Herzensart Jesu den Menschen nahe: Verschließ dich nicht, bleibe zugänglich und empfindsam für das Leid anderer. [...]

Hoffnung – Du wirst die Berufung immer nur bruchstückhaft leben. Gib dich mit deinen Gaben und Grenzen Gott hin, er wird die Bruchstücke vollenden."

Kapitell in der Turmhalle

Regel Communität Christusbruderschaft Selbitz, 1999, S. 20–35; nach http://www.christusbruderschaft.de/index.html? page=com_regel_i.html (Zugriff 22. Mai 2011).

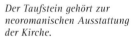

Nördlicher Querhausarm mit einem Kruzifix von 1567

Der Taufstein gehört zur neoromanischen Ausstattung der Kirche.

Quedlinburg

ehem. Kanonissenstift und ehem. ev. Damenstift, Stiftskirche St. Servatius

Historisches

Stiftskirche St. Servatius

Schlossberg 1
06484 Quedlinburg

Öffnungszeiten

April–Oktober:
Di–Sa 10.00–18.00 Uhr,
letzter Einlass bei Konzerten
15.30 Uhr,
So/Feiertage 12.00–18.00 Uhr
November–März:
Di–Sa 10.00–16.00 Uhr,
So/Feiertage 12.00–16.00 Uhr,
letzter Einlass eine halbe Stunde
vor Schließung

Eintrittspreise

Dom/Domschatz/Krypta:
Erwachsene: 6,– EUR
ermäßigt: 4,– EUR
Dom/Domschatz:
Erwachsene: 4,50 EUR
ermäßigt: 3,– EUR
1. Kombiticket:
Schlossmuseum/Dom/
Domschatz/Krypta:
Erwachsene: 8,50 EUR
ermäßigt: 5,50 EUR
2. Kombiticket:
Schlossmuseum/Dom/Domschatz
Erwachsene: 7,– EUR
ermäßigt: 4,50 EUR

Führungen/Spezialführungen

nach Voranmeldung

Ansprechpartner für Führungen

Evangelisches Kirchspiel
Quedlinburg
und Besucherdienst Stiftskirche
Schlossberg 1
06484 Quedlinburg
Tel.: (0 39 46) 70 99 00
Fax: (0 39 46) 52 43 79
qlbdomschatz@gmx.de

Mathilde, die Gattin König Heinrichs I., gründete 936 ein freiweltliches Damenstift auf dem Quedlinburger Schlossberg, als dessen Hauptpatron schon bald der hl. Servatius genannt wird. Von Anfang an war die Geschichte des Stiftes eng mit der Herrschaft der Ottonen verbunden, unter deren ausdrücklichem Schutz die Gründung erfolgte. Als Königin Mathilde starb, führte bereits ihre Enkelin Mathilde als Äbtissin das Stift. Diese war die Tochter Ottos I. und leitete das Stift von 966 bis 999. Unter ihr erblühte das geistige und kulturelle Leben und schon bald war das Kanonissenstift das bedeutendste des Reiches. Auch den Neubau der Stiftskirche förderte sie, sodass das Langhaus der Kirche noch zu ihren Lebzeiten geweiht werden konnte. Ihre Nachfolgerin, Adelheid (999–1044), eine Schwester Ottos III., setzte den Bau fort. 1021 wurde die Kirche in Anwesenheit Kaiser Heinrichs II. geweiht. Die Anlage jedoch hatte keinen langen Bestand,

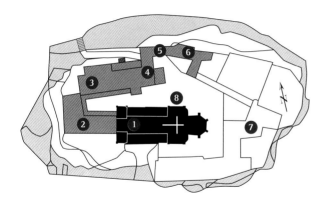

1 Stiftskirche
2 ehemaliger Wohntrakt der Stiftsfrauen, heute Eingangs- und Kassenbereich, oberhalb Ausstellungsräume
3 Residenzbau
4 Torhaus
5 Dechanei
6 Gaststätte „Schlosskrug"
7 Gartenanlage
8 Auf dem „Burgberg"

denn 1070 vernichtete ein Feuer die Gebäude zusammen mit der ottonischen Basilika. Der darauf begonnene Neubau, die heute noch bestehende Stiftskirche, wurde 1129 geweiht.

Äbtissin Anna II. von Stolberg (1516–1574) ließ 1539 die Reformation im Stift einführen. In der Kirche fanden von nun an evangelische Gottesdienste statt. Als das Stift durch den Reichsdeputationshauptschluss von 1803 aufgelöst wurde, fielen die Gebäude an den preußischen Staat. Die letzte Äbtissin, eine schwedische Prinzessin, kehrte nach Stockholm zurück. König Jérôme Napoleon von Westphalen überließ die Kirche der Stadt. Der Magistrat gab sie 1812 an die Schlossgemeinde weiter, die zuvor ihre Gottesdienste in der Kirche St. Wiperti gefeiert hatte.

Sehenswertes

Imposant zeigt sich schon von Weitem die 1129 geweihte Stiftskirche St. Servatius auf dem Schlossberg. Sie ist eine flachgedeckte kreuzförmige Basilika, deren Querhaus nur wenig vorspringt. Die Krypta unter dem Ostchor ist dreischiffig. Hier finden sich die Königsgräber für Heinrich I. und seine Frau Mathilde. Nahe ihren Großeltern wurde 999 auch die Äbtissin Mathilde bestattet. Weitere Grabsteine der frühen Äbtissinnen stehen an der Südwand der Krypta.

Bedeutend ist der Kirchenschatz der Stiftskirche. Er wurde, nachdem seit dem 16. Jahrhundert einzelne Stücke aus wirtschaftlicher Not veräußert worden waren, 1812 auf Anordnung des Königs von Westphalen nach Kassel gebracht. Erst 1820 kam er nach langwierigen und intensiven Bemühungen des Superintendenten Fritsch nach Quedlinburg zurück. 1945 stahl ein amerikanischer Soldat zwölf der ausgelagerten Stücke des Kirchenschatzes und sandte sie per Feldpost in die USA. Nach einem Vergleich mit seinen Erben konnten 1992 zehn Teile nach Quedlinburg zurückkehren.

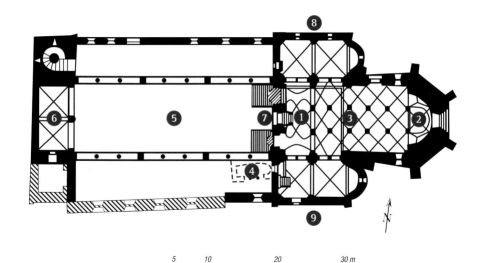

1 ottonischer Westteil der Krypta
2 ottonische Confessio (ehemalige
   Grab- und Reliquienkammer)
3 romanische Krypta mit
   Deckenmalerei des
   12. Jahrhunderts
4 ottonische Unterkapelle
   St. Nicolai in vinculis
5 romanisches Langhaus mit
   sächsischem Stützenwechsel
6 Vorraum, darüber Empore der
   Stiftsdamen
7 Altar, darüber Triumphkreuz von
   Thomas Leu, 2004
8 Nordquerhaus, über der Krypta
   Zitter (Schatzkammer)
9 Südquerhaus, über der Krypta
   moderne Kammer für den
   Stiftsschatz

*Reich ornamentierte
Kapitelle schmücken die
romanische Krypta.*

Denkanstöße

Von vornherein für den geistlichen Stand bestimmt, wurde Mathilde 966 Äbtissin von Quedlinburg. Widukind von Corvey widmete ihr seine Sachsengeschichte und auch eine Bulle von Papst Johannes XIII. zum Schutz des Quedlinburger Stifts aus dem Jahre 972 erwähnt lobend die junge Äbtissin. Sie nahm immer wieder Einfluss auf die Reichspolitik. Als 997 ihr Neffe Otto III. nach Italien aufbrach, übertrug er ihr die Leitung der Reichsgeschäfte. Sie führte den Titel einer Matricia, einer kaiserlichen Stellvertreterin im Reich.

Eine ähnlich starke und selbstbewusste Frau ist Debora, von der im alttestamentlichen Buch der Richter die Rede ist. Als hochgebildete Äbtissin wird Mathilde die biblischen Erzählungen über Geschichten um diese Frauengestalt gekannt haben. Debora wurde als Prophetin und Richterin aufgesucht. Sie schlichtete Rechtsstreitigkeiten und Zwistigkeiten und fällte Entscheidungen in Fragen des sozialen Zusammenlebens. Den Feldherrn Barak forderte sie auf, gegen die Feinde der Israeliten zu kämpfen. Gemeinsam zogen sie siegreich in die Schlacht. Das Jubellied der Sieger, das sogenannte Debora-Lied (Ri 5,1-31), ist eines der ältesten Zeugnisse hebräischer Literatur:

„Die Stiftskirche mit den Gräbern des ersten deutschen Königs Heinrich I. und seiner Frau Mathilde ist ein architektonisches Meisterwerk der Romanik", heißt es in der Begründung der UNESCO zur Aufnahme Quedlinburgs in die Liste des Weltkulturerbes.

201

Adlerkapitell der nördlichen Pfeilerreihe

„*Debora und Barak, der Sohn Abinoams, sangen an jenem Tag dieses Lied:*
Dass Führer Israel führten
und das Volk sich bereit zeigte,
dafür preist den Herrn!
Hört, ihr Könige, horcht auf, ihr Fürsten!
Ich will dem Herrn zu Ehren singen,
ich will zu Ehren des Herrn,
des Gottes Israels, spielen.
Herr, als du auszogst aus Seïr,
als du vom Grünland Edoms heranschrittest,
da bebte die Erde, die Himmel ergossen sich,
ja, aus den Wolken ergoss sich das Wasser.
Die Berge wankten vor dem Blick des Herrn, [das ist der Sinai,]
vor dem Blick des Herrn, des Gottes Israels.
In den Tagen Schamgars, des Sohnes des Anat,
in den Tagen Jaëls lagen die Wege verlassen da;
wer unterwegs war, musste Umwege machen.
Bewohner des offenen Landes gab es nicht mehr,
es gab sie nicht mehr in Israel,
bis du dich erhobst, Debora,
bis du dich erhobst, Mutter in Israel.
Man hatte sich neue Götter erwählt.
Es gab kein Brot an den Toren.
Schild und Speer waren nicht mehr zu sehen
bei den Vierzigtausend in Israel.
Mein Herz gehört Israels Führern.
Ihr, die ihr bereit seid im Volk,
preist den Herrn!
Ihr, die ihr auf weißen Eselinnen reitet,
die ihr auf Teppichen sitzt,
die ihr auf der Straße dahinzieht, singt!
Horch, sie jubeln zwischen den Tränken;
dort besingt man die rettenden Taten des Herrn,
seine hilfreiche Tat an den Bauern in Israel.
Damals zog das Volk des Herrn hinab zu den Toren.
Auf, auf, Debora! Auf, auf, sing ein Lied!
Erheb dich, Barak,
führ deine Gefangenen heim,
Sohn Abinoams! [...]"

Die Bibel. Einheitsübersetzung. Stuttgart 2003.

rechte Seite: Blick ins Langhaus und auf den Hohen Chor der Stiftskirche, darüber das Triumphkreuz, geschaffen von Thomas Leu, 2004

Quedlinburg

ehem. Chorherrenstift
und ehem. Prämonstratenserstift, St. Wiperti

Historisches

Basilika St. Wiperti

Wipertistraße
06484 Quedlinburg

Öffnungszeiten

Mai–September:
Mo–Sa 10.00–12.00 Uhr und
14.00–17.00 Uhr,
So 14.00–17.00 Uhr,
10.30 Uhr katholischer
Gottesdienst
Oktober–April:
nach Voranmeldung

Eintrittspreise

Eintritt frei, Spenden erwünscht

Ansprechpartner für Führungen

Katholisches Pfarramt St. Mathilde
Tel.: (03 94 6) 91 50 82
Fax: (03 94 6) 91 50 16
quedlinburg.st-mathilde@bistum-
magdeburg.de
oder
Förderverein Wipertikirche e. V.
Neuendorf 4
06484 Quedlinburg
info@wiperti.de

Angebote im Ort

Stadtführungen, Nachtwächter-
führungen, Fachwerkmuseum,
Klopstockmuseum, Feininger-
Galerie, Domschatz

Parkplätze

10 für PKW vor dem Bauwerk,
weitere PKW- und Busparkplätze
ca. 4 Minuten vom Bauwerk
entfernt

Toiletten

am Parkplatz (barrierefrei)

Internet

www.wiperti.de

Die Benediktinerabtei Hersfeld gründete im 9. Jahrhundert eine dem hl. Wigbert, dem Patron des Klosters, geweihte Kirche in Quedlinburg. Zunächst taten hier Chorherren Dienst. Zwischen 901 und 912 erwarb der Laienabt des Klosters Hersfeld, Otto der Erlauchte, die Kirche und brachte sie so in den Familienbesitz der Liudolfinger. Kirche und Kloster gehörten nunmehr zum Königshof. 929 kam der Hof von St. Wiperti in den Besitz von Königin Mathilde. Sie gründete 936 auf dem Quedlinburger Burgberg ein freiweltliches Damenstift zum Totengedenken an Heinrich I., den Hof beließ sie in Familienbesitz.

1145 oder 1146 veranlasste Äbtissin Beatrix II., dass der freie Kanonikerverband von St. Wiperti durch einen Konvent von Prämonstratensern ersetzt wurde. Papst Eugen III. bestätigte im Jahr 1146 die Umwandlung. Die ersten Prämonstratenser kamen aus dem Kloster Kappenberg. Mit der Herausbildung der sächsischen Zirkarie, deren Führung das Magdeburger Stift Unser Lieben Frauen innehatte, gelangte auch das Wipertistift spätestens 1224 in diesen Verband.

*Westwand der Wiperti-
Basilika auf dem Wiperti-
Friedhof*

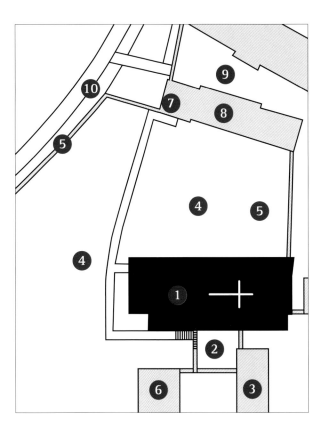

1 Klosterkirche
2 Kleiner Hof und Marienportal am südlichen Seitenschiff
3 ehemalige Stallungen
4 Friedhofsbereich nördlich, südlich und westlich der Kirche
5 Friedhofsmauer
6 Firmengebäude (Neubau)
7 Sanitäreinrichtungen
8 privates Wohnhaus
9 ehemaliger Gutshof
10 Wipertistraße

Verheerend für das Wipertistift war ein Streit des Grafen Albrecht II. von Regenstein mit der Stadt Quedlinburg im 14. Jahrhundert Dieser hatte das Wipertistift als Stützpunkt für seine Waffen genutzt. Im Verlauf der Auseinandersetzungen erstürmten wütende Bürger das Stift und zerstörten große Teile der Gebäude. Der Konvent konnte sich von diesem schweren Schlag lange nicht erholen und beschränkte die Reparaturen auf das Nötigste. Nach einer Phase der Konsolidierung wurde das Stift 1525 erneut verwüstet.

Als der letzte Propst im Jahre 1547 heiratete, hob man das Stift auf. Die Kirche diente nach der Reformation mehreren evangelischen Gemeinden als Gotteshaus.

Nach der Aufhebung des Damenstiftes Quedlinburg übernahm die evangelische Gemeinde von St. Wiperti 1802 die Servatiikirche. Die Wipertikirche fiel an die Stadt und wurde zur Scheune umgebaut. Im Jahre 1936 nahm die SS im Auftrag Himmlers einige Umbauten vor, um die Krypta in eine nationalsozialistische Weihestätte umzuwandeln. Erst 1955 bis 1959 erfolgte eine Wiederherstellung des Gebäudes. Es dient seitdem als katholische Pfarrkirche.

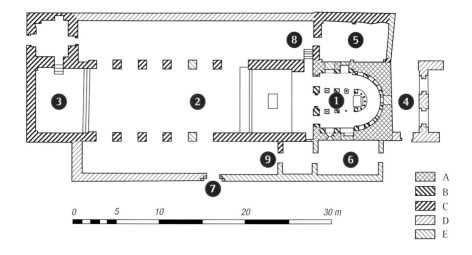

Sehenswertes

St. Wiperti war zunächst eine kleine Saalkirche auf dem Königshof Heinrichs I. Um 950 wurde sie durch eine dreischiffige Basilika ersetzt. In diese wurde um 1000 die bis heute erhaltene Krypta mit ihren architektonisch interessanten Formen und vielen Spolien eingebaut. Auch nach einem weiteren Umbau der Kirche im 12. Jahrhundert blieb die Krypta unverändert erhalten.

Denkanstöße

Krypten (gr. κρυπτη: Gewölbe, verborgener Winkel) waren zunächst Orte des Totengedenkens und der Reliquienverehrung. In ihnen bestattete man Gebeine von Märtyrern, später die von Bischöfen, Äbten oder anderen Persönlichkeiten.

Der spätgotische Flügelaltar im nördlichen Seitenschiff stammt aus der Quedlinburger Ägidiikirche.

206

Diese Gänge und Räume befinden sich meist unter dem Chorraum im Ostteil einer Kirche. Die Nutzung der in St. Wiperti eingebauten Krypta ist nicht eindeutig bestimmbar. Die Form einer Umgangskrypta lässt eine Prozessionskrypta vermuten. Vielleicht ist ihre Entstehung im Zusammenhang mit der Überführung von Reliquien des hl. Adalbert durch Otto III. um 998 zu sehen. Dieser kam mit den Reliquien aus Polen und reiste weiter nach Rom, wo er auf der Tiberinsel die Kirche San Bartolomeo errichten ließ, die eine ähnliche Krypta aufweist. An den Todestagen der Heiligen, deren Reliquien vor Ort verehrt wurden, zog man in Prozessionen aus der Hauptkirche in die Krypta und feierte Gottesdienst. Auch wurden die Sterbetage der in den Krypten Bestatteten begangen. Die Verstorbenen, besonders die Kirchenstifter, blieben so in dankbarer Erinnerung – ein Hauch von Dauer im Strom des Vergessenwerdens. Auch die alttestamentlichen Psalmen (Ps 103,15–18) beleuchten das Vergängliche und das Bleibende:

Des Menschen Tage sind wie Gras, / er blüht wie die Blume des Feldes. / Fährt der Wind darüber, ist sie dahin; / der Ort, wo sie stand, weiß von ihr nichts mehr. / Doch die Huld des Herrn währt immer und ewig / für alle, die ihn fürchten und ehren; / sein Heil erfahren noch Kinder und Enkel; / alle, die seinen Bund bewahren, / an seine Gebote denken und danach handeln.

Die Bibel. Einheitsübersetzung. Stuttgart 2003.

Seltene ottonische Pilzkapitelle prägen den Raum.

Blick in die tausendjährige Wipertikrypta. Die Nischen an der Rückwand waren vermutlich zur Aufstellung von Reliquienbehältern bestimmt.

Schulpforte

ehem. Zisterzienserkloster, St.-Marien-Klosterkirche

Historisches

**Zisterzienserkloster
Sanctae Mariae ad Portam**

Schulstraße 12
06628 Schulpforte

Öffnungszeiten

April–Oktober:
Mo–So 10.00–18.00 Uhr
November–März:
Mo–So 10.00–16.00 Uhr

Führungen

April–Oktober:
Sa 10.30 Uhr und 14.00 Uhr
sowie nach Vereinbarung

Eintrittspreise

Eintritt frei,
Führungen: 3,– EUR/Person

Ansprechpartner für Führungen

Landesschule Pforta
Petra Dorfmüller
Schulstraße 12
06628 Schulpforte
Tel.: (03 44 63) 3 51 10
Fax: (03 44 63) 3 51 78
bibliothek@schulpforte.de

Bischof Udo I. von Naumburg verlegte den zunächst in Schmölln bei Altenburg angesiedelten Zisterzienserkonvent 1137 in die Nähe seiner Bischofsstadt in das Saaletal bei der Ansiedlung Kösen. Das neue Kloster entwickelte sich bis zum Ende des 14. Jahrhunderts zu einem der wichtigsten und wohlhabendsten in Mitteldeutschland. Auch das Klosterumland profitierte in dieser Zeit erheblich von den Kultivierungsleistungen der Mönche.

Im Zuge der Reformation hob Herzog Heinrich der Fromme von Sachsen 1540 das Kloster auf. Der letzte Abt verließ mit elf Mönchen die Gebäude. 1543 richtete Herzog Moritz von Sachsen (ab 1547 Kurfürst) im ehemaligen Zisterzienserkloster Pforta eine der drei aus ehemaligen Klostergütern begründeten Landesschulen ein, die auch als Fürsten-

Äußerst markant ist die Westfassade der Klosterkirche Pforta. Das tief gestaffelte Gewändeportal wird hoch im Giebel wieder aufgenommen und ist dort mit einer Kreuzigungsgruppe gefüllt.

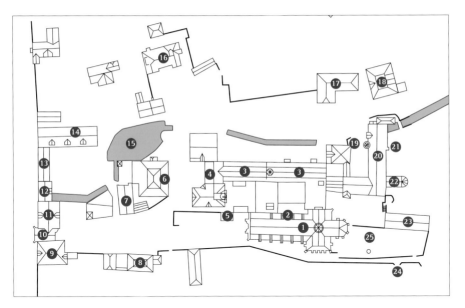

schulen bezeichnet werden sollten. Sie dienten vor allem der Heranbildung von Pfarrer- und Beamtennachwuchs. Über Jahrhunderte war diese Ausbildung für Knaben klosterähnlich organisiert. Die etwa 150 Schüler schliefen in den ehemaligen Mönchszellen im Obergeschoss der Klausur und einem 1568 errichteten Erweiterungsbau.

Nach Schwierigkeiten während des Dreißigjährigen Krieges erholte sich die Schule wieder und wurde 1782–1805 ausgebaut. Unter der preußischen Herrschaft seit 1815 entwickelte sie sich weiter. Zu ihren Schülern zählten u. a. Johann Gottlieb Fichte, Friedrich Gottlieb Klopstock, Richard Lepsius, Leopold von Ranke und Friedrich Nietzsche.

1 Kirche
2 Kreuzgang
3 Altes Schulhaus
4 Neues Schulhaus
5 Gartenhaus
6 ehemalige Mühle
7 ehemalige Papiermühle, heute Internat
8 ehemaliges Diakonat
9 ehemaliges Wohnhaus des Geistlichen Inspektors
10 Torhaus
11 Wirtschaftsgebäude, heute Wohnhaus
12 Alte Vogtei
13 ehemaliges Hospiz
14 ehemaliger Schafstall
15 Mühlteich
16 ehemalige Krankenanstalt, heute Internat
17 Altes Amtshaus, heute Internat und Verwaltung
18 ehemaliges Pächterwohnhaus, heute Internat
19 Brunnen
20 Fürstenhaus
21 Schulgarten
22 Abtskapelle
23 Turnhalle auf mittelalterlichem Vorratsgebäude
24 Neuer Friedhof
25 Alter Friedhof mit Totenleuchte

Blick vom nördlichen Kreuzgangflügel in den Kreuzgarten

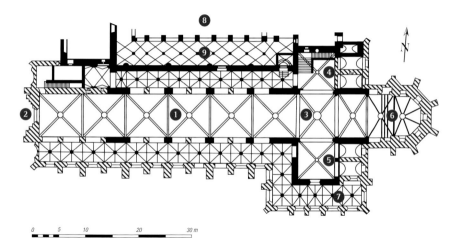

0   5   10   20   30 m

1 dreischiffiges Langhaus
2 gotischer Westteil mit Fassade
3 Vierung mit Triumphkreuz
4 Nordquerhaus mit Treppe zum
  Dormitorium (Schlafsaal)
5 Südquerhaus mit Kapellen
6 Chor mit Hauptaltar
7 Umgang
8 ehemalige Klausur mit Kreuzgang
  und Gemeinschaftsräumen
9 zweischiffiger Südflügel des
  Kreuzganges (Lesegang)

Unter der Trägerschaft des Landes Sachsen-Anhalt besteht seit 1990 in Schulpforte ein Internatsgymnasium.

Sehenswertes

Aus der Klosterzeit haben sich noch einige Gebäude erhalten. Die Anlage vermittelt daher ein gutes Bild eines Zisterzienserklosters. Die Klosterkirche ist ein langgestreckter kreuzförmiger Bau mit hochgotischem polygonalem Chor. In ihrem

Unsere Tipps
Konzerte, Ausstellungen,
historische Panstermühle,
Friedhof mit Totenleuchte

Angebote in der Umgebung
Romanisches Haus Bad Kösen,
Nietzsche-Haus Naumburg

Anreise mit PKW
B 87 zwischen Naumburg und
Bad Kösen

Anreise mit ÖPNV
Bus von Naumburg oder
Bad Kösen

Parkplätze
20 für PKW, 1 für Busse

Verkaufsangebot im Bauwerk
Buchverkauf beim Pförtner

Toiletten
auf dem Gelände

Internet
www.landesschule-pforta.de
www.stiftung-schulpforta.de

Inneren befindet sich ein monumentales Triumphkreuz von 4,75 Metern Höhe und 3,12 Metern Breite, das 1268 entstanden sein dürfte. Süd-, West- und Nordflügel des nördlich der Kirche gelegenen Kreuzgangs stammen in wesentlichen Teilen noch aus dem 12. Jahrhundert. Auch der Kapitelsaal, das Refektorium, das Konversenhaus und die Abtskapelle sind noch in ihrer mittelalterlichen Bausubstanz erhalten. Auf dem Friedhof findet sich eine frühgotische Totenleuchte (1268).

Denkanstöße

*oben: Östlicher
Kreuzgangflügel*

Das Kloster Pforta war ein wichtiger Ausgangspunkt für die Ausbreitung des Zisterzienserordens nach Osten. Bei Neugründungen von Abteien entsteht eine enge Bindung zwischen der gründenden Mutterabtei und dem neuen Kloster, der Tochterabtei. Die so entstehende Struktur wird als Filiation (von lat.: filia, die Tochter) bezeichnet. Um sicherzustellen, dass in den Tochtergründungen auch die zisterziensische

*linke Seite: Schulhaus
(1880–84) von Westen*

*Tumba des Markgrafen
Georg von Meißen († 1402)
im Langhaus der
Klosterkirche*

Geschnitzte Fabelwesen schmücken den Dreisitz aus dem 14. Jahrhundert im Chor.

rechte Seite: Der Innenraum der Klosterkirche ist mit seinem Gewölbe und der vornehmen Chorgestaltung ganz vom gotischen Umbau des 13. Jahrhunderts geprägt.

Westportal der ehemaligen Klosterkirche

Fragment von einem Epitaph aus dem 18. Jahrhundert

Auslegung der Benediktsregel gewährleistet war, wurden sie von der Mutterabtei regelmäßig visitiert, d. h. ein Besuch zur Überprüfung von Leben und Spiritualität in der Tochtergründung fand statt. Auf diese Weise konnte die Übereinstimmung der Gewohnheiten in allen Abteien der Zisterzienser erreicht werden: Die gemeinsame Spiritualität wurde sichergestellt. Die *Carta Caritatis*, die zisterziensische Interpretation der Benediktsregel, schreibt dazu (*Carta Caritatis Posterior*, Statut 3,5):

> *Nun ist es aber unser Wille, und wir machen es ihnen zur Vorschrift, daß sie die Regel des heiligen Benedikt in allen Punkten so beobachten, wie sie im Neukloster [Cîteaux] beobachtet wird. Sie sollen dem Wortlaut der heiligen Regel keinen anderen Sinn unterstellen, sondern auch sie sollen die Regel so verstehen und halten, wie unsere Vorfahren, die heiligen Väter, d. h. die Mönche des Neuklosters, sie verstanden und gehalten haben und auch wir sie heute verstehen und halten.*

Nach: Hildegard Brehm u. Alberich Martin Altermatt (Hg.): Einmütig in der Liebe. Die frühesten Quellentexte von Citeaux. Antiquissimi Textus Cistersienses (lat.-dt.). Langwaden ²1998, S. 181.

Walbeck

ehem. Chorherrenstift
und ehem. ev. Stift, ehem. Stiftskirche

Historisches

Ruine der Stiftskirche St. Marien

39356 Walbeck

Öffnungszeiten

frei zugänglich

Eintrittspreise

Eintritt frei

Führungen

nach Voranmeldung,
1,50 EUR/Person

Ansprechpartner für Führungen

Kantorat
Jutta Pätz
39356 Walbeck
Tel.: (03 90 61) 26 03

Die Ruine der Stiftskirche

Graf Lothar II. von Walbeck war 941 an einer Verschwörung gegen König Otto I. beteiligt. Nach ihrer Niederschlagung retteten ihm die Bitten seiner Freunde das Leben. Er wurde bei Graf Berthold von Schweinfurt gefangengesetzt. Nach einem Jahr erlangte Lothar die königliche Gnade wieder und wurde von Neuem in seine Rechte eingesetzt. Zur Sühne für seine Untreue errichtete Lothar daraufhin in seiner Burg Walbeck 942 ein Chorherrenstift, dem er den zehnten Teil seines Erbes übertrug.

Nach kriegerischen Auseinandersetzungen zwischen Kaiser Otto IV. und dem Magdeburger Erzbischof schlossen deren Nachfolger, Kaiser Friedrich II. von Hohenstaufen und der Halberstädter Bischof, 1219 auf dem Reichstag zu Goslar einen Vergleich, der die Zerstörung der Burg Walbeck verlangte. Lediglich die Stiftskirche blieb erhalten.

Nach Einführung der Reformation im Bistum Halberstadt veränderte sich 1591 der geistliche Charakter des Stiftes: Die Stellen der Kanoniker wurden an weltliche Herren als Pfründen übergeben. Am 1. Dezember 1810 erfolgte die Auflösung des Stifts. 1832 überließ man die Kirche der Gemeinde zur Einrichtung eines Armenhauses.

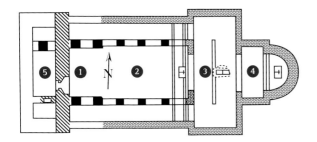

1 Ort des ottonischen Westbaus
2 ottonisches einschiffiges Langhaus, später mit Seitenschiffen zur Basilika ergänzt
3 ottonisches Querhaus mit Grab- oder Gedächtnisanlage für Graf Lothar II. von Walbeck
4 Chor mit Apsis
5 romanischer Westquerbau

Sehenswertes

Der wohl zwischen 942 und 964 errichtete erste Kirchenbau war eine flachgedeckte kreuzförmige Basilika. Ihre Grundform ist noch heute erkennbar. Das Langhaus wurde wahrscheinlich um 1000 nach Westen erweitert. Um 1100 kam es zu erneuten Umbauten, bei denen ein Westquerbau errichtet wurde, den man 1219 abbrach. Bei Ausgrabungen wurde 1932 die Grabstätte des Stifters, Lothars II. von Walbeck, in der Vierung der Kirche entdeckt. Über ihr stand ein Gipsguss- block in Sarkophagform, der die Grabstelle überdeckte. Dieser wurde – in zwei Teile gebrochen – in die Dorfkirche von Wal- beck gebracht.

Denkanstöße

Der bedeutende mittelalterliche Geschichtsschreiber Thietmar von Merseburg entstammte der Familie der Grafen von Wal- beck. Sein Großvater, Graf Lothar II. von Walbeck, war der Gründer des Stifts. Seine erste Erziehung erhielt Thietmar im ottonischen Familienstift Quedlinburg. Im Jahr 990 wurde er in das Magdeburger Domstift aufgenommen. Von 1002 bis 1009 war er Propst in Walbeck. Durch die Vermittlung des Magdeburger Erzbischofs bei König Heinrich II. konnte Thiet- mar 1009 zum Merseburger Bischof aufsteigen. Zur Motiva- tion, die ihn zur Abfassung seiner berühmten Chronik veran- lasste, schreibt er:

Wer immer mit einem bedeutenden Werke hervortritt, erhofft sich davon Nutzen für Gegenwart und Zukunft, je nach Geschick und Begabung möglichst große Verbreitung der ihm anvertrauten Dinge und ihre Überlieferung zu immerdar lebendigem Erinnern. Deshalb drängt es mich, Thietmar, die Geschichte der einst weit und breit berühmten, jetzt aber von den Schatten der Vergessenheit umdunkelten Stadt Merseburg zu erhellen, obwohl ich weder Bischofswürde noch Bischofs- titel verdient habe; muß ich da nicht befürchten, in meiner Unwissenheit ,Rauch zu fördern aus Glanz' und wie ein

Angebote im Ort
Ausstellung in der Heimatstube (Geschichte des Walbecker Grafengeschlechts und der Stiftskirche)

Anreise mit PKW
A 2 Abfahrt Alleringersleben Richtung Morsleben, Weferlingen

Anreise mit ÖPNV
Busverbindung von Haldensleben und Helmstedt

Parkplätze
10 für PKW, 3 für Busse

Toiletten
in der Heimatstube

Der Sarkophag des Stifters Lothar II. von Walbeck ist eines der wenigen erhaltenen fürstlichen Grabmäler der ottonischen Zeit.

geringer Handwerker erfolglos am Wesen meines Unterfangens zu scheitern? Doch da ich guten Willens bin und ‚Christus mich anweht', um mit dem hl. Gregor zu sprechen, will ich beginnen und empfehle in Demut seiner unerforschlichen Gnade die Vollendung dieser Schrift und der Geschicke dieser Stadt.

Die Ruine der Stiftskirche in Walbeck gehört neben der Stiftskirche Gernrode zu den wertvollsten Zeugnissen der ottonischen Kunst in Sachsen-Anhalt.

Thietmar von Merseburg: Chronik. Neu übertragen und erläutert von Werner Trillmich, in: Ausgewählte Quellen zur deutschen Geschichte des Mittelalters, Freiherr-vom-Stein-Gedächnisausgabe, Band IX. Darmstadt 1960, S. 5.

Wasserleben

ehem. Zisterzienserinnenkloster,
ev. Pfarrkirche Wasserleben

Historisches

**Zisterzienserinnenkloster
Kirche St. Sylvestri**

Schulstraße 7
38871 Wasserleben

Ansprechpartner

Evangelische Kirchengemeinde
Wasserleben
Pfarramt
Schulstraße 7
38871 Wasserleben
Tel.: (03 94 51) 4 21 57
Fax: (03 94 51) 4 21 59
pfarramtwasserleben@
kirchenkreis-halberstadt.de

Öffnungszeiten

Offene Kirche
(Schlüssel im Pfarramt)

Eintrittspreise

Eintritt frei, Spenden erwünscht

Führungen

keine

Unsere Tipps

Gottesdienste und Konzerte

Angebote in der Umgebung

Naherholungsgebiet „Knick" mit
Freibad an der Ilse

Anreise mit PKW

B 6n Goslar–Halle–Wernigerode

Anreise mit ÖPNV

per Bus von Wernigerode

Parkplätze

für PKW und Busse

Informationsmaterial

Faltblätter

Toiletten

keine

Die Gründung des Klosters Wasserleben geht auf eine Heilig-Blut-Legende zurück. Die Legende berichtet, dass eine gewisse Frau Armgart an einem Osterfest um 1230 nach dem Abendmahl eine heilige Hostie mit nach Hause nahm und in ihrem Schrank verwahrte. Nur kurze Zeit später war das Tüchlein voller Blut. Bischof Friedrich († 1236) eilte nach „Waterler", holte die Hostie ab und brachte sie in einem goldenen Kelch nach Halberstadt. Unterwegs, im heutigen Heuderber, begann das Blut im Kelch zu sprudeln, sodass man beschloss, die Hostie in Waterler zu belassen. Alsbald setzte eine Wallfahrtsbewegung ein, die viel Geld einbrachte. An der um 1290 errichteten Heilig-Blut-Kapelle entstand ein Zisterzienserinnenkloster. Die erste Urkunde, die das Kloster erwähnt, stammt aus dem Jahr 1300. Besetzt wurde das Kloster mit Nonnen aus dem Konvent Wöltingerode.

Schon bald entstand ein wohlhabender Wallfahrtsort. Bischof Albrecht von Halberstadt versprach all denen, die das Kloster besuchen oder beschenken wollten, einen vierzigtägigen Ablass. Eine niederdeutsche Handschrift von 1507 enthält ein Verzeichnis von fünf Wundern, die durch Anrufung des Heiligen Blutes in der Kapelle zu Wasserleben geschehen sein sollen. Zu der in Wasserleben belegten Votivpraxis und einem jährlichen Ablass trat die Praxis der „pro-

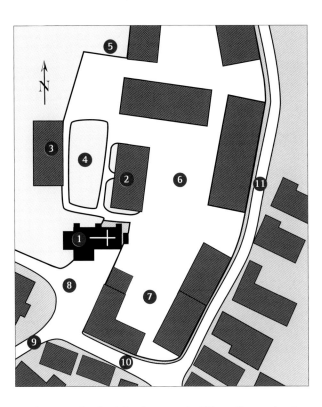

1 Kirche St. Sylvestri
  (früher St. Jacobi)
2 Herrenhaus, spätere
  Jugendherberge
3 Stallungen
4 Garten
5 Bauern-Kräutergarten
6 Gutshof mit Nutzgebäude
7 Gelände der Landfleischerei
8 Schulstraße
9 Dorfstraße
10 Kulk-Straße
11 Beek-Straße

cessio peregrinationis", eines regelmäßigen Prozessionsbe-
suchs von Gemeinden aus der Umgebung.

Im Bauernkrieg kam es zu Verwüstungen im Kloster und
die Nonnen mussten kurzzeitig fliehen. Nach der Reformation
scheint ein innerer Verfall des Konvents eingesetzt zu haben.
Der Bericht eines Propstes spricht von „Saufgelagen" im
Kloster. Während des Dreißigjährigen Krieges war das weiter-
hin dem katholischen Glauben zugewandte Kloster Opfer von
Plünderungen, bei denen Messgewänder, Kultgeräte und Kir-
chengut entwendet wurden. 1629 inkorporierte man den
Konvent angeblich in den Zisterzienserorden. Der Abt von
Kaisheim visitierte ihn. Die Auflösung des Klosters erfolgte
1650 infolge des Westfälischen Friedens. Eine Concession des
Kurfürsten Friedrich Wilhelm zu Brandenburg für den Grafen
zu Stolberg bestätigt den freien Besitz und die Nutzung der
Klöster Wasserleben, Drübeck, Ilsenburg und Himmelpforten.

Sehenswertes

Vom ehemaligen Kloster Wasserleben ist nur die Kirche in
ihrer Grundform erhalten. Sie ist ein einschiffiger, gerade
geschlossener Bruchsteinbau mit quadratischem Westturm

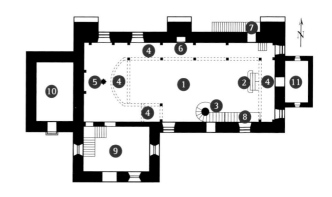

und zweigeschossiger Vorhalle. Kirche und Klausur wurden bei einem Brand im Jahre 1702 schwer beschädigt. Anschließend wurde die Kirche in barocken Formen mit Holztonnendecke und umlaufender Empore sowie barocker Ausstattung wiederhergestellt. Auf den gotischen Ursprungsbau weisen lediglich die Maßwerkfenster in der Vorhalle hin. Nördlich der Kirche befanden sich die Klausurgebäude. Einige wenige Spuren an der nördlichen Langhausseite lassen die Anschlüsse der Bauten erkennen. Bei der letzten Renovierung der Kirche entdeckte man eine zugemauerte Pforte, von der angenommen wird, dass sie in den noch 1713 vorhandenen Kreuzgang führte. Die Lage der Heilig-Blut-Kapelle ist unbekannt.

Denkanstöße

*„Kreuzigung", Joseph Beuys,
©VG Bild-Kunst, Bonn 2009*

Heilig-Blut-Legenden waren im Mittelalter weit verbreitet. Sie sind ein deutliches Indiz dafür, welche besondere Bedeutung die Gegenwart Christi in Leib und Blut unter den Zeichen von Brot und Wein hat. Eine moderne Auseinandersetzung mit dem Thema des Blutvergießens Christi am Kreuz ist die „Kreuzigung" von Joseph Beuys. Die Installation aus Holz, Flaschen, Elektrokabel, Draht und Papier ruft sofort die Erinnerung an die traditionellen Darstellungen einer Kreuzigungsgruppe hervor, auch wenn sie ganz auf die bekannten figürlich-realistischen Darstellungen verzichtet. Diese Verfremdung eines bekannten Gegenstandes will provozieren. Blutfarbene Kreuze lassen nicht nur das Kreuzesthema anklingen, sondern deuten ebenso wie die beiden Blutkonserven auf die Symbolik des Blutes als lebensspendend hin – eines Lebens, das mit dem Leiden untrennbar vereint ist.

Weißenfels

ehem. Klarissenkloster und ehem. ev. Damenstift, Reste der ehem. Klosterkirche St. Clara

Historisches

St.-Klaren-Kloster

Am Kloster
06667 Weißenfels

Ansprechpartner

Stadtverwaltung Weißenfels
Leopold-Kell-Straße 14
06667 Weißenfels
Tel.: (03 44 3) 3 70 40
bauamt@weissenfels.de

Öffnungszeiten

keine, baurechtlich gesperrt

Führungen

Zum Zeitpunkt des Redaktions-
schlusses waren noch keine
Führungen möglich.

Ansprechpartner

Touristinformation des
Fremdenverkehrsvereins
„Weißenfelser Land" e. V.
Große Burgstraße 1
06667 Weißenfels
Tel.: (0 34 43) 30 30 70
Fax: (0 34 43) 23 94 72
info@weissenfelstourist.de

Das Kloster wurde von Markgraf Dietrich I. von Landsberg und seiner Frau Helene gestiftet. Geweiht wurde dieses Kloster am 4. Oktober 1285, dem Tag des heiligen Franz von Assisi.

Von Anfang an bestand am Kloster Weißenfels eine Schule, deren erste bekannte Vorsteherin Gertrud, eine Tochter des Klostergründers Dietrich von Landsberg, war. Nachdem Dietrich verstorben war, übernahm sein Sohn Tuta das Kloster und baute auf Wunsch der Nonnen Zellen ein, die vermutlich ein Dormitorium ersetzten. Nach seinem Tod gab es kriegerische Auseinandersetzungen um das wettinische Land. Auch das Klarissenkloster war stark gefährdet und wurde daher 1301 in die Stadt verlegt. Der dortige Neubau konnte am 2. Juli 1304 bezogen werden.

Nach der Einführung der Reformation fand 1539 eine erste Visitation des Klarissenklosters statt, eine zweite folgte 1540. Daraufhin verließen die Äbtissin Euphemia von Plaußig und fünf weitere Schwestern, die am katholischen Bekenntnis festhielten, den Konvent. Die übrigen Schwestern, unter ihnen die neue Äbtissin Margaretha von Watzdorff, waren bereit, die neue Lehre anzunehmen. Das Kloster wurde evangelisches Damenstift. Unter Margaretha von Watzdorff blühte es wirtschaftlich auf. Auch der Wiederaufbau der Klosterkir-

Im ehemaligen Klarissenkloster Weißenfels gründete der erste Herzog von Sachsen-Weißenfels 1165 das Gymnasium illustre Augusteum.

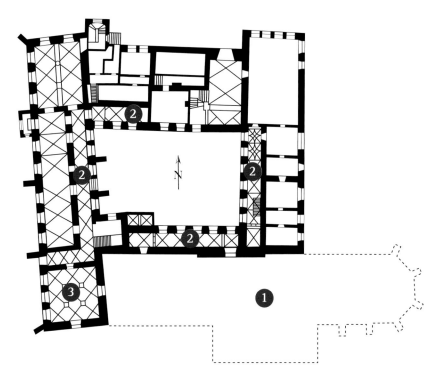

che, die zwischenzeitlich als Steinbruch gedient hatte, ist ihrem Engagement zu verdanken.

Nach dem Tod der Äbtissin im Jahre 1570 gelangte das Kloster unter die staatliche Hoheit Kursachsens. Das Damenstift wurde aufgehoben, den noch verbliebenen Damen jedoch ein Wohnrecht bis zu ihrem Tode eingeräumt.

1 ehemaliger Standort der Klosterkirche
2 ehemaliger Kreuzgang
3 Kapitelsaal mit datierter Inschrift

Sehenswertes

Von der ehemaligen Klosterkirche, die kurz nach 1300 erbaut und 1716 erweitert wurde, sind nur wenige Reste erhalten. Der Stein für Stein im 19. Jahrhundert abgetragene Chor wurde als Kapelle des Stadtfriedhofs wiedererrichtet. Die Klausurgebäude sind noch erhalten. Sie bilden eine Dreiflügelanlage und besitzen noch Teile der originalen Raumgliederung. Hervorzuheben ist der Kreuzgang mit seinen Kreuzgrat- und Sterngewölben.

Denkanstöße

Nach Auszug der katholisch gebliebenen Äbtissin und fünf weiterer Nonnen wurde Margaretha von Watzdorff neue Äbtissin. Sie war gemeinsam mit ihrer Schwester Sybille schon als Kind ins Kloster gegeben und 1519 endgültig als Klarissennonne aufgenommen worden. Zu ihren ersten Amtshandlungen als Äbtissin zählte die öffentliche Annahme des evangelischen Bekenntnisses. Damit verbunden war die Suche nach einem neuen Selbstverständnis des Klosters, dessen überlieferte Ordensregel keine Gültigkeit mehr besaß.

Mit Margaretha von Watzdorff begegnet man einer Persönlichkeit, die auf der Basis der ihr vertrauten Tradition der Klarissen den Neuanfang zu gestalten gewillt und in der Lage war. Sie hat damit – wie Jahrhunderte zuvor Klara von Assisi – Frauengeschichte geschrieben. Religiös waren beide davon durchdrungen, den Gedanken der Christusnachfolge im Rahmen ihrer Zeit und Möglichkeiten glaubwürdig zu leben und auf den Segen Gottes zu vertrauen. Klara drückte dies in einem Segensgebet aus, das Margarethe von Watzdorff wohl kannte:

Der Segen der heiligen Klara

Im Namen des Vaters und des Sohnes und des Heiligen Geistes. Amen.

Unser Herr segne Dich und behüte Dich und zeige Dir sein Angesicht und erbarme sich Deiner. Er wende Dir sein Antlitz zu und schenke Dir den Frieden.

Ich, Klara, eine Dienerin Christi, eine Pflanze unseres hochseligen Vaters, des heiligen Franziskus, Deine Schwester

Der Kapitelsaal

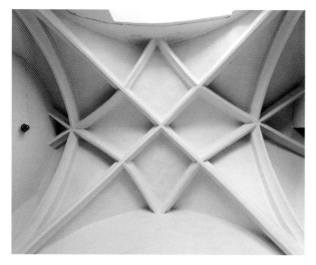

Epitaph der Äbtissin
Margaretha von Watzdorff

und Deine sowie der anderen Armen Schwestern Mutter, obschon eine unwürdige, bitte unseren Herrn Jesus Christus durch seine Barmherzigkeit und durch die Fürsprache seiner heiligsten Mutter Maria, des heiligen Fürstengels, des heiligen Michael, und aller Heiligen Gottes, unseres seligen Vaters, des heiligen Franziskus, und aller Heiligen beiderlei Geschlechts, der himmlische Vater gebe und bestätige Dir im Himmel und auf Erden diesen seinen allerheiligsten Segen; auf Erden mehre er Dich in Gnaden und in seinen Tugenden unter seinen Dienern und Dienerinnen in der streitenden Christenheit, im Himmel erhöhe und ehre er Dich in der triumphierenden Christenheit, in der Schar seiner Heiligen.

Ich segne Dich in meinem Leben und nach meinem Tode, soviel ich vermag, und mehr als ich vermag, mit all dem Segen, mit dem der Vater der Erbarmungen (2 Kor 1,3) seinen Sohn und seine Tochter im Himmel und auf Erden gesegnet hat und noch segnen wird, und mit dem ein geistlicher Vater und eine geistliche Mutter ihre geistlichen Söhne und Töchter gesegnet haben und noch segnen werden. Amen.

Allezeit liebe ich Deine Seele und alle Deine Schwestern. Ich bitte Dich, Du mögest das mit Fleiß bewahren, was Du dem Herrn gelobt hast.

Unser Herr sei mit Dir zu allen Zeiten, und gebe Gott, daß Du allezeit mit ihm seiest. Amen.

links: Netzrippengewölbe in Teilen des östlichen Kreuzgangflügels

Westlicher Kreuzgangflügel mit Kreuzgratgewölbe

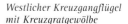

Kreidler-Kos, Martina: Klara von Assisi. Schattenfrau und Lichtgestalt (= Tübinger Studien zur Theologie und Philosophie, Bd. 17). Tübingen 2000, S. 96.

Werben

ehem. Johanniterkommende, St.-Johannis-Kirche und Lambertikapelle

Historisches

Johanniterkommende St.-Johannis-Kirche

Kirchplatz 5
39615 Werben (Elbe)

Öffnungszeiten

nach Voranmeldung

Eintrittspreise

1,– EUR

Führungen

nach Voranmeldung

Ansprechpartner für Führungen

Gruppen bis 10 Personen:
Wilfried Schultze
Schadewachten 23
39615 Werben (Elbe)
Tel.: (03 93 93) 56 49
Gruppen mehr als 10 Personen:
Evangelisches Pfarramt
Pfarrer Friedrich Foit und
René Rabe
Kirchplatz 5
39615 Werben (Elbe)
Tel.: (03 93 93) 3 24
Fax: (03 93 93) 9 10 46
foit@kirchenkreis-stendal.de

Den Grundstein für diese Niederlassung der Johanniter legte Markgraf Albrecht der Bär, der zusammen mit seiner Gemahlin Sophia und Bischof Ulrich von Halberstadt 1158/59 ins Heilige Land reiste und dort Kontakte zu den Ordensrittern aufnahm. Er stiftete nach seiner Rückkehr 1160 seinen Besitz in Werben dem Johanniterorden.

Weniger die ritterlichen Aufgaben der militärischen Sicherung des Umlands standen in Werben im Mittelpunkt, vielmehr war die Kommende auf die wirtschaftliche Verwaltung der Umgebung ausgerichtet. Wie Quellen seit dem 14. Jahrhundert berichten, war die Werbener Johanniterniederlassung auch für eine Schule und drei Hospitäler zuständig.

Mit der Einführung der Reformation wurde die Kirche dem Rat der Stadt übertragen. 1545 trat ein evangelischer Komtur die Leitung der Johanniterkommende in Werben an, sodass sie weiterhin bis 1809/10 als evangelische Komturei bestehen blieb.

Sehenswertes

Die Johanniskirche in Werben ist die im 15. Jahrhundert grundlegend erneuerte Kirche der Johanniterkommende. Vom Vorgängerbau aus dem 12. Jahrhundert stammt noch der massive Westbau, der allerdings auch bei der Erneuerung der

Blick über das Elbtor auf die St.-Johannis-Kirche

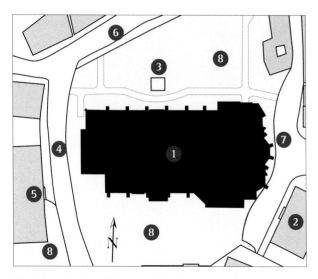

1 St.-Johannis-Kirche (ursprünglich Ordenskirche der Johanniter)
2 Pfarrhaus
3 Mahnmal für die Gefallenen
4 Kirchplatz
5 Kindertagesstätte
6 Fabianstraße
7 Schadewachten
8 Grünflächen

nicht auf dem Plan, unterhalb der Grünflächen (8): Lambertikapelle

Kirche noch einmal bis auf die heutige Höhe aufgestockt wurde. Das Kirchenschiff selbst ist eine dreischiffige Hallenkirche mit drei Apsiden. Bemerkenswert ist der Hochaltar aus der Zeit um 1430 mit der Darstellung der Fürbitte Mariens im Zentrum. Von den Bauten der Kommende steht noch die sogenannte Lambertikapelle aus dem 13. Jahrhundert. Die sakrale Nutzung dieses spätromanischen Backsteingebäudes ist noch nicht restlos geklärt.

Denkanstöße

Die Johanniterkommende in Werben ist die älteste Niederlassung dieses Ordens in Norddeutschland. Sie besaß Zuständigkeit für drei Hospitäler. Darüber hinaus waren die Ordensritter in der Armenfürsorge tätig. Spiritualität und Hospitalität sind im Johanniterorden untrennbar miteinander verbunden. Der Weg der Fürsorge als ein Weg tätiger Nächstenliebe ist das bestimmende Element dieses Ritterordens. Nur wenn Christen den Menschen, vor allem den armen und benachteiligten, nicht aus dem Blick verlieren, entsprechen sie dem Maßstab Jesu: „Du sollst deinen Nächsten lieben wie dich selbst." Im *Lukasevangelium* (Lk 10,30–37) des Neuen Testaments fragt ein jüdischer Lehrer, wer der Nächste sei, den er lieben solle wie sich selbst. Jesus antwortet mit einem Gleichnis:

Ein Mann ging von Jerusalem nach Jericho hinab und wurde von Räubern überfallen. Sie plünderten ihn aus und schlugen ihn nieder; dann gingen sie weg und ließen ihn halb tot liegen. Zufällig kam ein Priester denselben Weg herab; er sah ihn und ging weiter. Auch ein Levit kam zu der Stelle; er sah ihn und ging weiter. Dann kam ein Mann aus Samarien,

Unsere Tipps

Konzerte, Biedermeier-Sommermarkt am 1. Juniwochenende, Biedermeier-Christmarkt am 3. Advent, Kirchencafé bei besonderen Anlässen, z. B. am Tag des offenen Denkmals

Angebote in der Umgebung

Elbtor (ehemaliges Stadttor), Heimatstube im Elbtor, Bockwindmühle, Elbe-Radwanderweg, Schwimmbad und Campingplatz, Fahrradpension, Kanuverleih mit Shuttleservice, Mariendom in Havelberg, Prignitz-Museum in Havelberg, Storchendorf Rühstädt

Anreise mit PKW

B 190 Havelberg–Seehausen

Anreise mit ÖPNV

per Bus

Parkplätze

für PKW und Busse

Toiletten

keine

Internet

www.ev-kirchspiel-werben.de

1 Mittelschiff
2 Altarbereich
3 Kanzel
4 Orgel
5 „Raum der Stille"

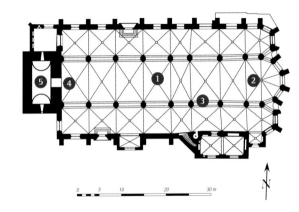

0   5   10   20   30 m

N

rechte Seite: Blick in den Chorraum mit dem Hochaltar sowie dem fünfarmigen Standleuchter und der Messingtaufe. Beides sind Werke des Hamburger Glockengießers Hermann Bonstede.

der auf der Reise war. Als er ihn sah, hatte er Mitleid, ging zu ihm hin, goss Öl und Wein auf seine Wunden und verband sie. Dann hob er ihn auf sein Reittier, brachte ihn zu einer Herberge und sorgte für ihn. Am andern Morgen holte er zwei Denare hervor, gab sie dem Wirt und sagte: Sorge für ihn, und wenn du mehr für ihn brauchst, werde ich es dir bezahlen, wenn ich wiederkomme. Was meinst du: Wer von diesen dreien hat sich als der Nächste dessen erwiesen, der von den Räubern überfallen wurde? Der Gesetzeslehrer antwortete: Der, der barmherzig an ihm gehandelt hat. Da sagte Jesus zu ihm: Dann geh und handle genauso!

Detail vom Hochaltar

Die Bibel. Einheitsübersetzung. Stuttgart 2003.

Zeitz

ehem Benediktinerkloster Posa
mit ehem. St.-Marien-Klosterkirche

Historisches

Benediktinerkloster Posa

Kloster Posa
06712 Zeitz

Öffnungszeiten
April–Oktober:
Mo–Do 7.00–16.00 Uhr,
Sa/So/Feiertag 10.00–18.00 Uhr
November–März:
Mo–Do 7.00–16.00 Uhr,
Sa/So/Feiertag 10.00–16.00 Uhr

Eintrittspreise
Eintritt frei

Führungen
nach Voranmeldung

Ansprechpartner für Führungen
Verein zur Förderung der
ländlichen Region Süd
Sachsen-Anhalt e. V.
Kloster Posa
06712 Zeitz
Tel.: (0 34 41) 22 64 68
Fax: (0 34 41) 22 64 68
info@kloster-posa.de

Unsere Tipps
Galerie im Schafstall, Abtshaus
(romanischer Profanbau, 1170),
Klostergarten mit Aussichtspunkt,
„Garten der Sinne", Schreibstube
mit alten Schreibtechniken,
Projekt- und Wandertage für
Kinder, Streichelgehege

Angebote in der Umgebung
Schloss Moritzburg Zeitz mit dem
Deutschen Kinderwagenmuseum
und Dauerausstellungen
„Historische Möbel von der
Renaissance bis zum Biedermeier"
und „Zeit der Bischöfe",
Tel.: (0 34 41) 21 25 46,
„Unterirdisches Zeitz" (Bierkeller
aus dem Mittelalter), Dom St. Peter
und St. Paul, Theatermuseum,
Elster-Radweg

Mit der Errichtung einer hölzernen Kirche leitete 1114 der Naumburger Bischof Dietrich I. die Gründung eines Benediktinerklosters bei Posa ein. Die von ihm angesiedelten Mönche begannen 1115 mit dem Bau einer steinernen Klosterkirche und von Klostergebäuden. Das Aufblühen des Klosters erlebte Dietrich nicht mehr, da er 1123 von einem slawischen Konversen niedergestochen wurde.

1264 ist der Erwerb eines Weinbergs durch das Kloster belegt. Der Weinanbau war in der Folgezeit eine wichtige Einnahmequelle der Abtei. 1276 jedoch verschuldete sich das Kloster hoch, was zu einem Verkauf von Klostergut führte. Ein Brand zerstörte 1487 den größten Teil der Klostergebäude.

1542 geriet das Kloster durch die Steuerforderungen des ersten evangelischen Bischofs von Naumburg, Nikolaus von Amsdorf, unter starken finanziellen Druck. Bei einer Visitation im Jahre 1545 im Bistum Naumburg-Zeitz wurde Kloster Posa nicht erfasst. Dies lässt den Schluss zu, dass es zu diesem Zeitpunkt bereits faktisch aufgelöst war. Der letzte Abt, dem man das Kloster pachtweise überlassen hatte, erfüllte seine Aufgabe als Klostervorsteher jedoch noch bis 1551. Julius Pflug, der zurückgekehrte katholische Bischof von Naumburg, sorgte sich um das Kloster und übernahm die Verwaltung der Klostergüter. Nach seinem Tod im Jahre 1564

Blick von Norden auf Taubenturm und Haupthaus

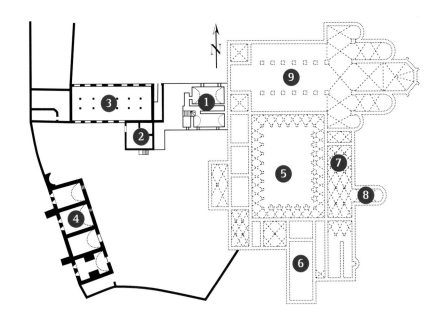

wurde es Vorwerk des Amtes Zeitz. 1565 übernahm man die wertvolle Bibliothek in das Zeitzer Bischofsschloss, bevor sie 1573 nach Schulpforta gelangte.

Sehenswertes

Vom ehemaligen Kloster Posa sind fast keine Baulichkeiten mehr erhalten. Nach einer Zeichnung aus dem Jahr 1536/37 bestand der Klosterkomplex aus einer basilikalen Kirche mit vielleicht gotischem Chor, Querhaus und Westbau mit zwei Türmen. Südlich der Kirche lagen die Klausurbauten.

Das einzige aus der Klosterzeit erhaltene Gebäude ist das sogenannte Abtshaus, das vielleicht das Gästehaus oder die Krankenstation war. An den 1123 ermordeten Bischof Dietrich I. erinnert seit 1998 ein Kreuz.

Denkanstöße

Wein gilt insbesondere im Mittelmeerraum neben Brot und Wasser als Grundnahrungsmittel. In diesen südlichen Ländern wird – wie einst im alten Israel – bis heute mit Wasser verdünnter Wein getrunken. Unverdünnter Wein kommt bei festlichen Anlässen auf den Tisch. Auch wegen dieser grundlegenden Bedeutung ist Wein wichtig bei der gottesdienstlichen Feier des evangelischen Abendmahls bzw. der katholischen Eucharistie. Mit anderen Menschen Tischgemeinschaft zu

1 Keller unter dem Haupthaus, wahrscheinlich romanischen Ursprungs
2 ehemalige Futterküche, heute Wohnhaus
3 ehemals Kuhstall
4 Abtshaus, früher vermutlich Gästehaus
nicht mehr vorhanden (Rekonstruktionsversuch):
5 Klosterhof
6 Refektorium
7 Kapitelsaal
8 Kapelle des hl. Lampert
9 Kirchenschiff

Innenansicht, Biforium

Südgiebel des Abtshauses mit romanischem Fenster

rechte Seite:
Romanisches Fenster

Anreise mit PKW
A 9 Abfahrt Weißenfels

Anreise mit ÖPNV
per Bahn und Bus

Parkplätze
für PKW und Busse

Informationsmaterial
Faltblätter, Informationstafeln, Schaukästen

Verkaufsangebot
Fotomappen von Posa und Zeitz, Bücher, Hörbücher, CDs, Imbiss

Toiletten
barrierefrei im Bauwerk

Internet
www.kloster-posa.de

pflegen, zu essen und zu trinken, das hat etwas Lebensbejahendes. Charakteristisch für Jesus war, dass er sich auch mit Menschen an den Tisch setzte, die von anderen gemieden wurden. Die Bibel spricht dabei u. a. von Zöllnern und Sündern. Das *Markusevangelium* (Mk 2,15-17) berichtet:

Und als Jesus in seinem Haus beim Essen war, aßen viele Zöllner und Sünder zusammen mit ihm und seinen Jüngern; denn es folgten ihm schon viele. Als die Schriftgelehrten, die zur Partei der Pharisäer gehörten, sahen, dass er mit Zöllnern und Sündern aß, sagten sie zu seinen Jüngern: Wie kann er zusammen mit Zöllnern und Sündern essen? Jesus hörte es und sagte zu ihnen: Nicht die Gesunden brauchen den Arzt, sondern die Kranken. Ich bin gekommen, um die Sünder zu rufen, nicht die Gerechten.

Die Bibel. Einheitsübersetzung. Stuttgart 2003.

Zeitz

ehem. Franziskanerkloster mit ehem. Klosterkirche

Historisches

Franziskanerkloster

Steinsgraben 15
06712 Zeitz

Öffnungszeiten

Di 10.00–18.00 Uhr,
Mi–Fr 10.00–14.00 Uhr und
nach Voranmeldung

Eintrittspreise

Eintritt frei

Führungen

nach Voranmeldung

Ansprechpartner für Führungen

Kultur-, Kunst- und Theaterverein
der Stadt Zeitz e. V. (KuK e. V.)
Fischstraße 1
06712 Zeitz
Tel.: (01 77) 5 20 27 20
Fax: (0 34 41) 71 41 72
kuk-zeitz@web.de

Angebote im Ort

Schloss Moritzburg Zeitz mit dem
Deutschen Kinderwagenmuseum
und Dauerausstellungen
„Historische Möbel von der
Renaissance bis zum Biedermeier"
und „Zeit der Bischöfe",
Tel.: (0 34 41) 21 25 46,
Unterirdisches Zeitz (Bierkeller aus
dem Mittelalter), Elster-Radweg,
Dom St. Peter und St. Paul,
Theatermuseum

Anreise mit PKW

A 9 Abfahrt Weißenfels

Anreise mit ÖPNV

per Bus und Bahn

Parkplätze

für PKW und Busse

Internet

www.kuk-zeitz.de

Ein Hirtenbrief des Naumburger Bischofs Engelhard (1207–1242) erwähnt 1238 erstmals Franziskaner in Zeitz. Ihr Kloster befand sich im Süden der Stadt, nahe der Stadtmauer. 1260 gewährt ein Indulgenzbrief des Magdeburger Erzbischofs allen Gläubigen, die die Kirche an den Festtagen ihrer Patrone Franziskus, Antonius und Klara sowie am Tag der Kirchweihe besuchen, einen 40-tägigen Ablass.

1541 löste Kurfürst Johann Friedrich das Kloster auf und richtete dort eine Lateinschule ein. Im Januar 1542 predigte Martin Luther in der ehemaligen Klosterkirche, ein Ereignis, an das noch heute eine Gedenktafel in der Klosterkirche erinnert.

Sehenswertes

Die ehemalige Klosterkirche aus dem 13. bis 15. Jahrhundert ist ein 63 Meter langer einschiffiger Saalbau. Südlich liegen die ehemaligen Klausurgebäude, die ursprünglich im 14. und 15. Jahrhundert entstanden sind. Um 1500 wurden sie bereits

Das Brunnenhaus (Anfang 16. Jahrhundert) im Kreuzgarten

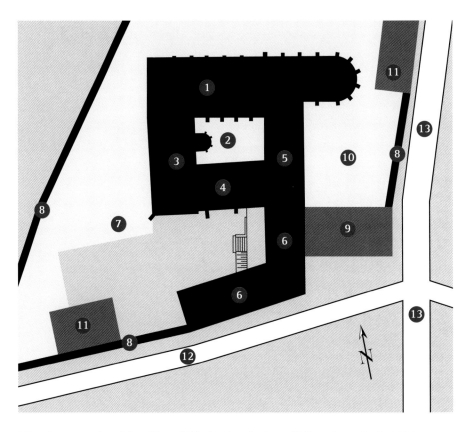

teilweise erneuert und im 19. und 20. Jahrhundert zum Teil deutlich verändert. Um 1505 entstand wohl auch die in den Kreuzhof vorspringende zweigeschossige Brunnenkapelle, die noch heute erhalten ist. Sie lag dem ehemaligen Refektorium gegenüber. Diese Zuordnung ist für ein Bettelordenskloster im Gegensatz zu den alten Mönchsklöstern eher ungewöhnlich.

Denkanstöße

Wasser kann eine Quelle des Lebens, aber auch Bringer des Todes sein. Wo kein Wasser ist, ist tote Wüste. Die lebensfördernde Kraft des Wassers hat auch Franz von Assisi im Blick, wenn er in seinem Sonnengesang „Schwester Wasser" als nützlich, demütig, köstlich und keusch bezeichnet. Zugleich steht Wasser für überflutende Macht. In der jüdisch-christlichen Tradition weist das Wasser zudem auf den Ursprung der Schöpfung hin. Bei der Taufe stirbt der „alte Mensch" symbolisch in den Fluten, der „neue" steigt aus diesem Lebenselement heraus. Im alltäglichen Leben dient Wasser der Rei-

1 ehemalige Klosterkirche
2 Kreuzgarten
3 Klausur/Westflügel
4 Klausur/Südflügel
5 Klausur/Ostflügel
6 Anbau
7 ehemaliger Klostergarten und Klosterhof
8 Klostermauer
9 ehemaliges Pfarrhaus, heute Senioreneinrichtung
10 Garten in Nutzung der Senioreneinrichtung
11 Gebäude auf dem ummauerten Klostergelände
12 Steinsgraben
13 Schulstraße

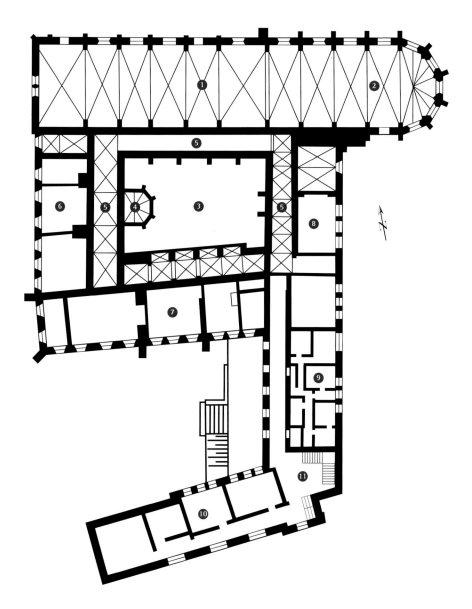

nigung und ist daher auch in vielen Religionen mit den Motiven von Waschung und Reinheit eng verbunden. Abtprimas Notker Wolf greift diese Gedanken auf:

Wasser fasziniert uns Menschen [...]. Und in jeder Großstadt gibt es wunderbare Plätze zum Ausruhen, auf denen ein Brunnen den Mittelpunkt bildet. In Rom verdanken wir zum Beispiel den Bildhauern Lorenzo Bernini und Giacomo della Porta die herrlich gestalteten Brunnen auf der Piazza Navona.

Schon die alten Römer brachten Wasser in die Stadt, leiteten es aus dem Gebirge [...] über imposante Aquädukte herbei. Sie fassten es in Brunnen zur Erfrischung von Leib, Herz und Sinn. Sie holten es in ihren Wohnbereich, und würdigten es mit herrlichen Kunstwerken, weil es ihnen so kostbar war. Wasser ist ein Urelement, zu dem wir uns immer wieder hingezogen fühlen. Gerade wenn unser Leben hektisch, fordernd, unruhig ist, sehnen wir uns danach, dass die Gedanken einen Augenblick zur Ruhe kommen. Wasser hilft uns dabei. [...] Es ist ein Zeichen des sprudelnden, vielfältigen Lebens, ein Zeichen für Reinheit und Neubeginn. Für [...] Christen erfährt das Wasser seinen tiefsten Sinn im Taufbrunnen. Nach unserem Verständnis wird dieser zum Quell für ein Leben, das über den Tod hinaus währt.

Abtprimas Notker Wolf: Gott segne Sie! Neue Einfälle für das Leben hier unten. Hamburg 2009, S. 105.

1 Kirchenschiff
2 Chorbereich
3 Kreuzgarten
4 Brunnenhaus
5 Kreuzgang
6 Klausur/Westflügel
7 Klausur/Südflügel
8 Klausur/Ostflügel
9 Toiletten
10 Kostümfundus
11 Eingangsbereich mit Treppenhaus

Im Kreuzgang

Blick in das Langhaus der Klosterkirche

Zerbst

ehem. Franziskanerkloster mit ehem. Klosterkirche St. Johannis

Historisches

Nach einer Mitteilung des letzten Guardians des Klosters aus dem 16. Jahrhundert kamen die Franziskaner bereits 1235 nach Zerbst. Ihre erste urkundliche Erwähnung stammt jedoch erst aus dem Jahre 1246. Als Stifterin wird Sophia Gräfin von Barby genannt, die 1276 verstarb.

In der Reformationszeit war das Kloster der letzte katholische Gottesdienstort in Zerbst. Schließlich erging 1525 nach der Inventarisierung aller Wertsachen in Kloster und Kirche durch städtische Behörden der Befehl zur Klosterräumung. Als der letzte Guardian und die verbliebenen Brüder sich weigerten zu gehen, wurde das Kloster im September 1526 gewaltsam geräumt. 1532 richtete der Rat der Stadt in den

*Der Ostgiebel der ehemaligen
Franziskaner-Klosterkirche*

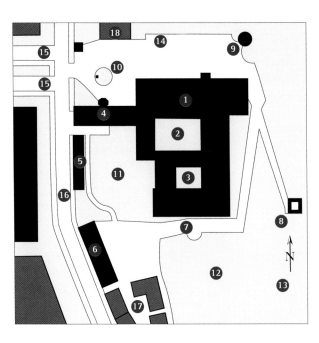

1 Kirchenschiff der ehemaligen
   Klosterkirche (heute
   Unterrichtsräume)
2 Großer Kreuzgang
3 Kleiner Kreuzgang
4 Auditorium (16/17. Jh.) mit
   vorstehendem Treppenturm
   (heute Unterrichtsräume)
5 Wirtschaftsgebäude
6 Schulgebäude
7 Klosterbrunnen
8 Wehrturm (Ruine)
9 Wehrturm (heute
   Schulsternwarte)
10 Rondell mit Gedenkstein
11 ehemals Kräutergarten
12 ehemals Klostergarten
13 Weinanbau
14 Grundstücksgrenze
15 Brüderstraße
16 Straße „Weinberg"
17 Wohn- und Privatgebäude

Klostergebäuden die evangelische Johannisschule ein. Fürst
Joachim Ernst von Anhalt gründete 1582 im Kloster das
Gymnasium illustre als Hochschule Anhalts, die bis 1798
Bestand hatte. Im Jahre 1803 kam es zu einer Neuordnung,
in deren Zuge Fürst Leopold Friedrich Franz von Anhalt-Des-
sau in den Klostergebäuden ein Gymnasium einrichtete. Sei-
nem Gründer zu Ehren trägt diese Schule seit 1836 den Titel
Francisceum.

Sehenswertes

Die ehemalige Klosterkirche entstammt dem 13. Jahrhundert.
Sie wurde bis ins 15. Jahrhundert mehrfach umgebaut und
erweitert. Das Langhaus der ehemaligen Klosterkirche wurde
1803 für die Einrichtung des Gymnasiums in drei Geschosse
unterteilt. Der Chorraum dient seit 1872 als Aula. Die ehemaligen Klausurgebäude entstanden hauptsächlich im 15. Jahrhundert. Sie umfassen zwei Höfe, von deren doppelgeschos-
sigen Kreuzgängen aus die Klosterräume zugänglich waren.

Denkanstöße

Die Predigt hat für Franziskaner eine große Bedeutung. Häufig fand sie nicht nur im Kirchenraum statt, sondern auch vor
dem Gotteshaus. Daher wurde dort zumeist ein großer Platz
freigehalten, dessen Rückwand die Kirche bildete. So ergab

Anreise mit PKW
B 184

Anreise mit ÖPNV
per Bahn Magdeburg–Dessau–
Leipzig

Parkplätze
für PKW und Busse

Informationsmaterial
Faltblätter

Verkaufsangebot
Bücher

Toiletten
vorhanden

Internet
www.stadt-zerbst.de

1 Kirchenschiff der ehemaligen
   Klosterkirche (heute
   Unterrichtsräume)
2 Großer Kreuzgang mit Hof
3 Kleiner Kreuzgang mit Hof
4 heutige Aula im ehemaligen
   Ostteil der Kirche
5 Erdgeschoss: heute Museum/
   Obergeschoss: Alumnatskorridor
6 ehemaliger Kapitelsaal
7 ehemaliges Refektorium/
   Obergeschoss: Bibliothek
8 ehemals Kleine Kirche (heute
   Unterrichtsräume)
9 Auditorium als Anbau
   (16./17. Jahrhundert) mit
   vorstehendem Treppenturm
   (heute Unterrichtsräume)

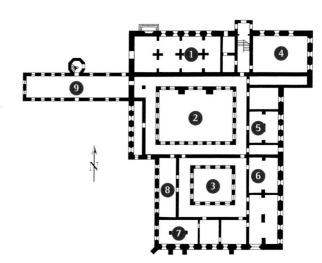

sich auch die Möglichkeit, an der Kirchenaußenwand eine Kanzel zu befestigen.

Mit der Volkspredigt verfügten die Bettelorden über einen Kommunikationsstil, der auf die Bedürfnisse der Stadtbevölkerung zugeschnitten war. Damit überwanden sie die Grenzen traditioneller kirchlicher Seelsorge und besaßen hohes Ansehen bei allen Schichten der Bevölkerung. Diese spirituelle „Bürgernähe" der Franziskaner wurde durch die offizielle

*Refektorium mit
reformationsgeschichtlicher
Ausstellung*

Erlaubnis zur Bußpredigt von Papst Innozenz III. unterstützt. Zuvor hatten Franziskus und seine Brüder als Laien nur Mahnworte an die Menschen gerichtet. Nun nannte man sie auch Bußprediger, da sie die Menschen zur Umkehr aufriefen. Die Dreigefährtenlegende des heiligen Franziskus schildert die Ereignisse um die Erlaubnis zur Bußpredigt durch den Papst:

Und so umarmte er [Papst Innozenz III.] ihn [Franziskus] und bestätigte die Regel, die er geschrieben hatte. Er gab ihm und seinen Brüdern auch die Erlaubnis, überall Buße zu predigen, und zwar so, daß die, die willens waren zu predigen, vom seligen Franziskus die Erlaubnis erhalten sollten; und eben dies bestätigten sie [Papst und Kardinäle] sodann im Konsistorium. Nachdem dies Franziskus gewährt worden war, sagte er Gott Dank; auf den Knien versprach er dem Herrn Papst voll Demut und Hingabe Gehorsam und Ehrerbietung. Die anderen Brüder aber versprachen gemäß dem Geheiß des Herrn Papstes in gleicher Weise dem seligen Franziskus Gehorsam und Ehrerbietung. Als der selige Franziskus und die anderen Brüder den Segen des Papstes empfangen hatten, besuchten sie die Gräber der Apostel. [...] Der Mann Gottes zog, als er die Stadt Rom verließ, mit seinen Brüdern in die Welt. [...]

Grau, Engelbert: Die Dreigefährtenlegende des heiligen Franziskus von Assisi von Bruder Leo, Rufin und Angelus; Anonymus Peresinus. Franziskanische Quellenschriften, Band 8. Werl 1993, S. 139 ff.

„Butterjungfer", Figur von 1516, und Blick in den Großen Kreuzgang (unten)

Die Orden und ihre Klöster

Orden in der Tradition der Benediktsregel

Benediktiner und Benediktinerinnen (Ordo Sancti Benedicti, OSB)
Benedikt von Nursia (um 480–547), der Begründer des Benediktinerordens, wird häufig als Vater des abendländischen Mönchtums bezeichnet. Als junger Mann zog er sich aus dem städtischen Leben Roms, das ihn abstieß, in die Einsamkeit einer Höhle bei Subiaco zurück. Später gründete er mit Gleichgesinnten das Kloster Montecassino, das er ab 529 als Abt leitete. Er gilt als Verfasser der Benediktsregel (Regula Benedicti), die sich im Abendland weit verbreitete. Sie regelt nach dem Grundsatz „Ora et labora!" („Bete und arbeite!") den Tagesablauf im Kloster als Wechsel von Gotteslob und Arbeit. Ein wichtiger Grundsatz des Benediktinertums ist auch die Ortsgebundenheit (Stabilitas loci), die die Brüder und Schwestern dazu verpflichtet, in dem Kloster, in das sie eingetreten sind, ein Leben lang zu bleiben. Die Schwester Benedikts, Scholastika (um 480–um 542), kann als erste Benediktinerin gelten. Sie lebte als gottgeweihte Jungfrau zunächst in einem Kloster nahe Subiaco, später dann in der Nähe von Montecassino. Seit dem 7. Jahrhundert richteten sich immer mehr Frauenkonvente nach der Benediktsregel. Weltweit leben heute etwa 8000 Benediktiner in 335 Männerklöstern und etwa 16 000 Benediktinerinnen in 840 Frauenklöstern. Der Abtprimas des Ordens hat seinen Sitz in Sant'Anselmo in Rom.
Auswahl (ehem.) Benediktiner- und Benediktinerinnenklöster in Sachsen-Anhalt:
Männerklöster
Huysburg (Huy), Ilsenburg, Kloster Gröningen, Konradsburg/ Ermsleben, Memleben, Nienburg, Posa (Zeitz)
Frauenklöster
Arendsee, Dambeck (Salzwedel), Drübeck, Hadmersleben, Hecklingen, Krevese

Zisterzienser und Zisterzienserinnen (Sacer Ordo Cisterciensis, OCist)
1098 gründete der aus dem Benediktinerkloster Molesme kommende Abt Robert (ca. 1027–1111) zusammen mit weiteren Mönchen Cîteaux (lateinisch Cistercium), um in diesem neuen Kloster eine strenge Auslegung der Benediktsregel zu leben. Schon 1099 wurde Robert in seine Abtei Molesme zurückbeordert. Papst Paschalis II. (1099–1118) bestätigte die

Lebensgewohnheiten von Cîteaux. Der dritte Abt des Klosters, Stephan Harding (1050–1134), gilt als der eigentliche Stifter des neuen Ordens, da er mit der „Charta Caritatis" den Mönchen seines Klosters eine verbindliche Auslegung der Benediktsregel gab. Sie wurde 1119 durch Papst Kalixt II. (1119–1124) bestätigt. Der Zisterzienserorden war nun als eigenständiger Orden verfasst. Mit seinem Filiationssystem war der erste zentral organisierte Orden des christlich-abendländischen Mönchtums entstanden: Jede Abtei des Ordens ist autonom, jedoch auf die einheitlichen Statuten des Zisterzienserordens verpflichtet. Jährliche Treffen aller Äbte des Ordens in Cîteaux unter dem Vorsitz des dortigen Abtes, die ‚Generalkapitel', sicherten die einheitliche Auslegung und Befolgung der Regel. Zur zentralen Gestalt der neuen Mönchsbewegung wurde bald Bernhard (1090–1153), der erste Abt des Klosters Clairvaux. Sein charismatischer Einsatz für die zisterziensischen Ideale führte zu einer dynamischen Gründungswelle von Zisterzienserklöstern. Bis 1155 waren allein von Clairvaux aus 69 Tochtergründungen initiiert worden. Neben den Zisterziensermännerklöstern entstanden seit dem 12. Jahrhundert auch Nonnenklöster, die sich auf diese Auslegung der Benediktsregel bezogen. Eine Schwierigkeit bei der Einordnung dieser Gemeinschaften in den Orden bildet der Umstand, dass die Frauenklöster nur selten tatsächlich offiziell in den Ordensverband aufgenommen (inkorporiert) wurden. Heute leben weltweit in etwa 150 Zisterzen

Kreuzgang in Schulpforte

rund 2000 Zisterzienserinnen und Zisterzienser, davon etwa 700 Nonnen. Das Generalat des Ordens hat seinen Sitz in Rom.
Auswahl (ehem.) Zisterzienser- und Zisterzienserinnenklöster in Sachsen-Anhalt:
Männerklöster
Michaelstein, Pforta (Schulpforte/Bad Kösen)
Frauenklöster
Adersleben, Halberstadt, Hedersleben, Helfta, Neuendorf, Marienstuhl (Egeln), Wasserleben

Ritterorden

Deutscher Orden
(Ordo Teutonicus Sanctae Mariae in Jerusalem, OT)
Dieser Ritterorden entstand 1190 beim dritten Kreuzzug aus einer Bruderschaft, die an einem Hospital für deutsche Pilger in Akkon Dienst tat. Papst Clemens III. (1187–1191) erkannte sie 1191 an. 1198 wurde die Bruderschaft in einen geistlichen Ritterorden umgewandelt, der nach der Templerregel lebte. Seit 1226 regierte ein Hochmeister, der faktisch einem Reichsfürsten entsprach, den Orden. Ab 1231 begann der Deutsche Orden aufgrund eines Hilferufs des Herzogs von Masowien im Kampf gegen die Pruzzen ein eigenes Staatswesen an der Ostsee aufzubauen. 1410 wurde das Heer des Deutschen Ordens in der Schlacht bei Tannenberg durch polnisch-litauische Truppen geschlagen. Der Niedergang des Ordensstaates hatte damit begonnen. 1466 musste der Orden den westlichen Teil seines Gebiets mit dem Hochmeistersitz Marienburg an Polen abtreten. Zentrum des verkleinerten Ordensstaates wurde Königsberg. 1525 trat der Hochmeister Albrecht von Brandenburg zum Protestantismus über. Der Deutschordensstaat wurde zu einem Lehen der polnischen Krone. Im deutschen Reich konnte sich der Orden konsolidieren. Zum Sitz des Hochmeisters wurde Mergentheim. Napoleon löste den Orden 1805 auf, doch übernahm Kaiser Franz II. von Österreich die Schutzherrschaft. 1834 erfolgte die Umwandlung des Ritterordens in ein geistliches Institut. Nach dem sogenannten Anschluss Österreichs an das Deutsche Reich hoben die Nationalsozialisten den Orden 1938 wieder auf. Nach 1945 nahm der Orden seine Arbeit wieder auf und ist seitdem auch wieder in Deutschland präsent. Heute zählt er etwa 1000 Mitglieder. Das Priorat der Deutschen Brüderprovinz befindet sich in Weyarn bei München.
Auswahl von Niederlassungen des Deutschen Ordens in Sachsen-Anhalt:
Coswig-Buro, Groß Rodensleben, Bergen

Templer (Tempelritter, Fratres militiae templi)

Vor 1120 gründete Hugo des Payens († 1135) in Jerusalem eine Rittergemeinschaft, die die Mönchsgelübde (Armut, Gehorsam, Keuschheit) annahm und sich für den Schutz der christlichen Pilger im Heiligen Land einsetzte. Den Namen hat die Gemeinschaft von ihrem Sitz am Tempel Salomos (heute El-Aksa-Moschee). 1128 wurde ihre Regel von der Kirche auf dem Konzil von Troyes anerkannt. Papst Innozenz II. (1130–1143) bestätigte den Templerorden im Jahre 1139. Nach der muslimischen Eroberung mussten die Templer 1291 das Land verlassen. 1307–1314 kam es auf Betreiben des französischen Königs Philipp IV. zu einem Inquisitionsprozess gegen die Ordensritter, der nach erpressten Geständnissen mit der Auflösung des Ordens im Jahre 1312 sowie der Hinrichtung des letzten Großmeisters im Jahre 1314 endete. Das Ordensvermögen wurde eingezogen.

Niederlassung der Tempelritter in Sachsen-Anhalt: Mücheln/Wettin

Johanniter-Orden
(Ordo Equitum Hospalariorum Sancti Johannis de Jerusalem, JO; Ordo Melitensis, OMel)

Die Ursprünge des Johanniter-Ordens gehen auf das Hospital des heiligen Johannes in Jerusalem zurück, das Mitte des 11. Jahrhunderts von Kaufleuten und Pilgern aus dem italienischen Amalfi gegründet worden und mit der Abtei S. Maria Latina in Jerusalem verbunden war. Nach dem ersten Kreuzzug erlangte die Gemeinschaft 1113 von Papst Paschalis II. (1099–1118) die Anerkennung ihrer Selbstständigkeit. Seit 1136 übernahm sie immer mehr auch militärische Funktionen und entwickelte sich so immer deutlicher zum Ritterorden. 1154 wurden die Johanniter auch als eigenständiger Ritterorden anerkannt. In Konkurrenz zu den Templern bauten sie ihre Position im Heiligen Land und in Europa zunehmend aus. Bis zum Verlust Jerusalems 1187 lag das Hauptquartier des Ordens in der Heiligen Stadt. Es wurde zunächst nach Akkon verlegt, bis die Johanniter erst 1291 nach Zypern und 1310 nach Rhodos auswichen. Nach der Eroberung von Rhodos durch die Osmanen erhielten die Johanniter 1530 von Kaiser Karl V. (1519–1556) die Insel Malta als neuen Sitz übertragen. Seitdem werden sie auch Malteser genannt. 1798 beendete Napoleon die weltliche Herrschaft des Ordens auf der Insel Malta. Auf russische und später auch preußische Initiative konnte sich der Orden neu konstituieren. Seit 1834 hat der katholische Malteser-Ritterorden als souveränes Völkerrechtssubjekt seinen Sitz in Rom und unterhält mit über 40 Ländern diplomatische Beziehungen. 1852 entstand in Preußen ein protestantischer Zweig der Johanniter als Ballei von Brandenburg. Er betreibt heute Altenheime, Krankenhäuser und die Johanniter-Unfallhilfe und zählt etwa 3300 Mitglieder. 1953 gründete der katholische Malteser-Orden zusammen mit der Caritas den katholischen sozial-caritativen Malteser-Hilfsdienst. Der Malteser-Orden zählt heute weltweit etwa 12 500 Ritter und Damen zu seinen Mitgliedern. (Ehem.) Niederlassung der Johanniter in Sachsen-Anhalt: Werben

Kartäuserorden

Kartäuser und Kartäuserinnen (Ordo Cartusiensis, OCart)
Bruno von Köln (um 1032–1101) war Priester und Lehrer an der Domschule in Reims. 1084 legte er im Chartreuse-Gebirge (lateinisch: Cartusia) bei Grenoble die Grundlagen für den Kartäuserorden, dessen Mönche sich einem sehr strengen Armuts- und Schweigegebot unterwerfen. Guigo, der fünfte Prior der Grande-Chartreuse, schrieb 1127 die unter anderem von der Benediktsregel inspirierte Lebensordnung der Kartäuser, die Consuetudines Cartusiae. Für die Klöster dieses Ordens ist das Fehlen eines gemeinsamen Schlafsaals typisch. Stattdessen reihen sich einzelne kleine Mönchshäuser mit Gärtchen, in denen jeweils ein Mönch völlig abgeschieden lebt, an einen großen Kreuzgang. Hinzu kommt noch ein kleiner Kreuzgang bei der Kirche, der für gemeinsame Lesun-

Krypta der Klosterkirche
St. Sixtus, Konradsburg

246

gen und als Verbindungsgang zu Kapitelsaal und Refektorium dient. Im Refektorium, dem Speisesaal, werden an Sonn- und Feiertagen die Mahlzeiten gemeinsam eingenommen. Seit der Mitte des 12. Jahrhunderts gibt es auch einen weiblichen Ordenszweig. Heute bestehen weltweit 19 Männer- und 5 Frauenklöster des Ordens mit etwa 370 Mönchen und 75 Nonnen.
Ehem. Kartause in Sachsen-Anhalt:
Konradsburg (Ermsleben)

Bettelorden

Franziskaner und Klarissen (Ordo Fratrum Minorum, OFM, und Ordo Sanctae Clarae, OSCl)

Franz von Assisi (1181/82–1226), geboren als Giovanni Bernardone, begann 1208 ein Leben in christlicher Armut. Mit einigen Gefährten gründete er die Bruderschaft der Minderbrüder, deren Lebensform wohl 1209/10 durch Papst Innozenz III. (1198–1216) erstmals bestätigt wurde. Damit war der neue Orden der Franziskaner kirchlich anerkannt. Grundzug der Franziskaner ist ein Leben in Armut und brüderlicher Gemeinschaft, um so Christus nachzufolgen. Hinzu kommt die Aufgabe der Predigt an Gläubige und Ungläubige. Die rasche Ausbreitung des neuen Ordens erforderte die Formulierung einer Regel: Dies geschah 1221 durch die „Regula non bullata" und 1223 durch eine Neufassung dieser Lebensordnung. Den Orden leitet heute der in Rom ansässige Generalminister, der für 6 Jahre gewählt und vom Generaldefinitorium unterstützt wird. Das weibliche Pendant der Franziskaner ist der Klarissenorden, der auf Klara von Assisi (1193/94–1253) zurückgeht. Ihre Einkleidung als Nonne im Jahre 1212 gilt als Gründungsjahr. Heute ist der Franziskanerorden auf allen Kontinenten vertreten. Ihm gehören rund 15 000 Männer an. Hinzu kommen etwa 22 000 Klarissen.
Auswahl (ehem. und bestehender) **Franziskanerklöster** in Sachsen-Anhalt:
Barby, Halberstadt, Halle (Saale), Lutherstadt Wittenberg, Zeitz, Zerbst
Ehem. **Klarissenkloster** in Sachsen-Anhalt:
Weißenfels

Dominikaner und Dominikanerinnen (Ordo Fratrum Praedicatorum, OP)

Domingo de Guzmán (1170–1221) gründete im Sommer 1215 in Toulouse eine Gemeinschaft, die nach der Augustinusregel lebt und seit dem 15. Jahrhundert nach ihrem Stifter Dominikanerorden genannt wird. 1216 wurde der neue Orden von

Papst Honorius III. (1216–1227) bestätigt und seit 1217 existierte die Bezeichnung „Prediger-Brüder". Armut und Predigt sind daher charakteristische Kennzeichen dieser Ordensgemeinschaft, die sich zunächst intensiv der Bekämpfung und Bekehrung der südfranzösischen Katharer widmete. Der Orden legt somit großen Wert auf eine fundierte theologische Bildung seiner Mitglieder. Bedeutende Dominikaner waren Albertus Magnus (1193–1280) und Thomas von Aquin (1224/25–74), die das philosophische und theologische Denken des Mittelalters nachdrücklich geprägt haben. Neben dem männlichen Ordenszweig bestehen auch drei weibliche Formen dominikanischen Lebens. Heute gibt es weltweit ca. 6000 Dominikaner und ca. 40 000 Dominikanerinnen. Der Orden wird durch einen Ordensmeister geleitet, der seinen Sitz an Santa Sabina in Rom hat.

Ehem. Dominikanerklöster in Sachsen-Anhalt:
Halberstadt, Halle (Saale)

Orden mit Bezug auf die Augustinusregel

Augustinerchorherren (Regular-Kanoniker, Canonici Regulares, CanR, Canonici Augustiniani, CanA)

Als Kanoniker (lateinisch: canonici) wurden zunächst Geistliche verstanden, die in einem „Kanon", d. h. einer Mitgliedsliste einer Priestergemeinschaft, verzeichnet waren und die zugleich nach einer gemeinsamen Regel (ebenfalls „Kanon" genannt) lebten. Im Laufe des Mittelalters kam es zu einer Unterscheidung zwischen Säkular- und Regularkanonikern. Mit ersteren sind die Priester eines Domkapitels oder Kollegiatstifts gemeint, während letztere Ordensgemeinschaften bildeten, die die Regel des hl. Augustinus (354–430) annahmen. Sie werden daher auch Augustinerchorherren genannt. Lange waren diese Gemeinschaften nicht zu einem Orden zusammengefasst, bis dies im 11. Jahrhundert allmählich gelang. Anders als die Mönche der alten Orden, die zurückgezogen leben, sind die Regular-Kanoniker auf den Seelsorgedienst ausgerichtet. Zur Gruppe der Augustinerchorherren gehörten auch die nach der Augustinusregel lebenden Kanonissen und Augustinerchorfrauen. Seit 1959 besteht eine „Konföderation der Regularkleriker vom hl. Augustinus", der etwa 850 Chorherren angehören. Ihre Leitung übt ein Abt-Primas aus.

Auswahl (ehem.) Augustinerchorherren- und Augustinerchorfrauenstifte in Sachsen-Anhalt:
Männerstifte
Petersberg (bei Halle), Hamersleben, Halle (Saale)

Frauenstifte
Diesdorf, Marienborn

Augustinereremiten (Ordo Eremitarum Sancti Augustini, OESA, heute: Ordo Sancti Augustini, OSA)

Mehrere Gruppen von Einsiedlern in Italien, die nach der Augustinusregel lebten, wurden 1256 von Papst Alexander IV. (1254–1261) zu einem Orden zusammengeschlossen. Papst Pius V. (1566–1572) erkannte die Augustinereremiten 1567 als Bettelorden an. Der historisch wohl bedeutendste Augustinereremit war Martin Luther (1483–1546). Die durch die Reformation ausgelöste Krise konnte der Orden überwinden. Infolge der Säkularisation wurden im 19. Jahrhundert fast alle Augustinereremitenklöster geschlossen. Erst um 1900 konnte sich der Orden wieder festigen. Die heute weltweit etwa 3000 Mönche dieses Ordens nennen sich einfach „Augustiner". Den Gesamtorden leitet ein Ordensgeneral. Zur geistlichen Familie der Augustiner zählen auch vielfältige Frauenkonvente, die einerseits ein geistlich-beschauliches Leben führen und andererseits eine sozial-caritative Ausrichtung haben.

Auswahl (ehem.) Augustinereremitenklöster in Sachsen-Anhalt:
Lutherstadt Wittenberg, Magdeburg

Prämonstratenser (Ordo Praemonstratensis, OPraem)

Norbert von Xanten (1080/85–1134) war zunächst Kanoniker an St. Viktor in Xanten. Bald jedoch wandte er sich von dieser Stiftsgemeinschaft ab und begann ein Leben als Buß- und Wanderprediger, bis er sich schließlich 1120/21 mit einigen Gefährten in Prémontré niederließ. Sie richteten ihr Leben nach der Augustinusregel und einer Klosterordnung aus, die damals auch Augustinus (354–430) zugeschrieben wurde. 1126 bestätigte Papst Honorius II. (1124–1130) den neuen Orden. Im gleichen Jahr wurde Norbert Erzbischof von Magdeburg und sorgte von dort aus für die Ausbreitung der Prämonstratenser. Prämonstratenser sind Regular-Kanoniker, die ihre wichtigste Aufgabe in der Seelsorge haben. Ursprünglich bestand nach dem Willen Norberts in Prémontré und in anderen Niederlassungen des Ordens die rechtliche und wirtschaftliche Einheit eines Männer- und Frauenkonvents. Seit etwa 1137 wurden diese sogenannten Doppelklöster aufgelöst. Weltweit zählt der Orden heute etwa 1000 Mitglieder, davon etwa 200 Frauen. An der Spitze der Prämonstratenser steht ein Generalabt, der seinen Sitz in Rom hat.

Auswahl (ehem. und bestehender) Prämonstratenserstifte in Sachsen-Anhalt:
Calbe, Havelberg, Jerichow, Leitzkau, Magdeburg, Quedlinburg

Weitere Lebensgemeinschaften

Damenstifte

Als Damenstifte, auch Damenkonvente oder Kanonissenstifte, werden Einrichtungen bezeichnet, in denen zumeist adlige Frauen in einer religiösen Gemeinschaft lebten, ohne sich an eine Ordensregel zu binden. Diese Gemeinschaften dienten neben ihrer religiösen Bedeutung auch der standesgemäßen Versorgung unverheirateter Frauen. Vielfach bestanden sie auch nach der Reformation als evangelische Einrichtungen weiter. Etliche Frauenklöster wurden zudem in dieser Zeit in Damenstifte umgewandelt. Heute verwaltet u. a. die Klosterkammer Hannover etliche solcher Einrichtungen für alleinstehende evangelische Frauen. Auswahl (ehem.) Damenstifte in Sachsen-Anhalt: Gernrode, Kloster Neuendorf, Krevese, Quedlinburg, Salzwedel/Dambeck, Walbeck

Evangelische Communität Christus-Bruderschaft

In der zweiten Hälfte des 20. Jahrhunderts entstanden an unterschiedlichen Orten unabhängig voneinander evangelische Orden und Kommunitäten, in denen protestantische Christinnen und Christen ein gemeinsames Leben führen, das sich an den alten Ordensregeln orientiert. Eine dieser Kommunitäten ist die 1949 vom Pfarrerehepaar Walter (1909–1972) und Hanna Hümmer (1910–1977) gegründete Communität Christusbruderschaft Selbitz. Ein Prior und eine Priorin leiten die Communität, die derzeit rund 120 Schwestern und 4 Brüder umfasst. Seit 1999 leben die Brüder der Gemeinschaft auf dem Petersberg bei Halle (Saale).

Evangelisch benediktische Joseph-Bruderschaft

Die Gemeinschaft begründete sich, als 1991 vier Brüder in die ehemalige Klosteranlage in Dambeck einzogen. Die Brüder der Kommunität sind evangelische Christen und richten ihr Gemeinschaftsleben nach der benediktinischen Ordensregel aus. Als Patrone wählte sich die Gemeinschaft Joseph, den Ziehvater Jesu, und Joseph von Arimathäa. Neben dem Erhalt der Anlage des einstigen Benediktinerinnenklosters widmet sich die Gemeinschaft vor allem der sozialen Arbeit. Ein Prior steht der Bruderschaft vor.

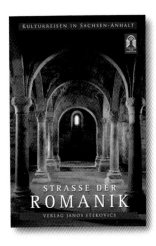

KULTURREISEN IN SACHSEN-ANHALT

STRASSE DER
ROMANIK

VERLAG JANOS STEKOVICS

KULTURREISEN IN SACHSEN-ANHALT

HEILIGES RÖMISCHES REICH

Auf den Spuren
Ottos des Großen

VERLAG JANOS STEKOVICS

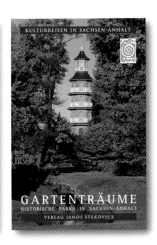

KULTURREISEN IN SACHSEN-ANHALT

GARTENTRÄUME
HISTORISCHE PARKS IN SACHSEN-ANHALT

VERLAG JANOS STEKOVICS

www.steko.net

KULTURREISEN IN SACHSEN-ANHALT

MUSIKLAND
SACHSEN-ANHALT

VERLAG JANOS STEKOVICS

KULTURREISEN IN SACHSEN-ANHALT

ERHARD HIRSCH

DESSAU-WÖRLITZ
AUFKLÄRUNG UND FRÜHKLASSIK

VERLAG JANOS STEKOVICS

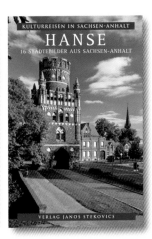

KULTURREISEN IN SACHSEN-ANHALT

HANSE
16 STÄDTEBILDER AUS SACHSEN-ANHALT

VERLAG JANOS STEKOVICS

www.onlinebuch.com

NATURREISEN IN SACHSEN-ANHALT

BLAUES BAND
REISEFÜHRER FÜR DEN WASSERTOURISMUS IN
UND UM SACHSEN-ANHALT · BAND II

Elbe und Moldau
Saale und Unstrut
Seen im Süden Sachsen-Anhalts

VERLAG JANOS STEKOVICS

NATURREISEN IN SACHSEN-ANHALT

BLAUES BAND
REISEFÜHRER FÜR DEN WASSERTOURISMUS IN
UND UM SACHSEN-ANHALT · BAND I

Elbe und
Elbe-Seitenkanal
Mittellandkanal und
Elbe-Havel-Kanal
Untere-Havel-Wasserstraße
Arendsee

VERLAG JANOS STEKOVICS

KULINARISCHE REISEN IN SACHSEN-ANHALT

EINFACH KÖSTBAR
ESSGESCHICHTEN UND REZEPTE
VON SAALE UND UNSTRUT

VERLAG JANOS STEKOVICS

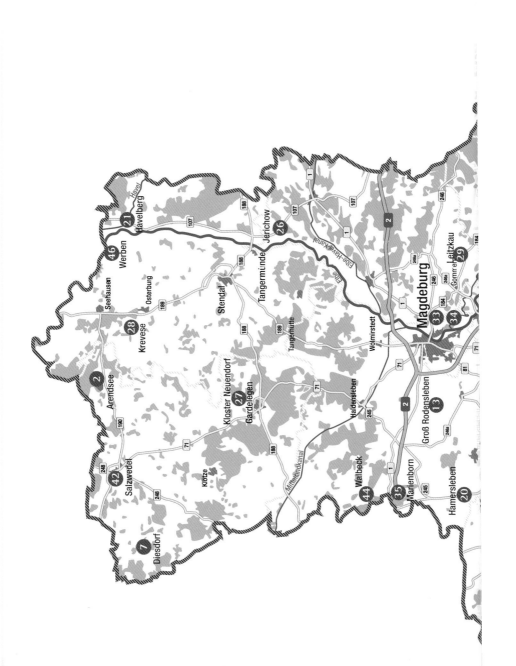

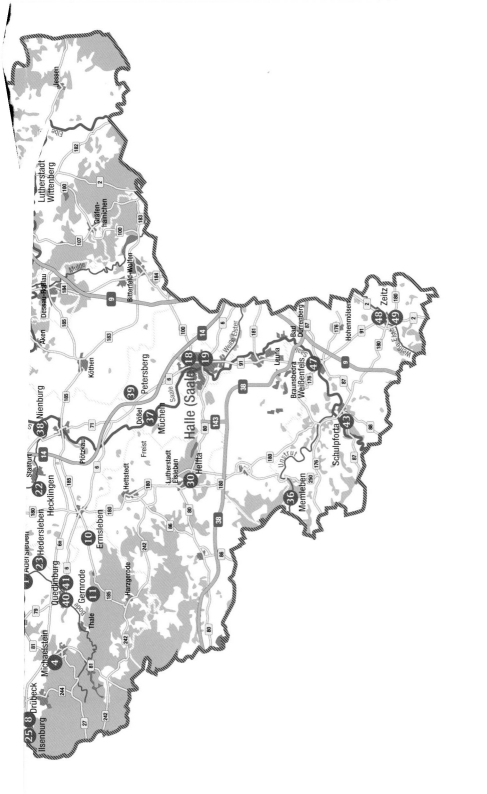

VERLAG JANOS STEKOVICS
Telefon: (03 46 07) 2 10 88 · Fax: (03 46 07) 2 12 03
www.steko.net

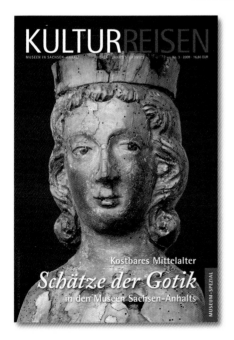

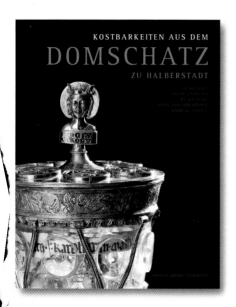

Das **Reiseland Sachsen-Anhalt** beeindruckt seine Gäste mit zahlreichen Bauwerken an der „Straße der Romanik", idyllischen Park- und Gartenanlagen in den „Gartenträumen", Aktiverlebnissen am „Blauen Band" sowie archäologischen Sensationsfunden auf den „Himmelswegen".

Reiseland Sachsen-Anhalt. Ihre Angebote finden Sie hier.

Natürlich hat Sachsen-Anhalt noch weitere interessante Reiseziele zu bieten! Ein Besuch auf www.sachsen-anhalt-tourismus.de lohnt. Gern stehen wir Ihnen bei Fragen und individuellen Planungswünschen zur Verfügung. Anruf, Fax oder E-Mail genügt, wir sind für Sie da.

Tel. +49 (0) 3 91/5 62 – 8 38 20
Mo - Fr 8.00 –20.00 Uhr, Sa 9.00 – 19.00 Uhr,
So und feiertags 12.00 –19.00 Uhr

Fax +49 (0) 3 91/5 62 – 8 38 11
tourismus@img-sachsen-anhalt.de

www.sachsen-anhalt-tourismus.de
Investitions- und Marketinggesellschaft
Sachsen-Anhalt mbH

Auskunft zu Bahn und Bus:
INSA 0 18 05/33 10 10*
www.insa.de, www.bahn.de/sachsen-anhalt

* 0,14 EUR/Minute aus dem Festnetz,
Mobilfunk max. 0,42 EUR/Minute

SACHSEN-ANHALT
Wir stehen früher auf.

Impressum

Autor und Verlag danken dem Land Sachsen-Anhalt
für die Förderung der Publikation.

Bibliografische Information der Deutschen Bibliothek

Die Deutsche Bibliothek verzeichnet diese Publikation in der Deutschen Nationalbi-
bliografie; detaillierte bibliografische Daten sind im Internet über http://dnb.ddb.de
abrufbar.

Kulturreisen in Sachsen-Anhalt, Band 12
Herausgeber: Christian Antz

Bildnachweis: S. 24–27, 32–39, 46–49, 66–69, 74–85, 92–95,
110–113, 136–139, 144–147, 166–169, 218–225, 230–237: Christoph
Jann; S. 85 r.: Tom Johnson/Editions 75; S. 220 u.: VG Bild–Kunst;
alle übrigen Fotografien von Janos Stekovics

Vorlageskizzen für die Lagepläne: AQB, Magdeburg

Satz: Hans-Jürgen Paasch
Layout, Gestaltung: Janos Stekovics
Karten, Grundrisse: Christoph Jann, Hans-Jürgen Paasch
Lektorat: Katrin Greiner
Redaktion der Informationen: Anett Dunte

Titelbild: Schulpforte
Rückseite: St. Peter und Paul Hadmersleben (Detail)
Frontispiz: Klosterkirche Memleben

© 2011, VERLAG JANOS STEKOVICS, Wettin-Löbejün OT Dößel.

http://www.onlinebuch.com

ISBN 978-3-89923-247-9